构建长效机制
促进人才发展

高校毕业生基层人才培养实践与效果评价

佘宇　等著

中国发展出版社
CHINA DEVELOPMENT PRESS

图书在版编目（CIP）数据

构建长效机制，促进人才发展 / 佘宇等著 . -- 北京：中国发展出版社，2022.6
ISBN 978-7-5177-1194-0

Ⅰ . ①构… Ⅱ . ①佘… Ⅲ . ①高等学校—人才培养—研究—中国 Ⅳ . ① G649.2

中国版本图书馆 CIP 数据核字（2021）第 278989 号

书　　　名：构建长效机制　促进人才发展
著作责任者：佘宇 等
责 任 编 辑：雒仁生
出 版 发 行：中国发展出版社
联 系 地 址：北京经济技术开发区荣华中路22号亦城财富中心1号楼8层（100176）
标 准 书 号：ISBN 978-7-5177-1194-0
经　销　者：各地新华书店
印　刷　者：北京市密东印刷有限公司
开　　　本：710mm × 1000mm　1/16
印　　　张：16
字　　　数：277 千字
版　　　次：2022 年 6 月第 1 版
印　　　次：2022 年 6 月第 1 次印刷
定　　　价：59.00 元

联 系 电 话：（010）68990630　68990692
购 书 热 线：（010）68990682　68990686
网 络 订 购：http://zgfzcbs.tmall.com
网 购 电 话：（010）88333349　68990639
本 社 网 址：http://www.develpress.com
电 子 邮 件：370118561@qq.com

“构建长效机制　促进人才发展”课题组

课题负责人

佘　宇　国务院发展研究中心社会和文化发展研究部一级调研员、研究员

课题组主要成员

何　玲　中国青年政治学院青少年工作系教授

张　龙　西北农林科技大学马克思主义学院讲师

韩　巍　中国劳动和社会保障科学研究院副研究员

王俊杰　中国劳动关系学院讲师

曹启挺　长沙民政职业技术学院民政与社会工作学院副教授

刘永泽　武汉大学社会学院博士研究生

柯洋华　国务院发展研究中心社会和文化发展研究部副研究员

石　磊　中国科协创新战略研究院副研究员

李金雨　中国科协创新战略研究院助理研究员

熊嘉慧　中国科协创新战略研究院助理研究员

课题组其他成员

任莉莉　中国社会科学院大学马克思主义学院博士研究生

陈　辉　中国青年政治学院青少年工作系硕士研究生

李墨琪　中国青年政治学院青少年工作系硕士研究生

叶　琼　中国青年政治学院青少年工作系硕士研究生

李瑞敏　中国青年政治学院青少年工作系硕士研究生

李思瑶　中国青年政治学院青少年工作系硕士研究生

周　琪　中国青年政治学院青少年工作系硕士研究生

吴　昊　中国青年政治学院青少年工作系硕士研究生

吴　敏　中国青年政治学院青少年工作系硕士研究生

丁文平　中国社会科学院大学马克思主义学院本科生

张鑫成　中国社会科学院大学社会学院硕士研究生

高子健　纽约大学硕士研究生

杨　明　纽约大学硕士研究生

赖泽晴　西北农林科技大学马克思主义学院硕士研究生

王晓晓　西北农林科技大学马克思主义学院硕士研究生

王清如　西北农林科技大学马克思主义学院硕士研究生

刘　瑶　西北农林科技大学人文与社会发展学院本科生

内容摘要

一、引言

高校毕业生基层培养计划是《国家中长期人才发展规划纲要（2010—2020 年）》（以下简称《人才规划纲要》）确定的十二项重大人才工程的任务之一。为贯彻落实《人才规划纲要》有关要求，2011 年 6 月，中共中央组织部（以下简称中组部）、教育部、人力资源和社会保障部、共青团中央联合印发《高校毕业生基层培养计划实施方案》，正式启动实施高校毕业生基层培养计划。2016 年 12 月 30 日，中共中央办公厅、国务院办公厅印发《关于进一步引导和鼓励高校毕业生到基层工作的意见》，提出继续组织实施高校毕业生基层项目，完善基层服务项目政策措施，实施高校毕业生基层成长计划。2017 年 11 月 16 日，为引导高校毕业生更好地在基层就业创业，促进高校毕业生在基层成长成才，建设高素质基层人才队伍，为基层经济社会发展提供人才支持，中组部、人力资源和社会保障部、教育部、财政部、共青团中央联合印发《高校毕业生基层成长计划实施方案》，启动高校毕业生基层成长计划。从 2011 年到 2020 年，经过 10 年的努力，计划实施总体成效显著，在解决基层特别是中西部地区基层人才匮乏问题，培养锻炼后备人才，积极引导和鼓励高校毕业生到基层创业就业方面取得一定成绩。

在众多高校毕业生成长计划中，大学生村官计划实际上是实行时间最早、影响范围最广的项目之一。1995年江苏省丰县启动“雏鹰工程”，被视为大学生村官计划的起源。在那之后，全国多个省区市出台了引导大学生到基层尤其是农村工作的相关政策。直到2005年，中共中央办公厅和国务院办公厅出台《关于引导和鼓励高校毕业生面向基层就业的意见》，要求从2006年开始每年都选拔一定数量的高校毕业生到农村就业，争取用3～5年的时间基本实现全国“一村一个大学生”的目标，拉开了大学生村官计划全国普及的序幕。此后，人力资源和社会保障部、教育部、中组部等均出台了落实政策，形成了高校大学生到基层就业的“西部计划”“三支一扶”“特岗教师”和“到村任职”四大项目，各项组织举措和激励措施也相应展开。

2012年7月，中共中央组织部（以下简称中组部）会同中共中央宣传部（以下简称中宣部）、中央机构编制委员会办公室（以下简称中央编办）、教育部、财政部等有关部门联合下发了《关于进一步加强大学生村官工作的意见》等一系列政策文件，提出“要统筹安排选调生与大学生村官工作，逐步实现选调生工作与大学生村官工作的并轨，完善年轻干部选拔培养与基层建设工作”，自此“两选并轨”拉开序幕。2014年，全国大学生村官工作座谈会进一步明确了大学生村官工作的定位。会议强调，要把选调生工作与大学生村官工作相链接，同时建立和完善相关的制度与政策，规范操作程序，使其形成良性的有效的运行机制。根据中央的规定和意见，全国各个省份开始着手大学生村官与选调生工作的整合并轨，“两选并轨”工作逐步在全国开展起来。

据统计，2017年全国共有21个省区市新选聘1.4万名大学生村官，除个别民族地区外，新选聘大学生村官均为本科以上学历。截至2017年底，全国在岗大学生村官共6.6万人，其中大学以上学历的占93.4%，中共党员占66%。据统计，全国共有3943名大学生村官创业，其中，独立创业的1316人，占创业总数的33.4%；合作创业的2627人，占创业总数的66.6%；领办创业的748人，占创业总数的19%。共创办创业项目3071个，领办或合办专业合作社777个，为农民群众提供就业岗位49211个。

二、大学生村官基层工作经历的作用和影响

大学生村官政策的实施为高校毕业生的成长成才提供了一个良好的

平台，也是对人才培养模式与体制机制的一次重大探索。从调查访谈情况看，无论是前几年选聘的大学生村官，还是在任的大学生村官，到了农村基层以后，大多数人能利用所学知识和专业特长，积极为发展农业、致富农民、建设新农村做出贡献，赢得了农村基层的欢迎和农民群众的赞誉。与此同时，大学生村官基层工作经历有利于大学生丰富基层阅历、磨炼意志、提高能力、全面发展，进而树立正确的择业观念、明确职业发展方向，形成脚踏实地的工作作风和夯实基层、服务基层的愿望。通过对曾在基层任职的大学生村官进行访谈，发现这一基层工作经历的作用和影响主要体现在以下两个方面。

第一，助力大学生村官成长成才。深刻理解国家政策，深刻认识农民农村和基层工作；坚定理想信念，实现人生观、世界观、价值观的升华；积累基层经验，提高工作能力，培养良好作风；清晰职业生涯方向，为未来职业发展奠定基础。

第二，为新农村建设贡献力量。一是优化农村传统办公方式，促进基层办公现代化。二是协助村干部解读落实上级政策，发挥组织协调和推动作用。三是发挥自身优势，为农村发展贡献力量，体现在激发农村干部的工作热情，引领群众增收致富；协助解决矛盾纠纷和排查安全隐患。四是移风易俗，推动农村精神文明建设，体现在引导和组织村民参加文体活动，丰富农村业余生活；推动村民思想观念的转变，改善农村文化氛围。五是潜移默化，转变基层治理理念。

三、影响大学生村官计划实施效果的因素分析

结合大学生村官政策已有研究的整理，以及课题组对大学生村官的访谈发现，影响大学生村官社会融入、个人发展以及作用发挥的因素有客观和主观两个层面，其中又涉及诸多影响因子，共同左右了当前大学生村官政策的实践及其后效。

第一，政策层面。一是大学生村官政策定位模糊，政策落实存在偏差，体现在大学生村官实际工作杂乱，地位尴尬；大学生村官工作缺乏有效的管理和考核；缺乏有效的激励机制。二是大学生村官期满分流政策在各地落实不一。三是基层政府借调大学生村官成为“常态”。四是培训机会多、形式多样，但培训知识的实践转化有限。五是薪资待遇虽逐步提升，但水平仍然相对较低。

第二，社会层面。一是农村社会对大学生村官认可度不高。二是农村政治文化环境阻碍大学生村官的成长发展。

第三，学校层面。一是高校关于大学生村官计划的宣传途径有限。二是高校关于大学生村官计划的宣传缺乏客观性。三是高校缺乏对本校大学生村官的长期追踪。四是高校开设的专业课程缺乏对大学生村官的实践导向。

第四，个人层面。一是大学生村官在基层能得到锻炼和成长，但工作成效、能力提升受自身专业、性格、能力、心态、人脉资源以及对农村的情感等多种因素制约。二是政府部门和事业单位仍是多数大学生村官的发展选择，影响在村工作的稳定性和长期性。

四、进一步完善大学生村官计划的政策建议

第一，继续健全和完善工作机制。大学生村官政策是一项系统工程，涉及方方面面，目前政策主体框架科学合理，但需要在一些细节之处进行完善和补充。一是继续完善选聘机制。二是继续完善培训机制，包括确保培训的制度化、常态化；丰富培训的内容和方式；加强政治能力、理想信念教育和培训。三是继续完善管理机制，包括多给大学生村官压担子、提要求；规范借调制度，规范工作内容，明确镇村工作的时间比例，借调的岗位不能“糊里糊涂”；合理规划使用高校毕业基层人才。四是健全和完善考核机制。五是健全和完善创新机制。六是健全和完善后续保障机制。

第二，做好配套工作，加强人文关怀。一是选好基层工作者的第一位

导师，扣好职业生涯的“第一粒扣子”。二是加强基础设施建设，提升公共服务配套水平。三是通过多种方式密切大学生村官和群众的联系。四是加快建立大学生村官的心理疏导机制。

第三，更好发挥高校的作用。一是加快教学改革，强化实践导向，包括创新教学理念，加强实践教学，推行多元化教学评价体系。二是建立基层就业宣传机制。三是建立以大学生村官为中心的“村”校深度合作机制。

第四，加强自我修炼。一是加强理论学习，提高政治能力，包括舍得花精力提高马克思主义理论水平，把握正确政治方向，将自己所学的知识与农村实际工作不断结合在一起，对党的政治纪律和政治规矩怀有敬畏之心。二是坚定理想信念，做好职业规划。三是在实践中增长才干，提高解决实际问题的能力。

五、关于高校毕业生基层培养计划的若干思考

第一，“出路”和“待遇”是高校毕业生服务基层面临的主要困难。首先是“出路”方面。职业发展制度设计缺位，造成“在岗不安心”和“消化”两个极端问题并存。现行政策对服务期满的高校毕业生走向的要求是“流得动”，包括升学、考取公务员或者事业单位编制、进入企业、自主创业等，对于参加升学考试、考取公务员或事业单位编制的在考试成绩给予加分优惠。这样的制度设计意味着，高校毕业生在基层服务期满之后要重新开始其职业生涯，容易对其在基层稳定工作产生不利影响：一是造成高校毕业生心态不稳定；二是产生“消化”高校毕业生的新问题；三是影响高校毕业生在基层的工作和服务效果。其次是“待遇”方面。高校毕业生服务基层收入不高、身份尴尬。除了“出路”方面的问题外，高校毕业生在基层服务还面临收入以及与收入直接相关的身份、职业发展等“待遇”方面的问题。一是高校毕业生服务基层的收入水平偏低；二是从事基层公共管理和服务等社区工作的高校毕业生面临身份尴尬的问题。

第二，人才培养和使用衔接不畅以及社区工作人才职业化缺位是“出路”和“待遇”问题的症结所在。高校毕业生基层培养计划存在的“出路”和“待遇”问题不仅是进入计划的高校毕业生的诉求与政策规定难以对接的问题，其背后更有着深层次的制度因素。首先，人才培养和使用衔接不畅导致高校毕业生基层培养计划成为“孤岛”政策，进而造成了高校毕业生的“出路”焦虑。其次，高校毕业生对“待遇”“身份”的诉求折射出的是社区工作人才职业化的制度留白问题。

第三，推进精细化管理和职业化发展，进一步完善高校毕业生基层培养计划。首先，短期内应完善高校毕业生期满留用政策，激励高校毕业生全身心投入基层工作，同时为基层留住人才。一是开辟期满入编新路径；二是严把入口关和考核关；三是适当延长基层服务年限；四是调整服务期满后的留用方式。其次，长期内应制定社区工作人员职业化发展的政策措施，创造高校毕业生服务基层的良好制度环境。在短期内，提高服务基层高校毕业生的待遇要通过增加财政投入，使高校毕业生生活补助随物价上涨、编制内同类工作人员工资水平提升而同步提高。但从长远来看，则要通过社区工作人员职业化的制度建设，促进其规范发展，高校毕业生在社区工作岗位的锻炼、服务按照相同的制度进行管理。一是明确社区工作人员的法律地位；二是科学合理地确定社区工作人员的待遇水平和标准；三是设立社区工作人员的专门职业发展通道。

目 录
CONTENTS

总报告

专题报告

背景报告

附 录

总报告

高校毕业生基层人才培养实践与效果评价

——以大学生村官计划实施为例

一、引言

高校毕业生基层培养计划是《国家中长期人才发展规划纲要（2010—2020年）》（以下简称《人才规划纲要》）确定的十二项重大人才工程的任务之一。为贯彻落实《人才规划纲要》有关要求，2011年6月，中组部、教育部、人力资源和社会保障部、共青团中央联合印发《高校毕业生基层培养计划实施方案》，正式启动实施高校毕业生基层培养计划。2016年12月30日，中共中央办公厅、国务院办公厅印发《关于进一步引导和鼓励高校毕业生到基层工作的意见》，提出继续组织实施高校毕业生基层项目，完善基层服务项目政策措施，实施高校毕业生基层成长计划。2017年11月16日，为引导高校毕业生更好在基层就业创业，促进高校毕业生在基层成长成才，建设高素质基层人才队伍，为基层经济社会发展提供人才支持，中组部、人力资源和社会保障部、教育部、财政部、共青团中央联合印发《高校毕业生基层成长计划实施方案》，启动高校毕业生基层成长计划。从2011年到2020年，经过10年的努力，计划实施总体成效显著，在解决基层特别是中西部地区基层人才匮乏问题，培养锻炼后备人才，积极引导和鼓励高校毕业生到基层创业就业方面取得一定成绩。

在众多高校毕业生成长计划中，大学生村官计划实际上是实行时间最早、影响范围最广的项目之一。1995年，江苏省丰县启动“雏鹰工程”，被视为大学生村官计划的起源。在那之后，全国多个省区市出台了引导大学生到基层尤其是农村工作的相关政策。直到2005年，中共中央办公厅和国务院办公厅出台《关于引导和鼓励高校毕业生面向基层就业的意见》，要求从2006年开始每年都选拔一定数量的高校毕业生到农村就业，争取用3 ~ 5年的时间基本实现全国“一村一个大学生”的目标，拉开了大学生村官计划全国普及的序幕。此后，人力资源和社会保障部、教育部、中组部等均出台了落实政策，形成了高校大学生到基层就业的“西部计划”“三支一扶”“特岗教师”和“到村任职”四大项目，各项组织举措和激励措施也相应展开。

2012年7月，中组部会同中宣部、中央编办、教育部、财政部等有关部门，制定下发了《关于进一步加强大学生村官工作的意见》等一系列政策文件，提出“要统筹安排选调生与大学生村官工作，逐步实现选调生工作与大学生村官工作的并轨，完善年轻干部选拔培养与基层建设工作”，自此“两选并轨”拉开序幕。2014年召开的全国大学生村官工作座谈会进一步明确了大学生村官工作的定位。会议强调，要把选调生工作与大学生村官工作相衔接，同时建立和完善相关的制度与政策，规范操作程序，使其形成良性的有效的运行机制。根据中央的规定和意见，全国各个省份开始着手大学生村官与选调生工作的整合并轨，“两选并轨”工作逐步在全国开展起来。

虽然各个省份的具体详细规定不尽相同，但总体上可以分为两种类型。①完全并轨型，即选调生和大学生村官的无缝衔接，将选调生的公务员身份作为大学生村官期满出路的安排，解决原有大学生村官期满后的工作问题。这种类型主要以山东省、浙江省为代表。②部分并轨型，即对大学生村官的培养和管理方面向选调生方向靠拢，或者将部分任期届满大学生村官通过考核选拔的方式，吸收到选调生队伍中来。这种类型主要以湖南省、河南省和江苏省为代表。

表1　大学生村官政策与“三支一扶”“西部计划”的比较

	大学生村官（“两选并轨”后）	“三支一扶”	“西部计划”
政策目标	①完善基层建设工作 ②缓解就业压力 ③为农村引入人才 ④培养锻炼年轻干部	①引导和鼓励高校毕业生面向基层就业 ②缓解就业压力 ③促进农村基层教育、农业、卫生、扶贫等社会事业的发展	①鼓励引导高校毕业生到基层就业 ②围绕国家战略部署，促进基层地区发展

续表

	大学生村官（“两选并轨”后）	“三支一扶”	“西部计划”
实施主体	中组部、教育部、财政部、人力资源和社会保障部联合组织，各地方根据自身情况制定政策	人力资源和社会保障部牵头，各省区市人社、教育部门组织实施，地方进行细化并落实	共青团中央、教育部、财政部、人力资源和社会保障部共同组织，地方根据实际情况调整
实施对象	具有大专以上学历的应届或往届大学毕业生	普通高校应届毕业生	普通高校应届毕业生或在读研究生

当然，无论是从地方层面还是从国家层面的探索来看，大学生村官政策与高校毕业生基层成长计划的交汇，都经历了较长时间的实践检验，具备进行政策评估的时间跨度条件。同时，随着大学生村官队伍的逐渐庞大、工作业绩与独特作用的日益凸显、相关问题的渐次出现，这一群体也成为社会各界关注的一个热点群体。作为新生代的青年群体，大学生村官通过网络等新媒体，不断发出自己的声音和主张。大学生村官工作，中央重视、社会关注、组织期待，但是作为一个新生事物，既没有先例可循，也缺乏国外经验可借鉴，政策实施与发展历程势必伴随一些矛盾和问题，只有用辩证、发展的眼光去看待，才能科学、持续地推进。

据统计，2017 年全国共有 21 个省区市新选聘 1.4 万名大学生村官，除个别少数民族地区外，新选聘大学生村官均为本科以上学历。截至 2017 年底，全国在岗大学生村官共 6.6 万人，其中大学以上学历的占 93.4%，中共党员占 66%。据统计，全国共有 3943 名大学生村官创业，其中，独立创业的 1316 人，占创业总数的 33.4%；合作创业的 2627 人，占创业总数的 66.6%；领办创业的 748 人，占创业总数的 19%。共创办创业项目 3071 个，领办或合办专业合作社 777 个，为农民群众提供就业岗位 49211 个[①]。

二、大学生村官基层工作经历的作用和影响

大学生村官政策的实施为高校毕业生的成长成才提供了一个良好的平台，也是对人才培养模式与体制机制的一次重大探索。从调查访谈情况看，无论是前几年选聘的大学生村官，还是在任的大学生村官，到了农村基层以后，大多数人能

---

① 中国青年网，http：//www.youth.cn。

利用所学知识和专业特长，积极为发展农业、致富农民、建设新农村做出贡献，赢得了农村基层的欢迎和农民群众的赞誉。与此同时，大学生村官的基层工作经历也有利于大学生丰富基层阅历、磨炼意志、提高能力、全面发展，进而树立正确的择业观念、明确职业发展方向，形成脚踏实地的工作作风，达成夯实基层、服务基层的愿望。通过对曾在基层任职的大学生村官进行访谈，发现这一基层工作经历的作用和影响主要体现在以下两个方面。

（一）助力大学生村官成长成才

1. 深刻理解党和国家政策，深刻认识农民农村和基层工作

大学生村官进村后，身份发生转换，不再是政策的旁观者，而是政策落地的直接推动者和组织者，是国家政策尤其是乡村振兴战略各项路线、方针、政策在农村的一线执行人。这一工作经历使大学生村官们切身体会、深刻认识到理论与实践联系的重要性和必要性，真正理解了国家各项政策背后蕴含的深意并提高了解读政策的能力，在实际工作中更好地了解民意、集中民智、珍惜民力，增强了对党和国家的认同感。

我到现在觉得比较大的一个认识就是对我们党组织的认识，去之前没有对党的组织建设有这种比较实际的了解，感觉就停留在学校里的入党或者一些先进事迹这种层面，但是到了村里，特别是北京的农村，正好赶上开展党的群众路线工作，党组织在整个社会的发展、村里的事务中，真正起到了先行引导作用……在拆迁以及一些服务大局保障工作上，党员确实发挥了带头作用。（大学生村官 10 号）

我做党务工作，学习是与时俱进的……在公文写作方面的一些论述会有很多新的提法，将这些内容及时落实到自己的工作当中，我觉得还是挺重要的。（选调生 1 号）

政策剖析也挺重要的。到你执行的时候，对于文件的要求真得反复解读，这样才能执行好，也才能给别人解答。（选调生 2 号）

工作期间，大学生村官实实在在走向了基层，面对面接触村民，真正认识了农村，真切体会到了村民的酸甜苦辣和需求，认识到党的领导、国家治理、国家政策落实得不容易。

因为接触村里边比较多，所以你就会知道一些（特殊的）东西。你要是在社

会上干其他工作，就不知道什么是乡村振兴，不知道什么叫拆违控违，不知道垃圾分类要怎么去做。（大学生村官4号）

以前我以为北京非常富裕，即便农村人也非常有钱。但是我真的到了基层以后，（发现）跟我想的完全不一样……开山护林，种一些果子；而果子他们（村民）又运不出去，没有销路。很多时候他们也就只是维持生存而已。（大学生村官6号）

（大学生村官经历）很关键、很重要。是真真正正地从基层上来，对民众的需求和想法有了解，接触到的都是最接地气的东西。（大学生村官8号）

跟老百姓接触多了，你会发现他们有时候也是出于无奈、出于生活或者是投诉无门，有什么问题或者是在村里受欺负了，往往因为他们的家庭在村里就显得比较弱势。通过这段时间你能了解他们各种各样的问题，老百姓有的还是比较苦的。（选调生3号）

2. 坚定理想信念，实现人生观、世界观、价值观的升华

大学生村官走出校园走向农村，从做学生到干工作，成为社会主义新农村建设的力量。这段经历让他们与农村建立了情感联结，心理上贴近了农村，更加愿意扑下身子、耐着性子为当地人民群众谋福利，成长为与人民群众有着深厚感情的党政干部和后备人才。他们在服务群众、服务基层的过程中坚定了为人民谋福祉的理想信念，增强了责任意识和奉献意识，实现了个人价值和社会价值的统一，同时也夯实了党在基层组织建设中的基础，为党的事业薪火相传贡献力量。

我觉得，这三年我在村里的价值体现得淋漓尽致，我把会的东西都奉献出来了。（大学生村官4号）

（大学生村官工作）会让你变得更加踏实。到了那个位置、到了那个地方以后，你自然而然地就会想着帮老百姓办一些实事。（大学生村官6号）

一旦建立了对农村的这种联结，以及在北京的这种归属感，情感上就会特别美好。另外，对共产党非常有信心，坚定了对党组织的信念。（大学生村官10号）

第一，在基层你首先得有责任心；第二，我觉得还要有颗勤劳之心。做这些服务性工作（的时候），我感觉真的跟大学时代的概念不一样，可以叫利他主义，真的不是为自己，而是为他人做一点点东西。（选调生2号）

经过1年的沉淀，我做事情越来越沉稳，也愿意脚踏实地地去干一件事情……可能找到了自己正确的位置吧。之前一直是求学的状态，不断地学习。毕

业之后能有一个比较稳定的岗位（大学生村官），能够让你在这个岗位上发光发热。（选调生 4 号）

3. 积累基层经验，提高工作能力，培养良好作风

这一工作经历对每一位大学生村官来说都是难得的磨炼和体验，他们面对层出不穷的问题和错综复杂的人际关系，经过一系列的学习和锻炼，不仅获得了重要的基层工作经验，拓展了知识的广度和深度，而且分析问题、解决问题的能力得到了进一步提升，人际交往和实践工作的能力与水平也得到提高，同时培养了踏实肯干接地气的良好工作作风。

他们就会觉得我非常好接触、亲和力非常强，跟谁都能聊起来。（大学生村官 3 号）

大学生村官经历对现在这个工作（主要是党务）有提升。（大学生村官 8 号）

我觉得处理人际关系的能力提高了。面对不同的人，我都会去协调和处理。我以前是一个很直接、脾气特别硬（的人），经过这几年的工作，缓和、平衡了很多，脾气好了很多，现在提起我，都是善解人意、通情达理什么的。我觉得可能跟那段经历有关系。（大学生村官 11 号）

工作后，我觉得在沟通交流和表达方面提升挺大的。（选调生 1 号）

在 C 区工作三年，积累了一些工作经验，跟一些优秀的人学习新的工作方法，有了一些新的想法。虽然工作到 T 区了，不再负责组织工作、党务工作、纪委工作了，但是对这项工作的方法或者一些想法呀，是没有变化的……在 C 区，我怎么去推人居环境整治、怎么推换届选举；到了 T 区，就变成我怎么推垃圾分类、怎么推市容管理。我自己在想，方法应该有很多相似性，所以应该会对我下一阶段的工作有很大帮助。（选调生 1 号）

做工作的时候学会照顾别人的情绪。与同事或者村民打交道的时候，你得考虑到别人的情绪。有时候他们不理解你的工作，或者诉求得不到解决，就会闹情绪。你得把这个问题沟通（解决）好。（选调生 2 号）

我觉得（形成了一个习惯），工作一定要有规划。（选调生 2 号）

4. 明确职业生涯方向，为未来职业发展奠定基础

部分大学生在学校阶段并不知道自己是否能适应体制，是否适合当公务员。为此，他们选择尝试，目的是明确自己未来的就业方向。

因为以前是在学校嘛，就看能不能解决户口，这样有机会的话再考公务员……当时我也没有想到以后，也不确定以后。毕业的时候也不可能把以后都规划好，然后也处于一种探索，看继不继续想在体制内发展或者是想自己出去单干……（大学生村官5号）

针对在农村基层合同期满的大学生村官的再就业问题，中组部给出了5项措施，保证了大学生村官期满以后的出路。一是鼓励担任村干部。留任村党支部书记和村委会主任的，可以继续享受中央财政补贴。二是推荐参加公务员考试。对于表现优秀、聘期考核合格的大学生村官，可以享受公务员报考的优惠政策。三是扶持自主创业。四是引导另行择业。鼓励和引导事业单位、国有企业、非公有制企业等用人单位，优先聘用（招用）具有2年以上农村基层工作经历的大学生村官。五是支持继续学习深造。聘用期间工作表现良好、考核合格的，报考硕士研究生可享受初试总分加10分和在同等条件下优先录取的优惠政策等[①]。

这一工作经历对大部分服务期满后进入体制内的大学生村官来说具有明显的积极作用：在基层任职期间积累的工作经验为后续的工作打下了坚实可靠的基础；部分单位规定，大学生村官的三年服务期限可以替代满足公务员升迁中对基层工作服务年限的要求；大学生村官期满后获得的户口也为在京找工作提供了相当大的便利。

三年大学生村官的经历是非常有优势的。在我们司里面，我都是基层经验丰富的人。我们单位要求应届生必须去基层挂职两年。我有三年大学生村官经历，就不用去挂职了。（大学生村官3号）

因为你有基层工作经历了，（就明白）在下面干活是怎么样的了，包括也知道这个活该怎么干，可以更好地安排工作……其实先做大学生村官然后再进入公务员队伍挺好的，因为你就先有了基层工作经历。（大学生村官5号）

工作中还有一个不可回避的问题，单位要给解决户口。因为我已经有北京户口了，所以单位的压力就会小很多，也是一个优势。（大学生村官11号）

① 中组部等十二个部门：《关于建立选聘高校毕业生到村任职工作长效机制的意见》，2009。

（二）为新农村建设贡献力量

1. 优化农村传统办公方式，促进基层办公现代化

工作方法上，大学生村官作为接受过高等教育系统训练的年轻力量，学习能力和规则意识较强，能够较好地适应无纸化、智能化办公环境。尤其在文书工作和流程规范方面，大学生村官能够发挥自身能力优势，转变以往僵化混乱的旧方法。受访的 Y 区组织部工作人员作为当地大学生村官的管理者，对这一群体有很高的评价，认为其为当地发展发挥了重要作用。

村干部的工作方式和方法可能相对传统，事情多靠几个人一起商量。但是大学生村官不一样，他们能严格按照程序规则办；另外，他们在办公自动化方面有很大的提升，村里最近几年的档案管理明显好了很多。

相对而言，大学生驻村原有村干部由于文化程度不高、年龄偏大，电脑操作不熟练，导致党务、村务办公信息化程度不够。而大学生村官普遍具有现代化办公能力，能熟练操作电脑、手机等电子设备。大学生村官的到来改变了农村传统办公方式，推进了农村网络办公，促进了基层党务、村务办公现代化，有效提升了办事效率，在社会普查、文秘统计等基础工作方面成效显著。

教会大家用手机，这样后面我们好多（工作）都是通过微信开展，包括党员开会打卡等。工作方式现代化了一些。（大学生村官 5 号）

我感觉镇里、村里安排的这些活基本都跟网络脱不开关系，都是网络办公，但实际上，村里对网络办公可能还真的没有很了解，需要我们这些大学生村官、选调生提供一些帮助。（大学生村官 8 号）

2. 协助村干部解读落实上级政策，发挥组织协调和推动作用

大学生的加入为基层组织注入了“新鲜血液”，改变了基层组织的知识结构、年龄结构，对于社会主义新农村建设具有重大意义。大学生村官文化程度高，政策理解领悟较快，与村干部一起学习交流，有利于基层干部正确理解党的路线、方针、政策和国家的最新工作部署。在日常工作中，大学生村官协助村干部一起开展思想宣传、田间地头动员以及党的方针政策解读等，有助于广大村民对党中央关于乡村振兴战略决策和行动部署的理解、把握与支持。此外，大学生村官的学习能力强，获取信息资源的路径多，创新思维丰富，在组织协调资源、政治敏

锐性和思想觉悟方面也有一定的优势，对推动政策落实和创新性开展工作非常有利，可以为基层组织带来活力。

改变可能就是，现在不管是村、社区干部还是镇、科室干部，对纪律（都很重视）。我每月都会组织一些纪律学习，所以他们现在对纪律方面的要求都挺严的，也都挺重视的。（选调生 1 号）

3. 发挥自身优势，为农村发展贡献力量

一般来说，大学生村官经过多年的学习积累，专业基础扎实，政治觉悟高，有思想有担当，是我国新时期重要的智力支撑和人才支撑来源。大学生村官到农村基层服务，能够吃透政策、借鉴经验，以崭新的视角来完成各项工作，有利于改变农村基层组织的政治生态和工作观念，增强村委领导班子的组织力和领导力。通过访谈能够看出，大学生村官在潜移默化地影响着当地的发展。

（1）激发村干部的工作热情，引领群众增收致富。一部分大学生村官进入基层后，能够发挥自身专业知识与能力的优势，提升当地干部群众的政策理论水平和思想道德素养，带动农村党员干部积极工作。同时，大学生村官在开展工作时不囿于一隅，往往能跳出思维定式，以创新的思维、广泛的见识和开阔的视野将新理念带入农村，有针对性和创造性地开展工作，结合当地特点，因地制宜地发展经济，引领农民增收致富，特别是创新创业、电商、远程教育等工作成效显著。

例如，我们村的资源和地理位置都挺好的。村附近有个果园，可以开农家乐。这方面其实优势挺大的。他们（村干部）现在也在推动这项工作，想把这项工作做好，为村民创收，壮大集体经济。他们现在也有自己想法，想把这项工作做好，不仅是把违建拆了，也主动在想怎么壮大集体经济、提高居民收入。我觉得他们现在的工作不像以前，开始主动考虑怎么发展这个村子的经济。我觉得这个方面改变也挺大的。（选调生 1 号）

（2）协助解决矛盾纠纷和排查安全隐患。尽管新农村建设在一定程度上解决了农村的一些实际问题，但人民对美好生活的向往与现实之间还存在一定差距。目前，在广大农村还存在着诸如城乡发展不平衡、新技术新思想新观念带来的贫富差距、土地流转和劳动力转移等问题。面对这些问题和体制机制障碍，大学生村官的基层治理能力和水平显得尤为重要和迫切。部分大学生具有一定的法律知识，能协助当地村干部在日常工作中及时排查和发现矛盾的苗头，运用所学的知识和方法专业解决各类矛盾。这有助于进一步巩固党在农村基层执政的组织、群众和社会基础，保持农村基层的长期和谐稳定。

村里面有协调组，村户与村户之间发生矛盾之类的，我们都会跟着协调一下。（大学生村官5号）

领导交办的任务你要完成。还有一些（工作），领导在没有看到的时候，你要提前帮他规划好。例如，我们村里有一个大鱼塘，荒废很长时间了。我们这边经常下雨，鱼塘其实是可以蓄水的。有一次我就问："书记，这个鱼塘能存多少水啊？"书记说："放心，其他村都淹了，咱们村也淹不了。"然后我就再去看一下那个鱼塘，里面是挺大，但是进口和出口特别小，相当于通道特别小。雨太大的话会一下子把通道冲没了。当时书记也没看到，因为没有见过大洪水。我当时跟书记提这事，他没当回事。那一年也赶巧了，正好就下了我们村60年来最大的暴雨。我们村就被淹了，得转移到其他村去，所有村民都得转移。后来书记跟我聊过，他说："你当时提的那个建议确实是对的，应该把通道改大一点，这样蓄洪能力变大了，就不会出现被淹的情况了；最起码会缓解一些，给我们多一些撤离的时间。"当时造成的损失还挺大的。这只是其中一个例子，有些问题你得想在他们（领导）前面，提前帮他们去解决。（大学生村官6号）

反对的那一拨人肯定会有一个带头人，要跟他（带头人）把问题讲清、道理讲通，然后再和他一起做其他村民的工作。基本上，把这个工作做好之后就可以开始第三步——推进这项工作了，先从小的、容易的下手，让村民看见这已经形成一个趋势了，看到这是一个必须做的工作，他们就会自觉地把违建拆了。（选调生1号）

4. 移风易俗，推动农村精神文明建设

高校毕业生一般具有较高的科学文化素养，有激情、有文化，敢拼搏、勇创新。大学生村官到农村工作可以普及科学文化，成为乡村文明建设的带动者和实践者，通过大力推行党风、村风和家风教育，强化乡村文明建设，转变村民传统保守的理念，丰富当地村民的精神生活，进一步加强农村社会主义精神文明建设。

（1）引导和组织村民参加文体活动，丰富农村业余生活。大学生村官年轻有活力、富有创新精神，在任期间组织村民参加各类文体活动，锻炼了体魄、丰富了闲时生活；采取多样化方式积极宣传科学的、先进的理念，陶冶了情操，使绿色发展、和谐共生理念深入人心。

我们当时有一个（毕业于）北京舞蹈学院的大学生村官，他一过去就教大家跳新式广场舞。（大学生村官 1 号）

我们会给他们组织一些活动。我觉得这能增强他们的凝聚力，让邻里之间的关系变得更好；我们会设计一些宣传海报，鼓励科学的生活方式和做好低碳节能等。（大学生村官 3 号）

（2）推动村民思想观念的转变，改善农村文化氛围。大学生村官在农村移风易俗方面发挥了重要作用。他们在日常生活中倡导新的思想和生活方式，使村民的思想观念、思维方式、生活习惯逐步转变，更好适应网络时代。

一开始他们不能接受网购……久而久之，看到你买的东西没有骗人，质量也挺好的，他们最后就会再去买，生活方式也会有一定的改变。（大学生村官 1 号）

你要说立竿见影的改变，其实是没有的，但是会潜移默化地影响每个村民的思维方式。我们是受过高等教育的，会把我们的思想传递给他们。（大学生村官 6 号）

5. 潜移默化，转变基层治理理念

治理理念上，大学生村官计划自身带有“志愿”性质，多数大学生村官是心怀一股服务农村的热忱而来，因此，比起村干部，年轻的大学生村官更加愿意深入群众、服务群众。大学生村官群体中，也涌现出了许多优秀人才和典型事迹。2012 年入职大学生村官工作，并于 2016 年考取公务员岗位的 S 某在回忆这段经历时感慨甚多。面对开始阶段村干部和村民的不信任，S 某通过免费的课后辅导改变了村民的看法，收获了孩子的喜爱和家长的信任，并在村里干出了一番成绩。他表示：

我当时想在教育方面多做一点努力，因为当地留守儿童比较多。说实话，村干部（一开始）是不认可大学生村官的，村民们就更不认可。（大学生村官）又说着外地的话，还以为我们是骗子。所以说，我们得有一个工作的突破口。家里谁最宝贝，就从谁那里突破。我最开始找了一个四年级的孩子作为突破口。这小孩古灵精怪，学习不是太好。我向他的家长介绍了我的基本情况，表达了我的愿望。他（的家长）答应给我一个月的时间，让我试试看。虽然困难很多，但收获很大。

后面很多工作，例如拆迁、信访等，都是可以搞定的，就是因为他们的孩子都听我的。

大学生村官的到来也为村庄带来了更多潜移默化的影响。Y 区组织部工作人员表示：

以前，村里的一些年轻人就觉得村干部都应该是老年人来做的。但是大学生村官引领了很多人返乡，为家乡做贡献。他们对当地年轻人的思想改变是很大的，也是潜移默化的。

三、影响大学生村官计划实施效果的因素分析

结合对大学生村官政策已有研究的整理，以及课题组对大学生村官的访谈发现，影响大学生村官社会融入、个人发展以及作用发挥的因素有客观和主观两个方面，其中又涉及诸多影响因子，共同影响了当前大学生村官政策的实践及后效。

（一）政策层面

1. 大学生村官政策定位模糊，政策落实存在偏差

总体来看，各地在大学生村官政策落实方面主要存在以下问题。

（1）大学生村官实际工作杂乱，地位尴尬。大学生村官本应是乡村建设发展的“新鲜血液”，在实际工作中却很难真正融入农村，成了乡镇和农村的“边缘人”。例如，谈及自己的工作内容时，大学生村官 L 某有如下描述：

我在村期间，工作任务不多，都是一些“打杂”类的工作，村民有事也不会主动找我；镇里的工作主要是排版、打印，或者修电脑、整理文件。

零碎的工作在客观上造成了大学生村官工作积极性日益下降，使得其助力乡村建设的初心难以实现。部分大学生村官已经意识到自身“边缘人”的尴尬状况，并觉得原因应回溯到大学生村官政策的设计，甚至直接提出当前遇到的困境就是政策的结果。首先，大学生村官角色定位模糊，总体上呈现出“似官非官、有职无职”的状况，不利于大学生村官在村里的社会融合和工作开展。其次，大学生村官聘期较短，一般 3 年为一个聘期，而无论是融入农村还是能力培养都需要一定的时间，村里也难把重要工作交给大学生村官。

（2）大学生村官工作缺乏有效的管理和考核。最为突出的问题是管理流于形式和考核工作不到位。有些地方甚至对大学生村官采取放任自流的态度。受访的大学生村官普遍表示，相关部门存在“重选聘，轻管理”的问题。例如，大学生村官 G 某表示：

大学生村官的管理比较简单。其实，本来应该要实现“传帮带”，由乡镇领导“传帮带”，但是实际上没有领导去做这项工作。

当前，大学生村官还没有一个系统的考核机制，省、市、县及基层也较少出台关于工作实绩的具体考核指标。现实考核工作过松导致部分大学生村官逐渐变得懒散，也让其他踏实肯干的大学生村官感到不公和信心受挫，产生了“干与不干一个样，干多干少都一样，不知道怎么继续干”的困惑。

（3）缺乏有效的激励机制。近年来，各地出台了一系列大学生村官激励政策，有些地方出台了选拔大学生村官进入乡镇领导班子的政策或者考核录用事业单位人员的有关规定。但有关政策或规定仍存在公开招聘比例落实不到位、人文关怀不足、难以回应大学生村官群体利益关切等问题。

2. 大学生村官期满分流政策在各地落实不一

需要指出的是，大学生村官政策也经历了一个方向逐渐明确、出路逐渐清晰的完善过程。以 S 省为例，大学生村官计划在该省实施十多年间，有数万名大学生村官参与乡村建设。但由于前期有关期满分流的政策落实不到位以及培养政策不连续，造成大学生村官的流失问题比较严重。2013 年入职的大学生村官 Z 某表示：

刚开始没说要转事业编啥的，没有后续嘛，大家心里都会有一点（动摇），就是看有没有合适的（工作）可能就走了。因为在这里干没有一点保障，最多一届、两届，再干你也不好意思，因为没有后续的相关政策留你。据我了解，我们那一批都走完了。我算干得长的了，干了两届。

自 2016 年选聘公告增加了统一转事业编的新出路后，大学生村官人才流失得到了较大程度的缓解。谈及此问题，大学生村官 L 某表示：

应该是最后一届（选聘大学生村官）的时候，陕西省下发了一个文件，明确了 3 年转编制。有这个文件的支持，让这一批（大学生村官）觉得有保障、有希望，支撑他们继续干下去。据我了解，他们那一届没有离职的，但是在那以前，没有政策规定解决身份问题，离职率还是比较高的。我了解到的是接近一半（离职）吧。

出路的明确不仅为政策的稳定实施提供了保障，也提高了大学生村官的工作积极性，增强了其对工作的认可度。2016 年入职大学生村官工作的 H 某表示：

我知道这个（大学生村官）之后是可以转编制的，就冲着这个机会去了。在我看来，大学生村官和选调生是没有太大区别的。选调生任职之后也是要下派到乡镇 2 年，而我们这一届，3 年后都能转编制，区别顶多就在于前 3 年有没有编制而已。

但是，各地关于大学生村官期满分流政策的落实并不一致。受访的大学生村官表示，多地仍存在公开比例落实不到位、转编门槛过高、人文关怀不足等问题。Y 区在 2020 年实现了所有现有大学生村官转为事业编，期满分流的政策落实走在 S 省前列。被问及该区的分流政策是否具有特殊性和先行性时，Y 区组织部的工作人员表示：

第一，我们的大学生村官数量不是很多。我们的基数比较小，周边的区县有 100 多个大学生村官，而我们只有二三十个。第二，我们有缺编制的现象。我们有这个容量，可以容纳他们，别的区县可能已经满编制了。第三，我们的大学生村官在村里确实最大限度地发挥了作用，经过 6 年的工作，掌握了村情政情的基本情况，对我们工作开展非常有利。基于这三点，以及省级领导的重视和支持，之后也就提出了。

3. 基层政府借调大学生村官成为“常态”

很多大学生村官名义上到村任职，却被频繁借调到当地经济条件相对较好、交通和生活比较便利的政府部门或机关，成了“打字员”“秘书”“助理”和“调解员”，而经济条件最困难、最需要人才的地方，却少了大学生村官的身影。此类现象与大学生村官计划的初衷和有关规定相违背，却非常普遍。

调研发现，绝大多数受访的大学生村官都有被政府机关借调的经历，而且部分大学生村官有被多个单位借调或长期借调的经历。大学生村官 L 某表示：

我吃住在乡镇，村里和乡镇里的工作都需要做，乡镇工作花费的时间可能占比更大；每个月“下乡”三四次，主要是处理一些案头工作，农民遇到纠纷，多数找村里“两委”解决。原则上是禁止借调的，（借调）也对我在村里的工作产生了一些影响。

大学生村官对借调持不同态度。一部分大学生村官表示了对乡镇借调的不满，主要体现在待遇低下和管理混乱等问题上。大学生村官 W 某表示：

大学生也很尴尬，干着乡镇公务员的活，拿的是村里的工资，又没有地位。

另一部分大学生村官的态度则较为积极，认为借调是培养大学生村官的一种有益途径，不仅可以掌握新的工作技能，还有利于增强与政府部门的联系，为村里带来更多资源，也为自身发展创造更多机遇；尤其是在村（社区）中发展受限的前提下，借调到政府机关成了大学生村官能力培养的有效路径。2013 年入职大学生村官工作并于 2018 年转为事业编的大学生村官 Z 某表示：

我有半年时间被上级政府借调，大概是 2014 年下半年。其实我觉得借调挺好的，如果一直在村里，和上面接触的机会不多，就没有机会去学习上级单位的工作方法和先进经验，而且和他们接触也能给村里多带来些资源。仅在村里，自己是很难搞出什么名堂的，想发展必须要多部门协调。

另外，大学生村官在怀孕期间，或者所在村庄条件过于艰苦、无法满足日常吃住需求时，借调在某种程度上就成了基层政府协调各类主客观因素来关怀大学生村官的有效形式。

4. 培训机会多、形式多样，但培训知识的实践转化有限

受访的大学生村官在被问及培训情况时，都表示自己参加过村官培训，并且都表达了对各级组织部门培训事项安排到位的认可。大学生村官 H 某表示：

我认为大学生村官（计划）特别好的一点就是区上会培训，省委组织部也会培训，而且省委组织部的培训还不少，中组部举办的去外省的培训也有。这方面办得还挺好。这些（培训）都是大家轮流去的，我在此期间培训了四五次吧。

大学生村官 Y 某表示：

培训很多，也很充实。主要是团省委组织老师给我们讲课，组织讲座、参观等，一般为期一周；我还参加了农业农村部组织的培训，一次在湖北，还有一次在西安。

谈及培训的作用，大学生村官 J 某表示：

培训会把各个地方的大学生村官集合到一起，大家可以互相讨论；或者说一说目前遇到什么问题，老师也会给你解答，解释一些政策方向，交流一些工作过程。这些对你都是有帮助的。

由于各地大学生村官工作环境和工作内容差异性较大，各级组织部门统一组织的培训内容往往无法适应农村的具体情况，导致培训效果打了折扣。对此，大学生村官J某认为，培训内容与农村条件不适应：

有的培训和村里的工作还是不太符合。乡村精神文明建设的培训讲得很好，我觉得学到了很多。回到村里，心里还是有点失落的。因为接触的人群都是村民，他们关心的多是自己的衣食住行，主要还是想着怎么挣钱、怎么发展经济，很少有精神层面的东西。这个（培训）用处就不大。

大学生村官Y某认为，培训内容与工作内容不能很好协调：

当时，培训主要讲的好像是农村电商，还去了电商产业园参观。但是回来之后我发现，我们这里的环境不太适合，因为你还是要服从镇上领导的安排，要忙于定期报送资料、拆迁等工作，没办法顾及。

大学生村官L某则困扰于理论培训与实际应用的差距：

我们记笔记回来之后会跟村干部说一下，我们毕竟是“纸上谈兵”，具体操作还是要专家来做。

5. 薪资待遇逐步提升，但水平仍然相对较低

薪资待遇不仅是大学生村官物质生活保障的主要来源，也是对其日常工作的直接回馈，影响其对这一职业的认同和长期留任的意愿。以S省为例，除了每人每年补贴2.1万元并发放一次性安置费2000元外，省财政为到国定的48个艰苦边远县（市、区）农村任职的高校毕业生再增加1000元津贴。2008—2011年，该省大学生村官每年领取的工作和生活补贴是2.1万元；2012—2013年的补贴为2.2万元/年；2014年之后补贴达到2.8万元/年。

在整体薪资待遇方面，受访的大学生村官几乎无人表达对薪资的满意。第一种态度是明确表示薪资待遇过低，影响生活水平，影响后续的职业选择。大学生村官J某表示：

大学生村官待遇很低，不足以支持你继续在村里工作那么多年，生活上会有越来越多的问题。

较低的福利待遇不仅影响了大学生村官的家庭生活，而且在与选调生和乡镇公务员的对比中，也容易因工作内容相近但待遇差距大而形成心理落差，从而影响其工作积极性。

第二种态度是强调精神支撑，放低物质要求，对薪资待遇是一种无奈的接受。大学生村官 D 某表示：

在物质上，基层工作可能不会让你大富大贵，但是也不会让你饿死，你需要抵住很多诱惑，要有很强大的心，要有觉悟。

这两种态度从不同侧面反映了大学生村官作为职业的薪资待遇并不能作为吸引高校毕业生参加大学生村官计划并把大学生村官作为长期选择的重要因素。

（二）社会层面

1. 农村社会对大学生村官的认可度不高

村干部和村民对大学生村官的认可度并不高。有些村民不理解甚至看不起大学生村官，把他们当作“临时工”；有些村干部不接纳大学生村官，不让他们参与村里的重大事情决策。这些情况都不利于大学生村官融入农村社会，不利于他们顺利开展工作。大学生村官 O 某表示：

我们办公主要在镇政府，偶尔去村里。好像我们每一个大学生村官都在村里挂了个职——村主任助理等。但是村里的事，实际上和我们没关系，他们既不需要我们去做什么，也不希望我们插手。

农村社会对大学生村官认可度低，主要在于对这一群体的认知度低，尤其是村民对这一群体了解不多。农村地区大多人口分散、交通不便、信息滞后，而且村民普遍文化水平偏低，对政治事务不关心。大学生村官在村民群体中并不被关注和期待。对于村民来说，大学生村官只是“下来办事的”，村民也并不觉得其能为村里带来什么。

此外，大学生村官的认可度低的原因还在于村民群体对大学生群体存在刻板印象。虽然农村普遍重视教育、尊重人才，但在村民眼中，外来的年轻大学生村官都是娇生惯养的城市娃，与农村社会格格不入。对于大多数村民而言，有知识有文化的大学生村官并不比善于种地或带着村民做生意的能人更值得信任，因为大学生村官缺乏处理农村具体问题的经验，自身的知识优势不能很快在农村工作中显现。

2. 农村政治文化环境阻碍大学生村官成长发展

大学生村官政策执行错位、人才成长缓慢的问题与农村社会的政治文化环境密切相关。这种情况出现的原因主要在于农村文化的封闭性与落后性，村民群体对于原有文化的遵从与对于外来文化的抗拒，使得农村政治文化呈现弱包容性和强稳定性。

由于大学生村官的协助者角色，其职责分配权主要掌控在村“两委”负责人手中，个人因素往往会对大学生村官的人才培养效果产生重要影响。村“两委”班子大多是村里威望较高者，整体年龄结构偏大，对新事物的理解能力和接受能力有限，在工作中同年轻的大学生村官需要一定时间和精力相互磨合；部分村干部对大学生村官存有偏见，认为大学生村官是威胁自身职权的“空降兵”。种种原因致使部分地区的村“两委”负责人对大学生村官不愿意放权，更谈不上大胆使用和培养。大学生村官 L 某表示：

乡镇和农村的大环境对我们不接纳，我们大学生对农村政治氛围也难适应，不好融入乡镇班子中。

令大学生村官难以适应的“政治氛围”不仅体现在他们与村干部的权力关系中，还体现在具体的农村工作中。在农村熟人社会，人际交往主要靠血缘，处理问题主要靠人情。而绝大多数大学生村官都是通过区、县组织部具体分配到各村，人生地不熟便成了大学生村官融入农村、展开工作的第一道门槛。大学生村官 W 某表示：

村里宗族派别比较明显。他们不相信你的学历，但相信你的家庭家族，讲人情比较多一些。

因此，在农村环境中，一部分返乡奉献的大学生村官拥有更多职业优势。出身农村并且父亲是村书记的 H 某在大学毕业后考取了家乡的大学生村官，熟悉的环境和强人脉关系为其工作扫清了许多障碍。H 某表示：

对我来说，在村里工作比在城市里工作简单。我的父亲是村书记，从小在这种环境中长大，我和村里人打交道很顺利，没有什么困难……我的父亲给了我很大帮助，例如村里的纠纷，乡镇政府对农村的情况不是很了解，就需要村里比较有威望的人出面解决。

（三）学校层面

1. 高校关于大学生村官计划的宣传途径有限

以X大学为例，作为S省唯一的农林类双一流大学，自身带有名校头衔、资金雄厚和专业对口等优势，基层就业宣传引导工作较为扎实。受访的该校就业指导中心负责人表示：

我们学校领导每年都会参加学生基层就业的毕业生和选调生座谈会，每年都送一下毕业生和选调生；就业指导中心主任给学生开班会，好多都是针对基层就业的；再一个就是物质上，每年学校都拿出几十万元给我们的学生，给荣誉、给奖励；我们每年都请校友回来，尤其是在基层就业的校友，给咱们在校生作报告。

大学生村官计划在S省实施十余年来，该校为全国各地的村（社区）输送了近百位毕业生。毕业于该校、曾在江苏从事大学生村官工作的C某表示：

我毕业那几年，我们学校成了江苏大学生村官的“摇篮”，从苏南到苏北，都有我认识的校友从事大学生村官。他们有的已经融入当地，成为乡村振兴的重要力量；有的带领村民创新创业，取得一定成绩；还有的走上领导岗位……

然而X大学的基层就业宣传模式只是个例，许多高校关于大学生村官计划的宣传渠道有限，宣传效果较差。在谈及了解大学生村官计划的渠道时，来自全国其他各地高校的大学生村官中，只有W某表示是通过学校宣传了解大学生村官计划的，学校一同推介的还有“三支一扶”、教师招考等计划；其他的大学生村官主要通过教育机构和熟人推荐，部分大学生村官表示在校时期从未听说过大学生村官计划。

2. 高校关于大学生村官计划的宣传缺乏客观性

以大学生村官为代表的农村基层工作人员是乡村振兴的“排头兵”，其在农村的建设与付出是实现乡村振兴战略的第一步，他们的工作是光荣的、艰苦的，也是前景大好的。

部分高校会邀请优秀大学生村官代表回校宣讲，优秀毕业生的先进事例激励着更多批次的大学生选择毕业后下基层。但是，此类宣传往往夸大基层工作的光荣性和福利性，一定程度上弱化了基层工作的艰苦性和复杂性。“报喜不报忧”的宣传往往会给在校大学生不切实际的期待，但仅凭一腔热血并不能让所有的大学生村官在艰苦复杂的条件下保持工作热情、做足应对困难的准备，反而容易让一部分大学生村官内心感到落差，甚至消极怠工，心生退意。

3. 高校缺乏对本校大学生村官的长期追踪

就业指导机制缺乏系统性和就业指导理念过于重视毕业生整体就业率是许多高校长期存在的问题。在大学生村官计划实施过程中，这一问题体现为高校对该计划的支持仅局限于毕业季时的宣传引导工作，而缺乏对大学生村官成长发展的长期追踪机制。大批的高校毕业生下基层当大学生村官，高校却往往并不了解这些毕业生的后续发展情况，更没有个性化、多样化的精确指导。

因此，大学生村官难以建立起工作地和所毕业高校的沟通桥梁，难以更好发挥自身专业优势，对农村建设的推动力也大打折扣。基层人才培养是一个长期的过程，高校作为大学生村官人才培养的重要一环，不仅应承担起培养和输送基层人才的职能，也应肩负起促进地区发展的重要责任。

4. 高校开设的专业课程缺乏实践导向

以S省为例，2015年起，该省的选聘公告要求大学生村官的学历为本科以上。这就造成一种尴尬局面：专科涉农高校学生掌握了农村知识但无法获得进入农村工作的途径，而本科以上的高校主要以理论型人才为培养目标，培养机制又缺乏实践导向，特别是农村实践导向。这样一来，选聘的大学生村官普遍缺乏农村工作所需的实践能力，许多大学生村官到了村里就成了“愣头青”，既不会和村干部相处，也不会和村民相处，还缺乏基本的农业素养和农业知识。大学生村官无法充分发挥自身能力价值，也难以快速适应基层工作环境。对此，行政管理专业毕业的大学生村官Z某深有体会：

大学生村官这个项目对专业没有限制。我刚到村里一点都不适应，因为学的专业和农业不相关，好多村干部说地上种啥我都不懂，幸好最后还是坚持下来了。

（四）个人层面

1. 大学生村官在基层得到锻炼和成长，但工作成效、能力提升受多种因素制约

几乎所有受访的大学生村官都认为这一工作经历让他们得到了锻炼和成长，主要表现在以下三个方面：一是提升了综合能力，为后续工作积累了丰富的基层

经验；二是养成了吃苦耐劳、踏实肯干、服务群众的工作作风；三是培养了扎根基层的情怀，部分大学生村官与村民群众结下了深厚的友谊，无论后续在哪个岗位上，都能想着基层、服务基层。2017 年到村任职并于 2019 年成功考上地市级单位公务员的大学生村官 M 某表示：

我在基层干过，知道这个事情应该怎么办，能在政策制定的时候，知道这个政策应该偏向哪些方面，怎么操作才好推进、下面才好落实。

但是，大学生村官的锻炼和成长主要来自基层艰苦而繁杂的工作环境，这是各类基层人才政策的共性。与选调生计划相比，大学生村官得到的成长机会相对较少，大学生村官计划给出的人才培养路径也不够明确。多数受访的大学生村官表示，只有小部分大学生村官能够做出成绩，得到提拔并走上领导岗位；而受到村干部的权力制约、区域行政力量对农村自主发展的制约以及短聘期对工作连续性的制约，大部分大学生村官自身主动性发挥空间有限，对于村庄的实际改变并不大。在 Y 区从事大学生村官工作的 H 某解释道：

村里挑大梁的还是书记和村主任。我们这个地方和其他地方不一样。在我们这样一个几千个人的大村子，大学生村官干几年很难有所改变；而且发展什么和不发展什么，从村里到镇上，再到整个示范区，都有统一的规划。

然而 Y 区组织部工作人员则认为：

大学生村官的执行力是比较强的，但是发展产业（的能力）还不是很强，所以产业振兴他们能参与的就很少了。

大学生村官往往能够在行政文字、群众服务等工作中得到锻炼和成长，但是组织统筹和改革攻坚方面受到多种因素制约，能力提升并不明显。

大学生村官自身性格、能力、心态、人脉资源以及对农村的情感等个人因素也影响大学生村官工作的成效。毕业于 X 大学、担任过江苏省中部某地大学生村官工作的 D 某在面对自身作用发挥有限的问题时表示：

我想为这片土地上的人去做一点事，可是这都需要一些资本、人脉等，而这些我都没有。我就是一个很普通的人，是一个很平凡的人。

农村对大学生村官的需求主要集中在涉农类专业上，在 2016 年到 2017 年大学生村官基本情况的调查中，涉农类专业仅占在岗大学生村官的 6%，大部分集中在社会科学类，比例达到55%[①]。在访谈中，也有大学生村官提出专业不对口、工作很少用到所学专业知识的问题。专业的不对口限制了大学生个人能力的发挥，降低了大学生村官的价值。

很少，几乎难以用到专业知识。（大学生村官11号）

你来了之后，相当于也是一种人才的浪费。毕竟大多数专业都是不对口的，真正专业对口的很少……各个专业的都有，他们的专业跟村里没有什么对口，除非那种农学专业或者畜牧，但即便是这种专业，他们来了之后也不从事这种工作，也就是去镇里做你说的党务、村务，主要是行政工作或者到镇里干科室工作，并不会去村里指导村民怎么种树、怎么养猪。（选调生3号）

大学生村官的这种专业不对口，使其在农村工作方面的理论储备和实践经验都存在“先天”不足，也使其入职后由于缺乏农村工作经验和生活经验，难以很快适应大学生村官工作和有效解决实际问题。

2. 政府部门和事业单位仍是多数大学生村官的发展选择，影响在农村工作的稳定性和长期性

大学生村官计划确实为政府部门和事业单位输送了大批人才。一部分大学生村官择业之初就有进入体制内工作的打算，并将大学生村官计划作为进入体制内的“缓冲平台”。

相对于公务员等其他选拔考试，大学生村官计划的选拔标准相对宽松，而选聘公告也认可大学生村官在任期内随时报考各类选拔考试，负责选聘和管理大学生村官的组织部门对大学生村官参加公务员和事业单位考试也持鼓励态度。这使得一部分高校毕业生既能够在大学生村官岗位上积累基层实践经验，也能够在聘期内自由参加其他选拔考试，并在期满获得相关政策优惠。C某在大学生村官岗位上工作满一年，因考公务员成功而离职，他表示自己入职大学生村官工作后，产生了心理落差，就有了离职打算：

最开始，我把大学生村官岗位作为职业生涯的缓冲，经过一段时间的工作，我发现所做的工作和组织部门原来的构想渐行渐远，和我的最初理解也背道而驰；加上组织部门鼓励我们认真学习，积极参加公务员考试，我也陆续参加了一些考

---

① 中国村社发展促进会、中国农业大学、淮海工学院“大学生村官发展报告”课题组：《2016—2017中国大学生村官发展报告》，中国青年网，2017年8月9日。

试。幸运的是，在工作满一年的时候，我考上了家乡的职位，然后离职了。但是大学生村官这一年对我的职业生涯影响很大，它是我走出校门的第一个平台，也是我步入社会的第一站，使我渐渐成熟起来。

另一部分大学生村官在择业之初并没有明确的职业规划，选择大学生村官单纯是为了解决就业，并且不排斥基层工作。短暂的大学生村官工作为这些处于迷茫期的高校毕业生提供了一个体验“准体制内”工作的宽松入口，为部分高校毕业生保留了更为审慎地认识自身能力和兴趣并重新规划后续职业的余地。少数高校毕业生通过大学生村官的工作经历重新规划了更适合自己的职业方向，用他们的话来说是“知道自己喜欢什么”，也“排除了一个不适合自己的路子”；而多数则是逐渐适应了农村工作和基层生活，并按照培养政策给出的各类出路继续选择工作内容相似的体制内工作。大学生村官 L 某表示：

我刚从事大学生村官工作时有点迷茫，不知道我擅长什么，但是又觉得我什么都能干。你分配我去企业我能干，你分配我去农村我也能干，因为我是农村长大的。我也不知道自己到底精通哪一方面、能干哪一方面（工作）。从事大学生村官之后，我就想在政府系统工作，由于职业选择，对其他方面可能就有点疏远了，但慢慢地对这一行就更熟悉了，跟群众也近，工作干起来就更得心应手了。

谈及大学生村官三年的心态变化，大学生村官 H 某表示：

我第一年去的时候心有一点不太定，还在适应阶段，不能笃定自己能不能留在这里、能不能做好。第二年扶贫的时候，氛围就是整天都在工作，会忘记那些事情，全身心投入其中，慢慢就适应了。我们区本来工作节奏就比较快，可以说是工作逼迫你适应这边的生活。当我慢慢地熟悉了这边的人和工作节奏，工作上和村干部接触久了也会顺利一些，和村民也建立了感情。到了第三年，我确实想进体制内，现在又有这样的规定，就慢慢安下心来，继续做下去。

四、相关思考和政策建议

（一）继续完善和健全工作机制

大学生村官政策是一项系统工程，涉及方方面面，目前政策主体框架科学合理，但需要在一些细节之处进行完善和补充。

1. 继续完善选聘机制

选聘前，要通过多种渠道、多样化形式对大学生村官（选调生）的定义、身份、培养目标、选拔程序、管理使用、发展前景进行客观的宣传，使更多的高校毕业生在报考之前就能较全面地理解政策的宏观战略定位和微观层面的具体规定，从而增强身份认同、明确职责使命、自觉规划自身职业发展方向和成长成才路径。

选聘时，要科学设岗，选需结合。提高专业匹配度和人力资源利用率，着力解决大学生村官政策实施过程中存在的人岗不匹配问题。

2. 继续完善培训机制

培训是大学生村官（选调生）进入基层工作的开端一步、关键一步，走好这一步，可以让大学生村官（选调生）在之后的基层工作里少走许多弯路。当前，大学生村官（选调生）的培训都有，但培训方式、内容、效果还有待进一步完善和提高。

当时应该是2013年，没有培训，7月初毕业，然后就直接去了S那边，当场分到了S人才那边，然后又分到了下面的各个镇里面。用车把我们带到了镇里面，当时应该是有八九个人吧，一起见了个面，然后下午就各自去村子里报到了。后来为了协调科室，好像又在科室里分了一下工作，就是这样，没有一个入职前的培训。（大学生村官11号）

有。我不知道以前大学生村官培训多不多，因为我们是大学生村官选调生，会参照公务员管理的，所以当时我们培训还挺多的。（选调生1号）

一要确保培训的制度化、常态化。明确培训的流程，入职前应当对大学生村官（选调生）集中进行培训，入职后应当继续进行阶段性、有针对性的培训，确保培训制度化和常态化。

二要丰富培训的内容和方式。培训的内容应该贴合不同地区的实际情况，做到因地制宜。这种因地制宜要具体到基层农村，而不是一个区域或者乡镇，要做到科学有效。开展联系群众等基层工作方法培训，切实满足大学生村官工作的实际需要。改进培训方式，通过榜样教育，用身边优秀的党员干部现身说法，感染和教育年轻人；通过实地参观学习，创新其工作思路，有利于日后触类旁通，更好开展基层工作。组织部门还应定期派出专家指导团队深入村、社区，指导或帮助有困难的大学生村官设计、开展农村工作。

C区组织了一个全体大学生村官的培训，主要是教你怎么去做工作、工作内容是什么，然后（互相）交流一下，大概就是这样。但是在实际工作中遇到的是各种各样的事情。（大学生村官5号）

我觉得还得聚焦大学生村官到底是去村里干啥的这个问题上来。每个地方都不一样，就我知道的，我们（大学生村官）是一半在村里面，一半在镇里面；但有的地方是全程在村里面协助村干部开展工作，有的是全程在镇里面，工作内容不一样，面对的对象也不一样。要组织统一的培训，可能有点难。我顶多只能是介绍一下，比如说区里统一组织培训，介绍这个区域概况，哪几个人去哪一个镇，然后这个镇又是什么样的情况，大家的重点任务是什么，协助镇里面的城市化发展，提高村务的信息化水平……我觉得培训要统一起来挺难的，但是要让各个镇里面针对自己那一拨大学生村官去开展培训的话，落实上就不好说了，有的肯定能落实得很好，而有的就不一定了。（大学生村官9号）

三要加强政治能力、理想信念教育和培训。访谈发现，加强思想政治教育更有利于改变大学生村官（选调生）的工作作风、工作态度，推动其工作取得成效。因此，在培训中要全面贯彻习近平新时代中国特色社会主义思想，不断加强理想信念的教育，开展治国理政、基层治理等教育。注重与职业生涯规划教育培训相结合，共同解决大学生村官政治能力和理想信念缺乏的困境。

理想信念是首先要坚定的。理想信念的教育要贯穿始终。（选调生4号）

具体怎么改善，我可能也提不出特别好的建议，没有完整地思考过。我就是想说一下实际的问题，大学生村官首先可能是心理调适，其次是职业路径的规划，就是中组部当时写给大学生村官的一个小册子。那里面讲到大学生村官的一些发展路径，例如你三年之后可以做什么的，尽管还很笼统和概括，但它至少有。我们去到那里的时候，其实是什么都没有的，大家对自己的职业路径（规划），还有你在村子里到底能做些什么，以及你在政府里面锻炼的能力，都没有。（大学生村官10号）

3. 继续完善管理机制

（1）多给大学生村官压担子、提要求。年轻人接受能力强，勤于学习、善于学习，只有多给任务、多压担子、多提要求，才能让他们在基层实践中经风雨、长见识、增才干，在与农民群众摸爬滚打的交往中吸取营养、增长智慧。

基层的要求没有那么高，反倒让我觉得有了一些惰性……很多工作从我自己的角度来说，可能才做到百分之五六十，但人家说这样就可以了，你就这样交工吧。时间久了，对自我的要求也有所降低。换到这个单位的时候，我都有点不太适应，因为新单位的节奏明显要快得多。（大学生村官 1 号）

我觉得在镇里面工作可能有一些能力提升。村里面这种文书工作，如果单纯地只是完成它，我觉得没有啥能力提升。（大学生村官 10 号）

（2）规范借调制度，规范工作内容。建议蹲村 1 年，镇上工作 2 年。访谈发现，相比于村里的工作，大学生村官在镇里工作的收获相对更多一些。

镇是一个基层政府。这样我也会有一些机关工作的经验，包括收发文件什么的。就跟我现在的工作单位一样，也是政府机构，有很多相似性。来到这个单位之后，他们就觉得我可以干任何事，去哪个科室我都能上手干。这也是我之前在基层政府工作的一个成长或者说是收获的地方。（大学生村官 1 号）

镇里，哪个平台更高，对个人的影响就会更大一点。（大学生村官 2 号）

觉得还是在镇里工作这段时间吧。当时也注重锻炼我们，经常把一些重要的活交给我们，交给我们一些材料，然后经常熬夜写材料，一稿、二稿甚至十几稿……它不仅是对这个稿子的要求，而且对人的意志、磨炼，对一些工作的精益求精，提升都挺大的。（选调生 1 号）

肯定是在镇里收获比较多。北京的村里面，我当时去的时候还觉得应该都挺“高大上”，工作挺扎实吧……结果我去村里之后，发现写的东西这么写就能交差了，感觉明显有落差。但是当你到村里的时候就会发现，村里需要你帮忙的都是村干部，年纪比较大了，不会用电脑打字，或者 Excel 玩得不溜，你只需要帮他们干一下这种信息化输入的工作。在镇里面，对我们个人的培养会更多一点。（大学生村官 9 号）

访谈发现，部分大学生村官被借调到镇工作，组织对其工作进行考察，表现优异者继续留在镇里工作。这些留在镇里工作的大学生村官经过长期、系统的培养，更有利于后期工作的开展以及个人能力的提升。

后来像我参加区纪委培训。区纪委每周五下午都会组织一些业务培训和业务上的指导，如何去执纪、定性，还有案件线索处置等。因为我以前学石油专业的，对这些方面其实了解挺少的，通过这些业务培训，自己也学到了很多。

因为我待的时间长，后来就是我负责。基本上很多纪委方面的工作，都是我在负责。怎么说呢，影响的话那就是我的领导，后来把活都交给我了，然后我去推动，做好监督工作。每年在区里排名都还挺靠前的，工作成效也还行。（选调生1号）

一要明确镇、村工作的时间比例。村里的大多数工作是以年为单位进行的，因此，大学生村官（选调生）需要蹲村1年以了解村里工作的完整流程。在基层实践安排中，应给大学生村官（选调生）1年时间熟悉基层农村工作后，再将其安排在镇里培养1～2年，以了解镇级层面的工作。这样既可以培养出真正熟悉基层工作的大学生村官（选调生），又可以使其更好更快地获得基层工作真正需要的能力。以前的大学生村官政策关于这点的规定较为模糊，现在的选调生政策在不同省区市有不同规定，例如北京市表述的“市级机关选调生录用后由市委组织部统筹安排到基层进行锻炼，时间不少于2年，并至少安排1年到村（社区）任职”，还是比较符合镇村工作的实际。

二要明确借调的岗位，不能“糊里糊涂”。协调好借调之前与借调之后的工作，让大学生村官（选调生）有明确的工作内容，避免被胡乱借调，与其自身专业、兴趣相悖。这样既能保证工作效率，还能使大学生村官、选调生获得身份认同感。

（3）合理规划使用高校毕业生基层人才。管理部门务必重视基层中高校毕业人才的作用，看到他们在现代化办公、创新型思路、专业性知识储备中蕴含的巨大能量，将大学生村官（选调生）放到重要的岗位上锻炼，促使他们在工作中挑大梁、担重任，参与推进重点项目和重要工作；促进他们尽快成为政治上靠得住、工作上有本事、作风上过得硬的优秀年轻干部。

结合村情、镇情与大学生村官（选调生）个人工作特点和性格特征，充分发挥其专长，充分挖掘其潜能和优势，优化人力资源配置，以解决访谈中反映的工作分配不均的问题。

我们在分配的时候，考虑大学生村官本人是一个什么样的人、适合什么样的工作，人岗匹配很重要，要充分发挥个人的长处，不要露出他的短处，比如说有的学生，我们一届有一个会跳舞的，你让他去弄电脑他肯定不会弄啊，但如果把他放在文体中心，就能把他的作用发挥出来。他当时也是到社区去排舞。（大学生

村官 2 号）

结合当地主要经济来源、村民主要收入来源与大学生村官（选调生）的专业方向，发挥其专业知识与技术技能帮扶当地发展特色产业、帮助当地村民增收致富。同时，支持高校毕业生基层人才将在带领村民增收致富中的新点子、新方法落到实处；唤醒大学生对新农村建设的向往和热爱，引导真正爱农村、有能力的大学生能够扎根基层，帮助他们实现自身成长成才，为乡村振兴贡献智慧和才华[①]。

4. 健全完善考核机制

建立一套明确、全面的考核标准，摒弃以前流于形式，只注重到期离任、没有惩罚措施的“老好人”思想和考核形式，以解决工作中“马太效应”。从提高政治能力、调查研究能力、科学决策能力、改革攻坚能力、应急处突能力、群众工作能力、抓落实能力等方面实施全面考核，并将考核结果作为大学生村官（选调生）的晋升、定级依据，破解能力弱化退化难题，从而调动其工作积极性，推动基层人才培养。

职责定位要清晰、考核标准要明确，但这些目前都停留在一个比较粗浅的情况。我个人感觉，落实到实际中的时候可操作性比较小，也不细致，感觉找不到指导的力量。（大学生村官 10 号）

5. 健全完善创新机制

鼓励大学生村官（选调生）自主开展工作，让他们的各项能力在工作中施展锻炼、常做常新，正向激励大学生村官能力运用。在访谈中，受访者提到可以为基层提供平台，让有想法、有思路的大学生村官（选调生）将推动村子发展的建议以计划书的形式上报，并采用评比等审核方式，经过严谨的考评，选出其中可行性高的建议，相应给予资金支持，并适当安排专家团队予以专业帮助。

前期他们来，没有相应的政策，想干事的时候干不成；后期他们又要考虑个人的设想，有些想走，更干不成事了。所以说，在政策衔接上（应该跟上）。既然让大学生村官来，哪怕你让大学生村官去申请，就像学校里面申请课题似的，有一个好点子、好想法，可以跟区里、市里去申请，写一个某方面的产业谋划、产业发展思路去申请；区里、市里开展评选，然后有相关的专家或者镇里、区里

① 章雪：《大学生村官职业发展机制探新》[J]，《学校党建与思想教育》，2020（12）：94–96。

的领导来匹配，给你一个团队。如果大学生村官单打独斗，带来的改变可能还是比较小的。怎么能把大学生村官的作用发挥到最大化，还有待探索。（选调生3号）

加大对高校毕业生的支持和引导力度，突破农村资源支持不足的限制，设立专项基金，全员带队，鼓励有想法的高校毕业生实施创业计划，使抱有创业发展、带民致富愿望的高校毕业生基层人才不因资金或其他现实条件约束而放弃理想。

6. 健全完善后续保障机制

大学生村官经历纳入职称、定级考核需要出台统一标准。对期满的大学生村官应享有的权利予以明确规定，以解决体制内不同地区、不同单位中大学生村官3年工作经历对其定级考核与评定职称的作用不同这一问题。

2020年，第一批选调生期满，又加上新冠肺炎疫情的原因，其后续安排还不确定。有关部门应做好选调生后续安排工作，并以此作为标杆，鼓励更多的高校毕业生加入基层服务队伍，为乡村振兴和美丽乡村建设添砖加瓦。

因为我们是第一届，也没有一个明确的……工龄肯定是算的，但这几年算不算政治年龄，到现在也没有明确。（选调生1号）

第一拨的话我了解得也不多，反正我们镇里不是很明朗，……我没有了解他们有明确的说法，组织部目前也没有具体的一个（安排），或者说可能还没安排好。（选调生2号）

（二）做好配套工作，加强人文关怀

1. 选好基层工作者的第一位导师，扣好职业生涯的“第一颗扣子”

访谈发现，大学生村官（选调生）到村以后的“师父”所起的作用十分大，不仅有助于其更好地适应基层工作，对其未来职业的发展也具有一定影响。因此，基层组织要认真选拔传帮带的“师父”，实行导师制培养模式，由“师父”一对一对大学生村官（选调生）进行指导，用崇高的理想、身边优秀的党员干部感染和教育年轻人，帮他们转换身份，系好职业生涯的“第一颗扣子”，指导他们脚踏实地开展基层工作，为基层经济社会发展做出更大贡献。

之前我们看过一部教育片，关于反腐败的，都是“90后”或者“80后”，挺年轻的，跟我们是同龄人。他们真的就叫“师父”，传帮带的那种。他们办理的主要业务是不动产登记，里面涉及很多不可见人的东西。他们形成的都是不同的圈子，你进不了这个圈子，反而觉得自己是被别人排斥；你进了那个圈子，觉得是很荣耀的一件事情。我说的是一个反面的例子啊，后来就出事了，涉嫌利用组织和手中的权力，所以我觉得他们的老师——所谓的“师父”就没有带好。现在的年轻人，刚参加工作一两年就蹲监狱去了，很可惜。（大学生村官 2 号）

我们之前有一位女科长，主管的是交通业务。她的执行能力特别强，非常值得敬佩，无论领导交给她多么艰巨并且难以完成的任务，她都会非常优秀、顺畅、圆满地把这项任务做完。过程可能是非常痛苦的，一位女领导经常在外面，因为涉及室外作业，就是那种建筑工程类的，可能会一直待到晚上，“三伏天”从早到晚地守在外头，就为了把这个工程完工。我觉得这种精神是非常值得学习的。完成领导交办的事项是一方面，另外也说明，这位领导非常有担当、有责任感，有能够带动科室的那种干劲儿。（选调生 4 号）

首先，她整个人的精神状态非常好，非常有激情、有热情，工作特别积极；其次，她整个人非常严谨，工作能力、工作态度非常好，一直在鼓舞着我。所以虽然没有人——以前的大学生村官带我，但是这个大姐教给了我很多东西……（对我现在）肯定有影响，工作安排得非常好、非常有计划性，每项工作都推动得条理清晰，非常顺畅，没有障碍。（大学生村官 11 号）

2. 加强农村基础设施建设，提升公共服务配套水平

无论是“外来”的大学生村官，还是“土生土长”的年轻人，作为新生的年轻一代，面对农村生活，最终选择离开都是情理之中的。在城镇化不断发展、农业现代化水平显著提升的背景下，基础设施与公共服务的改善是农村人留在农村的必要条件。如果农村不能提供适合年轻人的基础设施和公共服务，满足年轻人追求现代生活方式的渴求，他们就容易“身在曹营心在汉”。

因此，要进一步加大农村基础设施建设和公共服务配套力度。从当前的情况看，农村人口必然减少的趋势无法阻挡，所以新农村的投资必须由广泛的“撒胡椒面”向适当集中转移，以免因为部分村的消亡导致投资的浪费，应在农村集中投资建设一批基础设施优良、公共服务齐备的新型农村社区，使其成为农村人口城镇化的第一接转站和留在农村年轻人的适宜生活地①。至少在镇级层面可以设立

① 魏延安：《现代农村如何留住年轻人》[J]，《新农业》，2018（10）：28–30。

大学生村官活动联谊的场所。除此之外，也要配之以丰富多彩的各种活动，例如农家乐等，跟上时代的步伐，让年轻的一代感受到农村生活的丰富多彩。

平时有些人可能会比较消极一点，一直在村里待着，感觉生活就那样，很无趣的样子。我们会给他们注入一些正能量、一些活力，也会评选“幸福家庭”“环境最美家庭”等，让他们觉得挺有意思的、挺愿意参加的，因为这些活动都会有一些礼品什么的。（大学生村官 3 号）

当时他们对社区工作的理解就是搞活动，没有太多的专业性服务，满足村里的文化娱乐需求。每年的团代会、“六一儿童节”、“读书日”，就开展这样的活动。（大学生村官 9 号）

3. 通过多种方式密切大学生村官和群众的联系

大学生村官（选调生）在任职期间，原有的社会支持网因时空的限制而被削弱，因此，这也正是建立新的人际关系网的好时机。鼓励采取“结对子”“住家”方式，帮助大学生村官尽快融入农村，建立社会支持体系。大学生村官群体也应该与本村的年轻人交朋友，多交流互动，打成一片。这一关系的建立，既可以为大学生村官融入农村、提升归属感，抑或工作开展提供推力，也可以为当地的青年人提供拓展视野的机会，引领村里的青年为自己的家乡建设献出力量。

大学生村官以后也是从事各式各样的工作，村民也是从事各式各样的工作，会接触领导、接触同事，也不知道哪个同事非常有人脉，会扩大你的人脉网。（大学生村官 4 号）

我平时喜欢跟村民一块儿聊天，不爱坐在办公室里，会走到村民家里聊聊天，问他今年我们的果树收得好不好；可能会去田间地头，给他们帮帮忙。慢慢地，大家比较熟了，他们有时候也会来找我聊天。总体上，我跟村民的关系非常好，他们对我还是比较认可的。（大学生村官 6 号）

后来了解到村民之间相处是什么样子的，看到村民很善意的方面，也看到他们其实很需要我的支持。（大学生村官 10 号）

婚恋问题也是大学生村官群体面临的一大困扰。北京的访谈中就有“就地结婚”的案例，其结婚意愿更多是从伴侣的适合性出发，是在两情相悦的基础上结合而成的，但也间接裨益了当地发展。“就地结婚”一方面解决了适婚年龄大学生村官的人生大事，另一方面也为农村留住了人才。但北京郊区条件相对较好，北京户口含金量高等特殊原因不一定适合其他地区。

如果自己不是已经有对象，或者说想回到市里，其实蛮多人在当地就结婚了的。人家一点儿都不耽误，任职期间把婚结了、把孩子生了，然后户口拿到、公务员考上，这样还是好多人的……如果从人才的角度来讲，像那些结婚的，也有一些男生娶了当地的媳妇儿，后来也发展挺好的。因为人家不光是过去给当地干活，结婚生子留下来的这拨人，其实对于当地的长期发展来说，要比我们这种只过去服务3年就离开的人好，更是一种人才的吸引和留住……后期的发展一般也都还不错。（大学生村官1号）

有两个女大学生村官留在当地结婚……绝对是留住了，家都在这儿了，娃都生了，工作也在这儿。（大学生村官2号）

4. 加快建立大学生村官心理疏导机制

从大学生村官的培养实践来看，许多大学生村官在入职后都由于各种因素，对基层生活和农村工作产生了一定的心理落差，不同程度上经历了一段心理适应期。因此，建立大学生村官心理疏导机制很有必要，要让大学生村官意识到自己被关注和被期待，看到希望，感到温暖。

首先，开展心理健康培训，将心理健康知识纳入大学生村官培训内容，增强大学生村官自我调节能力和承受能力；其次，借鉴“师父”帮带机制，通过一对一的谈心谈话形式，密切关注大学生村官心理状态，及时发现大学生村官思想波动和心理问题，帮助大学生村官顺利度过心理适应期；最后，开展心理关爱活动，除了聘请心理咨询专家，还可以积极开展由大学生村官群体主导的交流会和交友会，通过大学生村官相互交流感性实践经历，达到心理互助和平衡的效果。

（三）更好发挥高校的作用

1. 加快教学改革，强化实践导向

一是创新教学理念。高校在制订和完善教学计划、教学大纲时，应坚持以国家战略需求、就业市场需求和学生个性化发展需求为依据，让学生学到的知识在未来工作和生活中更具应用价值。另外，应适应时代发展需要，优化调整专业结构，增加跨学科课程安排，引导学生认识自我和全面发展，突出个性化、综合性人才培养手段。

二是加强实践教学。高校应加大实践性课程的比重，推行实践教育基地建设，引进实践型人才，为实践教学创造良好环境；加强创新创业教育，建立乡村创业产业孵化机构，集合学校资源，鼓励学生关注乡村经济社会状况，关注乡村市场发展趋势，深入乡村社会进行创业创新实践；鼓励学生将科研任务与社会实践相结合，强化科学研究现实力和社会实践的科学性、系统性。

三是推行多元化教学评价体系。目前，高校的教学评价方式以平时上课表现和结课时的笔试为主，无法与学生的就业和深造的实践能力接轨。从大学生村官的培养实践来看，几乎所有的大学生村官在入职后都会遭遇农村工作能力欠缺、需要在乡村社会中从头培养的问题。高校应大力推行多元化教学评价体系改革，引导学生积极参与各类社会实践，并引入实践单位、用人单位等主体参与教学评价，让实践成果有效转化为衡量学生个人能力的标准。

2. 建立基层就业宣传机制

高校应依托就业指导中心，创新宣传理念，丰富宣传形式，建立基层就业宣传机制，为学生提供更加长期性、多样化、专业化的就业指导服务。

首先，加强日常宣传教育，通过主题班会、团日活动等形式，引导学生积极拥护党的人才政策，鼓励学生走向农村、走向基层，培养学生树立正确的就业观；其次，拓宽毕业季的宣传渠道，结合学校人才培养特色，邀请各地组织部门来校选聘人才，协商具体政策和指标，为毕业生争取更多更优质的就业机会和专业指导；再次，更新完善往届毕业生信息库，根据工作地和职业建立校友网络群，为有基层就业意向的在校生提供相对真实的工作指导和经历参考；最后，定期开展毕业生基层就业调研工作，高校就业指导中心拥有丰富的毕业生信息资源，对毕业生信息的分析研究能够为就业宣传提供更为科学客观的指导依据。

3. 建立以大学生村官为中心的村校深度合作机制

农村条件艰苦，发展基础较差，而改变农村面貌，促进农村发展离不开多方主体协调和各类资源投入。高校作为基层人才政策实施的重要一环，具有学科优势、人才优势、技术优势和资源整合优势，应与地方政府部门加强合作，建立以大学生村官为中心的村校深度合作机制，提供更为专业的农业技术指导，引导科研团队、创新创业团队、社会实践团队和支教团队与大学生村官毕业生进行项目对接，改善其成长发展环境，促进其自身优势的发挥，激励其为农村基层建设做出更大贡献，为大学生村官计划顺利实施提供持续性的平台保障。

（四）加强自我修炼

1. 加强理论学习，提高政治能力

在干部干好工作所需的各种能力中，政治能力是第一位的。有了过硬的政治能力，才能做到自觉在思想上、政治上、行动上同党中央保持高度一致，在任何时候、任何情况下都能“不畏浮云遮望眼”“乱云飞渡仍从容”。对于大学生村官（选调生）来说，需要在常学常新中加强理论修养，在细照笃行中不断修炼自我，做马克思主义的坚定信仰者、忠实实践者。

一是要舍得花精力提高马克思主义理论水平。无论是政治上的坚定还是党性上的坚定，都离不开理论上的坚定，大学生村官需要掌握马克思主义立场观点，掌握中国化的马克思主义，需要全面系统地学、及时跟进地学、深入思考地学、联系实际地学，把理论知识与治国理政、联系群众等基层工作方法有机结合起来，学深悟透，融会贯通。

二是把握正确的政治方向。在农村基层工作中，凡是有利于坚持党的领导和我国社会主义制度的事就坚定不移做，凡是不利于坚持党的领导和我国社会主义制度的事就坚决不做。大学生村官需要在学思践悟中牢记初心使命，在知行合一中主动担当作为。

三是将自己所学知识与农村实际工作不断结合在一起，观察分析形势，不断提高政治敏锐性和政治鉴别力，做到透过现象看本质，做到眼睛亮、见事早、行动快。

四是对党的政治纪律和政治规矩怀有敬畏之心，自觉加强政治历练，增强政治自制力，始终做政治上的“明白人”“老实人”，始终保持对党的忠诚心、对人民的感恩心、对事业的进取心、对法纪的敬畏心。

2. 坚定理想信念，做好职业规划

大学生村官（选调生）要坚定理想信念，做好职业规划和人生规划，避免因自身要求松懈、定位模糊带来能力滑坡问题。到基层工作的高校毕业生要时刻关注时代变化，将自我价值的实现与伟大的“中国梦”结合起来，认识到基层农村治理工作的重要性，认真贯彻落实党和国家的路线、方针和政策，不断修炼、积极融入。

广大青年学子要把远大理想、青春热血、学识才干投入到广袤的农村大地上，干一行爱一行，做好基层治理工作，提高治理能力，增强本领，为祖国富强民主、和谐稳定、繁荣昌盛尽责尽力。

不要让自己跟村民同质化，要建立一个自己的作息体系，一个正常生活的状态。（大学生村官 4 号）

如果优秀的大学生村官没有培训过，或者说没有我们理想中的培训的话，首先需要对自己的职业路径规划非常清晰，要能够清晰地定位自己的职能和职责。（大学生村官 10 号）

3. 在实践中增长才干，提高解决实际问题的能力

历史总是在不断解决问题中前进的。我们党领导人民干革命、搞建设、抓改革，都是为了解决我国的实际问题。提高解决实际问题的能力是应对当前复杂形势、完成艰巨任务的迫切需要，也是年轻干部成长的必然要求。

广大农村为大学生村官（选调生）的成长发展提供了广阔的平台，高校毕业生需要在实践中增长才干，面对复杂形势和艰巨任务，要勇于直面问题，在不断解决问题、破解难题中积累经验，加强对我国农村基层的了解，掌握农村基层工作方法，不断提高自身政治能力、调查研究能力、科学决策能力、改革攻坚能力、应急处突能力、群众工作能力、抓落实能力，做到想干事、能干事、干成事。

佘宇 何玲 张龙 执笔

专题报告

高校毕业生基层培养计划存在的主要问题与对策建议

《国家中长期人才发展规划纲要（2010—2020年）》提出要实施高校毕业生基层培养计划，引导和鼓励高校毕业生到基层干事创业。《高校毕业生基层培养计划实施方案》明确高校毕业生基层培养计划包含大学生村官计划，农村学校教师特设岗位计划、免费师范生培养计划、免费医学生培养计划，高校毕业生“三支一扶”计划，大学生志愿服务西部计划四种类型。其中，大学生村官政策在2016年进行了调整，从这一年开始，各地大学生村官与选调生政策并轨，不再新招录大学生村官。为深入了解高校毕业生基层培养计划的执行情况、面临的主要困难和问题，课题组先后赴江苏省丰县和湖北省恩施土家族苗族自治州（以下简称恩施州）开展了实地调研，与当地组织、人力资源和社会保障等主管部门、高校毕业生培养计划在岗人员以及服务期满人员进行了座谈。

江苏省丰县在1995年至1998年实行了“雏鹰工程”，主要是面向回丰县的应届大学毕业生，通过人才市场双向选择，在自愿报名的基础上由丰县县委组织部统一考核，择优录取。入选的高校毕业生要驻村工作两年，其间给予县直干部行政工资标准待遇，两年期满后可提拔为乡镇中层干部。在“雏鹰工程”实施的4年时间里，共选拔63名下村大学生。2008年，在全国多个地方探索的基础上，中组部、教育部等部门联合下发了《关于选聘高校毕业生到村任职工作的意见（试行）》，决定自2008年起，用5年时间在全国范围内选聘10万名高校毕业生到村任职。2020年，随着全国大学生村官的调整，为了缓解基层特别是村一级（社区）工作人员紧缺、年龄结构老化、知识水平无法满足工作需要的现实问题，丰县启动了县聘大学生村干部的工作，最终共选拔了 100 名大学生村干部。其他方面，丰县自 2011 年起共接收 44 名“三支一扶”志愿者，2012 年、2013 年共安排 106 名专科学历农村订单定向医学免费生，在基层学校、医疗机构和社区发挥了重要作用。

恩施州自 2006 年开始实施“三支一扶”计划，累计选派 5586 名高校毕业生到基层服务，数量位居湖北省前列，“三支一扶”计划服务领域从最初的“支农、支医、支教、扶贫”逐步拓展到了支农、支医、扶贫、青年事务、人社、水利、残联、文化和供销合作等 9 个项目。自 2003 年实施大学生志愿服务西部计划以来，共有 18 批 1778 名西部计划志愿者到恩施州开展志愿服务，主要从事基础教育、服务“三农”、基层社会管理和基层青年工作。

丰县和恩施州分别代表了东部和中西部两类不同地区实施高校毕业生基层培养计划的基本情况。除了地区和经济发展水平的差异，两地在高校毕业生基层培养的待遇、退出、管理、服务等方面有着较大差异，最终政策效果的差异也较为明显。通过对两地相关做法的比较分析，有利于探讨这一政策的利弊和改进方向。

一、“出路”和“待遇”是高校毕业生服务基层面临的主要困难

高校毕业生基层培养计划实施以来，极大缓解了基层专业技术人才、社区工作人才短缺的问题，为基层公共服务和社会治理提供了有力的人才保障和后续储备；同时，高校毕业生经过在基层的锻炼，磨炼了意志、丰富了阅历，掌握了基层工作的方法技巧，为今后的成长发展奠定了坚实基础。但是，高校毕业生服务基层仍面临一些问题，包括服务期限较短，不利于基层工作延续；心态不稳定，仅仅将基层工作作为就业过渡、获得加分的投机行为；待遇水平较低，难以激励高校毕业生扎根基层等。根据课题组的调研，站在服务基层的高校毕业生的角度，从人才培养和发展层面来看，“出路”和“待遇”是高校毕业生服务基层的主要困难。

（一）“出路”方面：职业发展制度设计缺位造成“在岗不安心”和“消化”两个极端问题并存

现行政策对服务期满的高校毕业生走向的要求是“流得动”，流动的方向包括

升学、考取公务员或者事业单位编制、进入企业、自主创业等，对于参加升学考试、考取公务员或事业单位编制的在考试成绩给予加分优惠。例如，恩施州对服务基层高校毕业生的相关政策主要是：在公务员考录中拿出一定的岗位面向服务期满考核合格的“三支一扶”计划等服务基层项目人员定向考录；每年组织面向“三支一扶”服务期满人员的专项公开招聘，同时在统一公开考试招聘中拿出一定比例的岗位定向招聘“三支一扶”服务期满人员，还采取笔试科目总成绩增加5分的方式，对“三支一扶”服务期满人员予以政策倾斜；每年印发关于做好事业单位考核聘用当年服务期满“三支一扶”高校毕业生的工作方案，对当年服务期满且考核合格，自愿留在服务单位的人员，所在基层事业单位有岗位空缺的可以直接聘用；“三支一扶”人员服务期满后3年内报考硕士研究生的，初试总分加10分，同等条件下优先录取；为有自主创业愿望的“三支一扶”人员提供政策咨询、项目开发、创业培训、创业孵化、小额贷款、就业指导、跟踪辅导等服务；对于自主择业的“三支一扶”人员，为其免费提供政策咨询、职业指导和职业介绍服务等。这样的制度设计意味着，高校毕业生在基层服务期满之后要重新开始其职业生涯，对其在基层稳定工作产生不利影响。

一是造成高校毕业生心态不稳定。由于基层服务期满之后高校毕业生要重新求职，导致他们在心态上将服务基层的经历当作“跳板”或者进入职场的“缓冲”，一些高校毕业生为了将来考学或者考公务员、事业单位的加分才报考基层服务计划，还有一些在毕业求职季未能进入心仪工作单位的高校毕业生将基层服务计划岗位当作“保底”选择，进入基层服务计划的原始动机不是服务基层、锻炼自己，而是出于功利性考虑。即便一些高校毕业生是怀揣到基层锻炼、发扬志愿精神的想法报考基层服务计划，但是计划的服务期只有两到三年，在服务期的后期，他们也必须为期满后的去向考虑。

二是产生“消化”高校毕业生的新问题。虽然现行政策并未规定对于服务期满的高校毕业生，主管部门要解决其就业去向问题，但是出于稳定高校毕业生心态、保持工作和人员队伍稳定性等各种原因，一些地方仍然出台了“兜底”政策。课题组调研的恩施州对期满的“三支一扶”服务人员就给予了“兜底”保障，政策规定对于当年服务期满、考核合格且自愿留在服务单位人员，所在基层事业单位有岗位空缺的可以直接聘用，并且不再约定试用期，同时原服务单位（以及所在县、市、区范围内事业单位），有岗位空缺需要补充人员时，可以通过直接面试、组织考察等方式公开考核聘用服务期间表现优秀、期满考核合格的高校毕业生。实践中，部分服务期满的“三支一扶”计划高校毕业生进入了乡镇事业单位工作，少数进入县直机关下属事业单位工作。“兜底”政策在一定程度上确实缓解了在服务期内的高校毕业生的紧张心态，但是不加区分的“兜底”，一方面造成制度的激励性不足，从“出路不明”到“旱涝保收”的政策“急转弯”不利于激励高校毕业生积极努力工作；另一方面在政策细节上，“兜底”意味着要占用接收单位的编制，招用“三支一扶”人员的环节在很大程度上成了乡镇事业单位招聘环节，会对原本缓解基层人才紧缺的政策目标造成冲击，影响政策的后续长期运行。

三是影响高校毕业生在基层的工作和服务效果。由于基层服务经历与其服务期满后的职业生涯之间关联性不强，高校毕业生对基层工作的投入存在较大的个体差异。志愿服务精神和责任感较强的，工作敬业、深入；志愿精神薄弱的，在工作中投入的精力较少。虽然有加分、创业扶持等政策的激励，但是这些激励与基层工作期间的表现没有关系，对高校毕业生在基层工作情况的考核结果也与未来的求职和职业发展并没有关联，影响高校毕业生在基层的服务效果。在访谈中，几乎所有的主管部门负责人都提到，高校毕业生来到基层，第一年要熟悉情况，第二年就要投入准备各种考试中，很难安心工作。

（二）“待遇”方面：高校毕业生服务基层收入不高、身份定位尴尬

除了对服务期满之后的出路的考虑之外，高校毕业生在基层服务还面临待遇方面的问题，根据调研的情况，这里的待遇不仅是指收入问题，还指与收入直接关联的高校毕业生在基层工作的身份、职业发展等问题，具体表现在以下两个方面。

一是高校毕业生服务基层的收入水平偏低。根据最新政策，“三支一扶”人员和西部计划志愿者的工作生活补贴标准要按照当地乡镇机关或事业单位从高校毕业生中新聘用工作人员试用期满后的工资收入水平确定，中央财政补助西部地区每人每年 3 万元（其中新疆南疆四地州、西藏自治区每人每年 4 万元），中部地区

每人每年 2.4 万元，东部地区每人每年 0.8 万元（仅针对西部计划志愿者）[①]。

调研中了解到，恩施州“三支一扶”人员收入在 6 万元至 7 万元，包括了中央补助 3 万元、湖北省补助 1 万元以及州县补助剩余部分，由于恩施州为考核合格的“三支一扶”人员发放年终奖，所以在恩施州服务的“三支一扶”人员待遇相对较高。与“三支一扶”人员相比，恩施州的西部计划志愿者待遇中没有年终奖，也没有住房公积金，待遇水平在 5 万元至 6 万元。而在丰县，大学生村官的补贴标准按照当地村党支部书记的补贴水平确定，大约在每月 3000 元。总体来看，除了像恩施州这样面向服务基层的高校毕业生发放年终奖、交通补贴等待遇的个别地区外，大部分地方高校毕业生在服务基层期间的待遇水平是比较低的，与编制内承担相同或类似工作的新入职工作人员相比，待遇存在一定差距。这一方面使高校毕业生在心态上产生不平衡感，另一方面也加剧了高校毕业生的不安定心态，不利于其在基层的工作。

二是从事基层公共管理和服务等社区工作的高校毕业生面临身份定位尴尬的问题。与教师、医生等专业技术类岗位相比，在基层从事综合性社区工作的高校毕业生还面临更为突出的身份问题。调研访谈中了解到，随着近年来乡村振兴等重要工作的开展，基层社区，特别是农村社区工作力量匮乏的情况非常突出。例如，恩施州村“两委”班子成员平均年龄在 50 岁以上，政策水平、文化知识、信息化技能等都难以适应工作需要，因此“三支一扶”的领域被拓展到了青年事务、人力资源和社会保障、水利、残联、文化和供销合作等领域。现实中，不少丰县这样的地方也在国家政策之外自行招用大学生村官，大量高校毕业生在基层从事综合性社区工作，成为基层公共管理和服务的补充力量。从实践情况来看，高校毕业生从事社区工作确实极大缓解了基层工作人员紧缺的问题，高校毕业生也带去了新的工作技能、思想和方法，但与此同时，也存在职业身份不明确的问题。

与编制内的乡镇工作人员相比，在基层从事综合性社区工作的高校毕业生没有编制，在职业界定上不是行使公权力的政府管理人员，虽然从事的工作属于公共管理的范畴，但并没有相应的法律地位；与教师、医生、农技人员相比，

---

① 中共中央组织部、人力资源和社会保障部等九部门《关于做好2019年高校毕业生“三支一扶”计划实施工作的通知》；2020—2021年度《大学生志愿服务西部计划实施方案》。

这类高校毕业生在专业特征上不突出，日常工作的内容主要是行政性、综合性的事务。所以综合来看，服务于基层社区的高校毕业生工作任务重、难度大，虽然人员经费来源于政府拨款，但是在身份定位上属于“几不沾”，在事实上成了“打杂”的临聘人员。这也在一定程度上影响了高校毕业生干事创业的积极性。

二、人才培养和使用衔接不畅以及社区工作人才职业化缺位是“出路”和“待遇”问题的症结所在

高校毕业生基层培养计划存在的“出路”和“待遇”问题不仅是进入计划的高校毕业生的诉求与政策规定难以对接的问题，其背后更有着深层次的制度因素。由于现行的高校毕业生基层培养计划没有从人才培养的系统性、职业化方面进行整体性的制度安排和设计，导致现行政策执行中出现上述问题。

（一）人才培养和使用衔接不畅导致高校毕业生基层培养计划成为“孤岛”政策，进而造成了高校毕业生的“出路”焦虑

高校毕业生基层培养计划的主要目标是培养一批了解基层现实国情、掌握实践工作方法的人才。在调研中，无论是高校毕业生自身还是组织部门、乡镇、村，都对高校毕业生在基层的成长和贡献给予了极大的肯定，认可大多数服务期满的高校毕业生的基层工作能力。从人才发展的角度来看，人才的选拔、培养、使用应该是一个完整的链条，前后之间互相关联、互相支持，组织花费成本培养的人才应当被放到合适的位置上加以使用，同时好的用人制度才能吸引更多优秀的人才加入。

从各方反映的情况来看，高校毕业生基层培养计划在人才培养的政策成效方面无疑是非常显著的，但是培养政策的后续没有政策的跟进和承接，使得高校毕业生基层培养计划成了一项“孤岛”似的人才政策。这一方面使得加入计划的高校毕业生难以安心工作，另一方面也造成人才培养使用的链条被割裂，主管部门、使用部门和高校毕业生等各方共同努力培养的人才在高校毕业生服务期满之后就

流失了，造成了人才资源的浪费，无论对于组织还是个人都是非常低效且不合理的。

虽然在政策上，基层培养计划也做出了给予服务期满且考核合格的高校毕业生在考取公务员和事业单位时加分优惠的设计，但是这种设计也有很大欠缺。一是这些优惠政策的出发点是吸引高校毕业生加入基层培养计划到基层或者条件艰苦的地区工作，而非给服务期满成长为“人才”的高校毕业生创造一条发展的通道，所以从政策设计的意图和动机上来说，这些优惠政策并没有承载留住人才的功能；二是即便优惠政策在客观上拓宽了服务期满的高校毕业生考取公务员和事业单位的路径，其力度也不足以与培养过程的巨大投入相匹配。

由于存在这样的制度空缺，高校毕业生在服务期内特别是服务期满的前一年会产生对未来发展的担忧，就不能被单纯认为是其个人职业操守和工作责任心的问题，而要从背后的制度安排和政策背景加以理解。在恩施州，由于对“三支一扶”人员实行了“兜底”政策，相关高校毕业生的心态明显较为放松，主管部门和乡镇、村也认为这些大学生的工作态度更积极，“兜底”也有利于工作的连续性。尽管彻底的“兜底”政策确实存在激励性和一些政策细节的问题，但是通过比较可以看出，打通人才培养和使用的通道之后，高校毕业生和人才使用者、主管部门都对此更加认可，所以扭转高校毕业生投机心理和短期行为的“牛鼻子”仍在于完善基层服务期满之后的人才使用政策，建立人才培养和使用的制度通道。

（二）高校毕业生对“待遇”“身份”的诉求折射出的是社区工作人才职业化的制度留白

高校毕业生服务基层期间的补贴按照乡镇事业单位新录用大学生转正之后的工资水平确定，但是后者除了工资，还有乡镇补贴、年终奖金以及各类补助、住房公积金等待遇，以年度为单位计算的话，基层培养计划的高校毕业生与从事类似工作的编制内普通高校毕业生的待遇差距较大。这种差距是政策规定造成的，而政策做出这样的规定，究其根本，仍在于现有的制度框架中没有专门的社区工作人员待遇制度，所以选择了以乡镇事业单位新录用大学生这一类似的群体为对标对象。

高校毕业生通过各种计划在基层担任村党支部书记、村委会主任助理、扶贫专干等社区治理岗位以及各类社区服务岗位。从性质上看，这些岗位既不是国家公职，不承载国家公权力，也不是经居民选举产生的岗位，而是在二者之间承担具体的服务、沟通、斡旋、调解功能的岗位，是一类专门的社区治理和服务岗位。与国家公职和居民选举的岗位相比，这类岗位有其特殊性：一是职责特殊，它既不行使公权力，开展执法活动，也因为不是由居民选举产生而不具有代表居民的合法性，但在从事具有公共属性的工作；二是身份特殊，它既不在国家编制内，也不是一般的社区居民，却是双方的桥梁纽带，承担了政策下达、意见上传和具体服务的任务。目前，从事这些工作的人员主要由四部分组成，即乡镇聘用的编外人员，人力资源和社会保障、民政、卫生健康等县直各有关部门聘用或通过购买服务的方式使用的编外人员，村“两委”成员、扶贫专干等，以及服务基层的高校毕业生。

当前，在我国基层社会治理中，这一群体发挥了非常重要的作用。未来随着乡村振兴战略的深入实施，这方面的人才需求还将继续增加。出于提升工作水平、提高从业稳定性的考虑，应该基于其工作特性单设一类职业，并从身份界定、待遇保障、职业通道等方面做出相应的职业化制度安排，并纳入国家人才体系之中。但是到截稿为止，仍然没有这方面的政策出台，从事这些工作的人员多数是临时聘用性质的，在知识背景上也五花八门，与基层的实际需求对接困难。在这样的整体背景下，高校毕业生在基层服务的待遇问题就不单是财政经费拨款多少的问题，它所折射出的是国家治理体系中一支重要力量被忽视和边缘化，是基层社区工作人才职业化制度安排的缺失。

要解决高校毕业生服务基层期间的待遇和身份问题，就要为社区工作人员“正名”，在提升国家治理能力的视野下推进社区工作岗位职业化，制定待遇、身份、发展通道等方面的政策，为从事同样工作的高校毕业生提供待遇、身份的参照系，去除高校毕业生对于在基层工作的身份疑虑。如果不能实现职业化，那么不仅高校毕业生的一系列诉求很难得到合理的回应，基层也将始终面临“人手紧缺、人才匮乏——通过待遇低、没有身份的临时聘用编外人员和流动的高校毕业生加以补充——工作缺乏吸引力——人才进一步缺乏”的恶性循环。

三、推进精细化管理和职业化发展，进一步完善高校毕业生基层培养计划

（一）短期内，通过完善期满留用政策激励高校毕业生全身心投入基层工作，同时为基层留住人才

从人才发展的规律来看，培养和使用之间的链条越强，越有利于提高培养质量；从高校毕业生的个人选择来看，作为理性经济人，当前工作与未来职业发展预期之间的关联越强，越能激励其在当前工作上的投入。当然，强化培养和使用、当前和未来的联系，并不是要完全“兜底”。但是从现实情况来看，强化这种联系确实有几方面的好处。首先，有利于基层人才的积累。在现行的政策下，高校毕业生经过两年到三年的培养之后最终流失，并没有补充进入基层人才队伍，对于基层而言，这一政策对缓解基层人员紧缺的现状并没有发挥其应有的成效。其次，有利于高校毕业生服务期间的心态调整，将更多精力放在学习本领、投入工作中，而不是为期满后的出路做准备。再次，有利于工作的延续性。每一位高校毕业生在基层服务的时间只有两年到三年，刚刚进入工作状态就面临离岗，不利于工作的连续性，降低了工作效率。

基于此，有必要打破以考试作为服务期满高校毕业生进入正式岗位的唯一路径，将组织考察任用作为留用人才的主要方式，细化留用比例、留用岗位等方面的政策，同时在入口和日常考核方面加强对服务基层高校毕业生的精细化管理。在具体的操作层面，建议从以下四个方面着手。

一是开辟期满入编新路径。对于服务期满考核合格的高校毕业生，开辟一条通过组织考察进入正式工作岗位的路径，改变目前服务期满的高校毕业生只能通过重新考试才能进入编制内的现状。将高校毕业生在基层服务期间的工作情况全部纳入考察范围，建立起基层服务期表现与未来发展之间的制度联系。

二是严把入口关和考核关。一方面要完善选拔机制，在现行政策基础上进一步提高选拔标准，对报名高校毕业生的专业、学业、动机进行更深入全面的考察，选拔对基层工作有热情、专业知识更贴近基层实际需要的高校毕业生服务基层；另一方面要加强对基层服务期内高校毕业生工作情况的考核与培养，制订更加完

善的考核办法，准确、详细地记录其在服务期内的工作表现，为服务期满之后的考察、筛选奠定基础。

三是适当延长基层服务年限。一方面，在当前实行的两年到三年的政策下，基层工作的连续性不强；另一方面，实行考察入编政策对高校毕业生的要求也更严格，需要其投入更多的精力、时间。从成本—收益的角度来看，收益增加，成本也应相应增加，建议将基层服务年限延长至四年。

四是调整服务期满后的留用方式。不建议通过“兜底”的方式完全免除高校毕业生的后顾之忧，弱化其工作激励，建议设定较高的留用比例，但不承诺100%“兜底”。在留用岗位上，以高校毕业生服务基层的同类编制内岗位为主，同时拉开档次，设置包括事业编制、公务员编制、国有企业不同性质的岗位，以及在以乡镇一级为主的基础上设置包括乡镇、县、市（地州）各级的岗位，为高校毕业生设定不同类型、不同层次的发展预期，激励其在基层工作。

（二）长期内，制定社区工作人员职业化发展的政策措施，创造高校毕业生服务基层的良好制度环境

在短期内，提高服务基层高校毕业生的待遇要通过增加财政投入，使高校毕业生生活补助随物价上涨、编制内同类工作人员工资水平提升而同步提高。但从长远来看，则要通过社区工作人员职业化的制度建设，促进其规范发展，高校毕业生在社区工作岗位的锻炼、服务按照相同的制度进行管理。

一是明确社区工作人员的法律地位。在国家职业大典中新增社区公共管理与服务类的职业，设立与公务员、事业单位工作人员相并列的社区工作人员类型，制定相应的法律法规，明确其岗位性质、法律地位、管理体制机制以及具体的招募、考核、奖惩等管理办法。同时在国家人才队伍建设中，将现有的社会工作人才拓展至内涵和外延都更宽泛、更贴近基层社会治理需要的社区工作人才，在相应的规划、政策中对其做出顶层设计，制定促进社区工作人才发展壮大的政策措施。

二是科学合理确定社区工作人员的待遇水平标准。以乡镇事业单位工作人员年度待遇水平为参照系确定社区工作人员待遇，对于以政府购买服务形式提供社

区服务的，在招标价格中要以同等标准核算人员经费，并要求承接方按照标准支付工作人员待遇。

三是设立社区工作人员的专门职业发展通道。一方面，在社区工作岗位内部，科学设置职位层级，制订各职位的任职资格标准；另一方面，建立社区工作人员与公务员、事业单位工作人员的衔接机制，畅通流动机制。

韩巍　佘宇　执笔

大学生村官职业化发展问题及路径探索

所谓大学生村官，是指到农村（含社区）担任村党支部书记、村委会主任助理或其他村“两委”职务的具有大专以上学历的应届或往届大学毕业生[①]。尽管2016年以后随着与选调生并轨而不再新招录大学生村官，但作为实施时间最早、影响范围最广的高校毕业生基层培养计划，经过多年的政策实践，大学生村官已经成为基层岗位之一，也是基层管理工作中的关键一环。

然而，构建基层人才汇聚和发展的长效机制，首先需要营造可持续的职业生态。要在达成让大学生村官在农村基层发挥更大的作用的同时实现大学生村官自我职业有序发展的双赢，就需要从职业角度重新审视大学生村官的工作状态、生活状态和发展状态，从组织层面认真思考大学生村官期满后出路的问题，逐步建立更为完善的大学生村官职业生涯规划机制。因此，针对大学生村官群体的特点以及现行职业规划中存在的问题，探索建立大学生村官职业化发展机制，对于改善农村基层干部队伍结构、培养新农村建设骨干力量和党政干部后备人才，推进新形势下农村改革发展，夯实党在农村的执政基础具有重大意义。

一、对大学生村官职业发展背景的再观察

人才是实现国家治理体系和治理能力现代化的重要力量。中国广大基层是国家治理体系的洼地，迫切需要将基层人才体制机制改革与推进国家治理体系和治

① 佘宇：《大学生村官政策的演进历程及目标变化》，国务院发展研究中心调查研究报告，2013年专刊1期。

理能力现代化相结合，统筹深入推进，在更高层次上形成一套更加成熟、定型、完善、巩固的制度体系，最大限度激发、释放人才活力，把各类优秀人才集聚起来。新时代背景下，基层改革的新老问题交替涌现，在国家大力倡导大学生在基层培养导向的战略布局下，审慎思考大学生村官发展的背景问题是解决人才长效发展机制的关键。

（一）基层农村人才市场的特殊性

中国城乡二元结构所构建的人才成长生态需要建立新的分析框架，而不能简单借鉴城市引才的市场经验。2017 年以来，国内各大城市先后推出了人才新政，引发了各地“抢人大战”，至今人才竞争还在不断升温。这体现了人才作为第一资源对城市发展的重要性，同时也暴露出各地一些引才层次、引才政策有同质化的现象，以及采用拼财力、拼奖励、拼优惠等“行政调控 + 市场化激励”的简单粗暴方式。城镇化进程的不断加速，户籍体制早已无法限制农村高素质人才向城市流动，城乡差距进一步加剧。更多的农村人才通过接受高等教育等方式开始由农村向城市转移，农村人才向城市集中、不再回归的情形也逐步凸显，农村基层政治、经济、文化、社会建设、稳定和发展面临严峻的挑战[①]。在农村社会管理方面，村“两委”是农村社会管理的关键，农村人才的严重流失对村“两委”的知识结构以及文化水平也是一个巨大的挑战。城市具备明显的资源优势，而农村在各类资源对比中相形见绌，这也在很大程度上减缓了高校毕业生回到县级以下基层工作的步伐。

调研发现，江苏省丰县通过先后出台《丰县高层次专业技术人才引进管理办法》及相关配套文件，2012 年以来共引进高层次紧缺急需人才 271 人，帮助其解决了住房补贴、配偶就业、子女入学等问题，为高层次人才队伍建设提供了有力的政策支持。但对比最近各地相继出台的人才新政，仍有明显的竞争劣势，当地组织部门表示，苏杭地区、上海、南京、徐州等地纷纷降低落户门槛，加大优惠招才政策，加之经济发展优势，在一定程度上降低了丰县籍毕业生回来的热情。在缺乏资源优势情况下吸纳人才，除了依靠政策的强势引导之外，基于乡土情感、

---

① 王文彬：《农村人才集聚的困境及破解对策研究》[J]，《改革与战略》，2016，032（004）：42–46。

长期事业、尊重厚遇以及适配度来精准吸纳人才，并对吸引而来的人才进行有效的“保育”，则是农村人才市场不得不正视的现实问题，简单复制发达城市的待遇引人脱离实际，也难以持续。

（二）基层农村用人环境的特殊性

中国农村有着深厚的历史遗留，以及由此而产生的稳固的生活环境与制度环境，这些都对大学生村官提出了巨大的挑战。在相当长的时期内，农民问题、农业问题和农村问题，即“三农”问题仍将在我国社会主义现代化进程中占有举足轻重的地位。中国基本的社会结构和生活方式都植根于农村这个乡土社会，并将在很长一段时间内不会改变。费孝通先生曾反复提出：认识中国社会，认识中国人，首先要认识中国农村社会，认识农村经济，认识农民生活及其社会心态。只有认识农村社会，才能真正认识中国社会，也只有从中国农村社会的实际出发，才能科学地处理和解决中国城乡、社会经济协调发展的诸多矛盾和问题①。

基层自身是一个复杂的系统，在为党政部门锻造人才的同时，由于自身积重难返的一些问题，在一定程度上也影响人才培养的效率和效能。基层组织的人岗匹配度、政策执行力、素质结构等，基层人才的个人能力、服务意识、责任意识、合作意识、全局观等仍存在提升的空间。有关调查表明，晋升空间小、工作条件差、焦虑情绪重、发展压力大、培训机会短缺等问题在基层反映最为强烈②。由于晋升空间小，少数基层干部得过且过，甚至出现“劣币驱逐良币”的现象。大学生村官从简单的校园生活直接转向基于血缘、地缘和姻缘之上的以家庭为单位、重人情面子的农村社会体系，这对其开展农村工作是一个巨大的挑战。而从大学生村官自身来看，虽然受过高等教育，具备较完善的知识结构，但也存在个人进入农村基层工作后难以一时克服思想误区和理念偏差，从而影响其在工作中的积极性和创新性。从家门到校门，毕业后直接进了机关门的大批“高才生”被群众称为“三门干部”，一直以来饱受争议，其中影响工作实效性的关键之一就在于基层工作经验的不足③。

---

① 费孝通：《中国城乡发展的道路》[J]，《中国乡镇企业》，2001（8）：69–71。

② 谢振华：《一位县委书记送给基层青年干部的四句话》[J]，《领导科学》，2016，No.641（12）：57–58。

③ 梁建强，阳建：《“三门干部”基层频“踩雷”》[J]，《半月谈》，2019（13）：40–41。

（三）大学生村官群体的代际属性

随着数字中国建设的深化，人才的数字灵活特性不断增强。基层政务数字化加速推进，工作任务的完成需要个人认知能力、沟通技能、社会行为能力以及语言和计算机等操作技能的组合，而非单纯的劳动熟练度和专项能力强度。劳动从确定性生产转向灵活动态生产，从集中转向分布，产品也从单一走向多元和个性化。就业者的基本素质要求更加的复合，地域受限性更弱，雇佣身份更加灵活，职业横向发展通道得以拓宽①。

与此同时，个人就业偏好也更加灵活。随着信息时代成长的“90后”“00后”逐渐成为大学生村官的主力军，其在就业方式上也有着自己的想法，希望打破既有的雇佣模式，通过更灵活的方式发挥自己的价值，使得灵活就业规模长期拓展，形成了新的就业模式与雇佣关系，并催生了新的“职业价值观”②。越来越多的个人，开始在线上打造自己的职业身份与职场形象。越来越多的人才，正从数字经济中寻求更为自由、更能体现自我价值的职业成长路径。价值共鸣、自我实现和个人提升成为员工在“赚钱”之外的更高追求。更多的研究表明，新生代的青年对于职业的认同感和忠诚度要高于对单位（组织）的忠诚。

二、对大学生村官职业化发展的框架简析

大部分调查研究发现，对多数大学生村官而言，农村基层的这段履历固然重要，但若是将整个职业生涯锁定于农村仍需要从长计议。客观来讲，大学生村官能够来到农村基层，为农村基层贡献自己的一份力量就已经是一种积极的职业探索，应该更宽容地看待年轻人，鼓励干事创业③。

只有理解大学生村官的从业心理，才能够更加精准地把握其职业动力。第一，从报考选聘成为大学生村官的动机来看，其当初选择这样的方向主要是希望锻炼自己、为新农村建设作贡献、体现个人价值等，其未来的职业规划多半也是希望

---

① 《人口与劳动绿皮书：中国人口与劳动问题报告No.20》。

② 中国信通院&脉脉：《2018数字经济人才流动报告》。

③ 齐鹏，罗娜，苏益南：《大学生村官入职动机调查研究——以江苏省为例》，《安徽农业科学》，2012，40（362），01、499-501。

成为公务员。第二，大学生村官在农村工作的主要感受比较积极，通过一段时间就可以适应农村的生活习惯，并开展一些力所能及的工作。大多数大学生村官认为工作有收获、较有干劲，只有极少数人认为没事可干或者感到苦闷。第三，大学生村官普遍认为自己到农村基层以后可以为村里的发展贡献自己的一份力量，大部分人对自己在农村的工作有较高评价。这也从另一个侧面反映了其较乐观的生活与工作态度。第四，大学生村官也存在思想上波动和起伏的问题。农村基层的工作确实也会给其带来一些困扰和问题。调查显示，大学生村官最担忧的事情首先是个人的前途，其次是工作的适应问题。第五，聘用期满后前途的不确定是大学生村官思想上最担忧的事情，由于现有大学生村官政策还不稳定，每届大学生村官的最终发展都不确定，这就使很多大学生村官从入职开始就为自己的将来担忧，如果能解决这方面的问题将极大稳定住这支队伍[①]。大学生村官其他的心理负担还包括情感、朋友、薪酬等。

（一）职业化发展的基本框架

农村发展中的问题，给到村任职的大学生村官以巨大的挑战，尤其是缺乏基层工作经验更使得大学生村官难以在农村建设中发挥应有的作用。但大学生村官是一个接受过完整高等教育，具有相对完善的知识结构以及专业技能水平，具备独立解决事务能力和沟通能力的群体，良好的教育背景和专业技能使大学生村官具备了对现实世界的判断能力和理解能力，能够为其在推动农村经济环境的构建过程中奠定坚实的基础。如果大学生村官不能成为新的历史阶段在农村社会中最懂发展的群体，那么也很难再在农村这个领域中吸引、培育和发掘出更有能力的高知识群体。

职业化是某一工作及其工作人员如何走向有序、稳定的专门化的过程。职业化的基本面涵盖专业性、道德规范、社会认可、稳定的收入等方面。如果是从水平上看，不同职业的职业化水平是有差异性的。例如，律师和护士在当前社会中都是一个专门化的职业。但相比律师而言，护士的职业化标准远远没有律师的标

---

① 周成军：《大学生村官的职能研究》[J]，《苏州大学学报（哲学社会科学版）》，2009，030（004）：10–14。

准高。从两类职业的从业者的资格获取难度、收入、社会声望等方面看，护士职业也远远不及律师。尽管造成两类职业差异性的原因更多需要从社会的需求层面来判断，但是一个严格的标准对于一类职业而言，高的标准所带来的认同和利益对从业者而言是更有利的，对职业的发展也更有促进作用。对于大学生村官而言，虽然由于基层管理工作的复杂性和组织管理水平的滞后，难以归纳和制订出一个统一的标准，但仍可以从职业化的基本要素上寻找到有效的标杆。针对大学生村官的专业化分析，基本形成了一个初步的职业框架，包括管理的专业性、社会地位、职业组织、道德规范、职级薪酬等方面（见图1）。

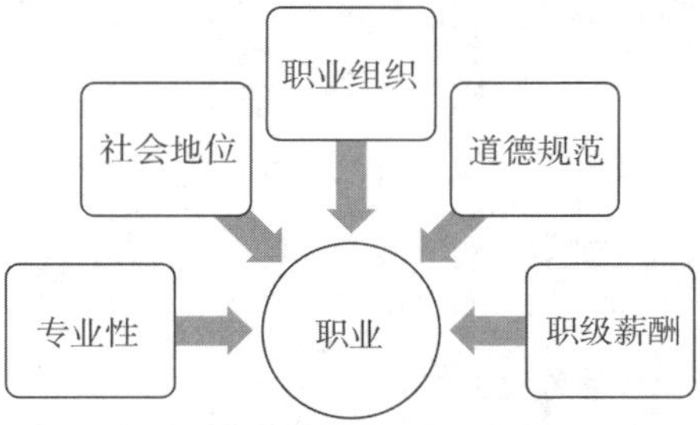

图1 职业化的基本要素

在这个基本框架之下，大致能够洞悉一个群体的职业化概况。在社会地位层面，就大学生村官计划的制度内部性问题而言，首先从大学生村官的定位来看，身份一直是阻碍大学生村官计划有效施行的重要因素。大学生村官的法律地位还没有明确的规定，法律地位的缺失导致大学生村官并不是公务员，“非官非民”的身份使大学生村官在乡村治理中遭遇到角色尴尬等问题，各种保障和激励措施也难以落实到位，更无从谈及社会地位和职业声望。

在职业组织层面，一个职业组织的存在、大小与强弱，在一定程度上反映了该职业的兴盛程度。大学生村官没有专业组织，取而代之的是被行政管理的少数群体。尽管也享有类似公务员的薪酬待遇，但是没有定位于提升自身水平的机构。大学生村官只要在满足基本资格以后，通过考试选拔，即具备了从事工作的条件，也就有机会获取永久的身份资格。不同的是，公务员的标准组织及其制订的标准是法制化的，专业标准、专业能力是不断地根据工作任务的复杂性和丰富性而调整。从当前来看，大学生村官的“职业组织”及其制订标准分别表现为党政主管部门及其颁布的各种规章制度。

在管理工作的专业性上，大学生村官可能是职业化要素中最为符合的一项。从大学生村官的选拔任职资格中可以看出，要具备一般的管理知识和能力，带有其他专业属性的工作人员，还需要具有相应的专业知识和实践能力。但单一的岗位分类降低了专业性。

在职业道德中，大学生村官没有明确的职业道德规范。考虑到大学生村官的性质及身份的原始背景，从一般职业道德和公务员职业道德的结合处也能够寻找到其职业道德的基本点。

在发展通道和薪酬增长上，大学生村官参照的是行政晋升，并没有建立自身的晋升秩序。一项制度的合理建构，需要建立在解决当前问题的前提下，也要立足于战略发展的需求[①]。

围绕当前大学生村官出现的问题进行归纳和分析发现，服务于“三农”的发展是其事业的定位；管理技能和知识提升工作熟练度和创新是其职业化的内在核心；专有的晋升通道的设计是其职业化的基本条件；保障大学生村官人才不断发展是其职业化的主要目标。

（二）大学生村官职业发展的现实分流

成才目标的多样化并不与国家实施大学生村官政策的初衷相违背，更不能据此否定大学生村官政策的实施意义。大学生村官岗位实质上是一个综合性的实践岗位，并不单纯以培养某一方面的人才为目的，而更倾向于通过提供这样一种岗位平台，来提升其综合能力、增加其基层工作经验、增进其对国情民情的了解和感情，从而为社会各行各业输送更优质的人才。

任职期满之后的大学生村官有以下几种安排途径：一部分优秀的大学生村官可以直接转为选调生，或者是通过考试的方式进入公务员序列，即往公务员方向发展；一部分大学生村官转为事业编制人员；一部分大学生村官进入高校再深造；只有极少一部分大学生村官会留在村里继续任职；最后是选择创业，或者到企业工作。大部分地区的大学生村官期满主要是在机关事业单位工作。以江苏省丰县为例，2007 年至 2017 年，丰县累计接收大学生村官 385 人，流动具体去向主要

① 温铁军：《大学生村官与新农村建设》[J]，《学习月刊》，2009（11）：41–42。

有：公务员 210 人（含选调生 13 人），事业人员 87 人；国企工作 8 人，在读学生 2 人，机关事业单位占比超过 78%（见表 1）。

无论是从主要流动结果还是政策初衷，大学生村官期满职业方向主要是机关事业单位①。职业的建构应把国家长期政策导向与地方实际发展需求有效结合，即以培养高素质的公共服务人才为核心。

表 1　　江苏省丰县 2007—2017 年省聘大学生村官发展情况统计　　单位：人，%

选调生	公务员	参公	事业	国企	合同	人事代理	在读学生	其他
13	197	7	87	8	45	2	2	24
3.38	51.17	1.82	22.60	2.08	11.69	0.52	0.52	6.23

大学生村官职业化发展机制的构建既要着眼于任期内的成长和作用发挥，更要兼顾长期职业发展；既要做好岗位管理，又要及时疏通出口，处理好阶段性工作与长远职业发展的关系。从大学生村官主要发展途径看，探索职业化发展需要重新定位分流。大学生村官计划实施多年，各地都探索出了有特色的大学生村官职业发展引导路径。上海、江苏等经济发达地区通过正面引导、多方帮扶、“产销一体”等多种方式结合培训，积极引导大学生村官投身创业富民实践中（见图 2）。除了采用课堂培训、创业示范基地建设、创业园等多样化的形式外，在培养方法上也注重先训后用，坚持岗前培训，解决大学生村官创业实干的问题。

但是，大部分地区还是以培养公务员人才为主要方向，让大学生村官在任期内更多接触行政性工作，充分锻炼其行政工作能力，在任期满后可以快速转变为较为成熟的公务员。这一目标着眼于为新农村建设培养骨干力量，丰富基层党政干部来源；把大学生村官作为农村基层政府后备干部的重要来源，探索出一种满足基层政府与大学生村官双向需求的培养模式。这一致力于大学生村官基层工作能力、文字表达能力以及综合协调能力的培养模式，在为农村基层储备人才方面的经验值得借鉴和推广。拥有更多高等教育资源的地区，可以充分挖掘这一优势，建立更多的高校—地方合作平台，重点探索如何通过校地共建加强对大学生村官培训的模式，引进大学教授和企业工作者对大学生村官进行全方位培训。

---

① 马抗美：《大学生村官成长成才机制优化研究》[J]，《中国青年社会科学》，2016，035（001）：87-94。

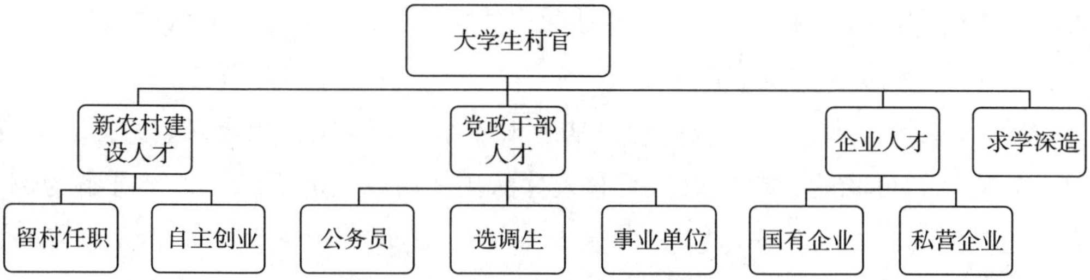

图 2　大学生村官期满职业流向图

三、大学生村官职业化的悖论与发展可能

（一）大学生村官职业化悖论

大学生毕业择业与有志于从事一种职业是完全不同的两类就业行为。服务农村的基层经历对于大学生成长成才固然重要，但是从当前政策环境、工作环境和个人获得感角度看，大学生村官职业化发展仍面临重重困境。

1. 临时就业导向与职业稳定发展相冲突

首先，对于不少大学生村官而言，到农村任职是一种“权宜之计”或是一种“次优选择”。每年有大量大学毕业生优先考虑成为公务员，捧上“铁饭碗”，如果没有机会入围公务员，则会考虑先考取大学生村官继而再考公务员的曲线路径。大学生在就业目标选择上呈现一种“需求降级”趋势，其主要原因是大学生本身含金量在下降，同时外界环境迫使大学生考虑更长远的发展而非眼前利益。部分大学生是因为就业困难才选择加入大学生村官这一群体。多数大学生村官存在“跳板”心态，以考取公务员为最终目标，白天工作，晚上复习考试。甚至部分大学生村官以考试为主业，不服从乡镇级、村级领导管理。公务员考试前期，少数大学生村官长期请假，甚至旷工。由于大学生村官在农村基层工作的期限一般就是两年到三年，因此其思想上的重要压力就是未来面临二次择业的问题，如果可以通过政策给予一些指向性的安排，那么其在农村基层开展工作就没有什么顾虑。

其次，人才管理部门难以做到精准招募。组织人事部门都在为基层招贤纳士，考虑到人才供给可能存在不足，在人才招录和选调工作中放宽了对专业的限制。这一举措虽然在人数上满足了基层工作的需求，但是在“匹配度”上则造成了较为严重的错位。辅助性人才激增，专业化人才仍旧欠缺，人才专业素质参差不齐，不能从根本上满足基层发展需求。

最后，政策目标来自就业压力，缺乏人才培养的逻辑。招录人数和标准来自用人的缺口和可能的编制约束，而非人才队伍的阶梯培养需求。以江苏省为例，不管是丰县最初的“雏鹰工程”，还是江苏省统一选聘的大学生村官，都是特殊背景下的特殊政策，导致的直接后果便是到村任职高校毕业生群体的不稳定性。丰县“雏鹰工程”和江苏省统一选聘的大学生村官流动后，没有“新鲜血液”补充进来，村“两委”班子年龄老化、文化水平偏低的问题只是在一段时间内得到缓解，没有从根本上改变。

2. 工作内容无序化与职业发展的专门化相冲突

职位分析又称岗位分析，是指对各类岗位的性质、任务、职责、工作条件、工作环境以及任职者承担本岗位任务应具备的资格条件进行系统分析和研究的过程。职位分析既是人力资源管理活动的起点，又是人力资源管理活动客观性和有效性的保证。综合大学生村官岗位考核的内容不难发现，其职业内的工作内容极其丰富，主要包括：撰写计划、总结、请示、报告等一般公文；开办广播站宣传栏，制作网站，在精神文明建设方面发挥作用；了解社情民意，调解村民纠纷，融洽村民感情；利用社会关系，吸纳其他社会力量参与基层建设；科技致富，通过原高校引进新的增收项目，通过上网实现农产品网上销售等；对村民进行电脑知识、实用技术培训，辅导学生学习；参与各类讨论、调研，深层次探讨农村工作问题及其解决措施；参与生产实践，获得丰富的第一手调研材料等。

丰富的工作内容也赋予大学生村官诸如政策宣传员、决策咨询员、科技普及员、信息调研员、档案管理员、村务协管员、文化小教员、活动组织员等不同的角色定位。如此繁杂的岗位内容交织与角色转化，背离了职业发展专门化的特征。按照职业发展的基本规律看，一项工作被称为职业是可以包罗多项任务、职责，但职责和任务体现较强的相关性，过于分散就有悖专门化的效率原则。

大学生村官是正式党员的，一般担任村、社区党支部副书记；是预备党员或非党员的，一般担任村委会、社区主任助理；是共青团员的，则大多安排兼任团支部书记、副书记。大学生村官还通过办理会务、处理事务、撰写材料、处理公文、沟通协调、参谋服务等辅助性工作，当好基层单位主要领导的配角。同时，大学生村官也会结合自身专业优势充当社会主义新农村建设的重要主角，成为国家政策的宣讲员、各种民事纠纷的调解员、新农村建设的宣传员和研究员[①]。大学生村官定位于“村级组织特设岗位”人员，是非公务员身份，助理职务在具体工作和与村民相处中的定位较为模糊，总体上出现了“似官非官，有职无职”的状况。实地调查也发现，大学生村官主要扮演了助理角色，无法进入村级领导岗位。有些村干部认为大学生村官是“临时工”，不会让大学生村官参与一些具体事务，只将大学生村官看作与乡镇连接、上传下达的交接人。

但从考核角度看，大学生村官职业的导向是成为“领导干部”，其考核内容是按照党政领导干部进行的。考核过程没有严格规定，考核结果运用也比较简单，对大学生村官工作的激励作用也不够强。有效的职业化塑造应建立在对岗位职责的科学界定基础之上。大学生村官的职责尽管在事实上“包罗万象”，但从类型上依然可以做到“分门别类”，基本可以划分为综合、执行、专业技术、宣传等。调研发现，大学生村官是参照公务人员的综合管理类进行管理，包括对其个人的德能勤绩廉考核（见表2），选拔任用的基本流程、福利薪酬的基本标准等。在缺乏强制度保障和身份认同条件下，用身份管理的逻辑取代岗位管理的逻辑导致职业发展所需的“专门化”资源的损耗，降低了个人对组织的承诺度。

表 2　丰县大学生村官考核表

要素	主要内容	评价等次			
		好	较好	一般	较差
德	思想政治素质好，正确贯彻执行党在农村的路线、方针、政策，热爱农村工作				
能	适应农村基层工作的能力强，有一定的组织协调能力和工作执行力，有改革创新精神				
勤	认真履行岗位职责，工作责任心强，勤奋踏实，吃苦耐劳，甘于奉献，与农民群众打成一片				
绩	利用专长，立足农村基层实际干事创业，真心实意为群众办实事、办好事，工作业绩突出				
廉	组织纪律观念强，模范遵守各项规章制度，清正廉洁				

资料来源：根据丰县组织部 2017 大学生村官民主测评表整理。

① 李伟：《角色理论视角下的大学生村官制度建设》，《山西高等学校社会科学学报》，2010，22（009）：42–46。

3. 职业的成就感与个人获得感相冲突

职业的获得感来自能力的提升，以及越来越得到个人和组织部门的认同。大学生村官是在国家最基层的地方工作，面对的是朴实的群众和复杂的现实问题。有了大学生村官经历，便有了面对复杂问题和困难的底气。农村工作艰苦卓绝，能磨炼一个人的意志；面对的问题错综复杂，能锻炼一个人处理复杂事务的能力。从个人发展的政治路线来看，大学生村官大多是考取公务员，大学生村官经历毫无疑问为他们今后工作的开展打下了很好的基础。但大学生村官必须面临的一个现实问题是，基层的基本待遇远低于个人对工作的“预期回报”，个人职业的获得感过低。从职业发展的生态来看，仅仅是个人能力提升的工作，犹如在市场竞争中打拼的创业者在提升企业家能力，无法从社会关系中构建一种职业的事实。

过于注重执行的基层工作状态，为成长期的人才带来正反两方面的影响。处于成长期的大学生村官的办事执行能力得到快速的提升，取得了“业绩”与成就，但从个人发展的长远角度来看，不利于职业伦理的形成和职业社会认同感的提升。大学生村官任用中的职位规范缺失，会导致大学生村官计划没有发挥应有的作用，最典型的就是大学生村官在大学里面所学专业用不上。由于没有形成职位规范，在大学生村官任用中，缺少对其专业技术、特长能力、人格类型、心理素质等任职资格条件的限制，最后造成许多被选聘的大学生村官专业不对口。除农学专业的大学生村官可以利用自己的专业知识为村民提供技术帮助，或计算机相关专业的大学生村官在村网站建设等方面能发挥专业技能外，大多数大学生村官所从事的工作和所学专业知识并没有太多联系。专业不对口，学非所用，造成人力资源的浪费，造成个人职业信心的丧失[①]。

调研发现，多数大学生村官岗位招募中岗位职责描述不清，对于专业的需求作出极为宽泛的定义——不限专业。从需求的事实出发来看，大学生村官工作的综合复杂性对于个人的要求决定了专业贡献度的低值特性；从供给的事实出发来讲，大学生专业有效匹配不仅在客观上提供了专有人力资本的价值，也在主观上决定了个人参与度和投入度。

---

① 李秀芸：《大学生村官职业认同的建构》，《高等农业教育》，2015（10）：77-81。

（二）大学生村官职业的可能

1. 均衡发展的时代背景与大城市留人难的现实

巨大的市场前景孕育巨大的发展可能。从大学毕业生的发展出路来看，每年高校毕业生人数不断扩大，城市的容纳能力近乎饱和，虽然多数大学毕业生希望毕业后留在城市工作和生活，但城市就业岗位的有限性也促使相当一部分的大学毕业生开始将自身的就业导向由城市转向农村。相比城市，农村逐渐成为当代青年大学生探索的新领域和突破点。当代青年大学生处于我国小城镇加快建设、乡村加快发展的高峰期，国家政策不断向农村倾斜，农村政治、经济、社会和文化有了更为广阔的发展空间。城市就业岗位的紧张，农村就业环境的宽松，扮演宏观调控角色的政府必须着眼于将解决大学生就业创业问题的途径向农村转移。

在宏观层面，大学生村官政策是党中央作出的具有长远战略意义的重大决策，不论是新时期全面推进新农村建设对人才的呼唤，还是社会主义现代化建设进程中各行各业对人才的强烈需求，都需要一批有理想、有知识、有潜能同时又了解具体国情、对基层有感情的青年人才尽快成长。在具体层面，大学生村官计划自实施以来，各级党组织及有关部门高度重视，社会各界广泛关注，有关大学生村官招录、培养、管理等方面的优惠措施和保障政策不断出台，为大学生到农村基层就业提供了诸多利好条件。基层锻炼向来是各类人才快速成长的一条基本途径，而这样的时代背景和政策导向，恰好为大学生提供了一个深入基层、了解国情、增长才干的绝佳机会和重要平台。

2. 大学生群体发展动力的特性

作为具有丰富知识、眼界开阔、思想创新、交流活跃、勇于尝试的群体，青年大学毕业生是参与农村社会管理的最佳人选。从大学生村官实践中来看，很多大学生村官都积极参与农业生产的业务指导和具体操作，农村基层干部在具备管理能力的基础上同时具备农业生产技能，是保障农村又好又快发展的基本条件。大学生村官拥有自身专业技能优势，能够在农业生产中运用自身所学的知识反哺农业、改善农村环境、改变农民观念，以最直接、最有效、最实用的农业推广模式把科技成果普及到农民，促进农业生产力的提高，提升新农村建设的水平。

在农村社会管理方面，大学生村官融入农村基层干部队伍，对原有村干部年龄结构和知识结构的补充作用是巨大的。大学生村官到村任职后产生的“鲶鱼效应”和“标杆效应”，能够在一定程度上增加当地村干部的工作压力和动力，在工作作风和工作效能上全面变革，对农村基层干部队伍建设是一个新的突破，为农村社会管理科学化、现代化的趋势奠定坚实的基础。大学生村官作为农村基层组织的创新主体，他们参与农村经济环境的构建，比当前农村仅有的人力资源更能发挥作用。具备高素质、强责任感的现代大学生村官虽然在一开始未必熟悉农村的经济环境，但是他们擅长从知识结构、工作方式、积极性方面拓宽农村经济环境的发展途径。大学生村官还能扮演农村经济发展引导者的角色，主动适应和观察社会的发展变化，充分利用网络信息平台，考察市场供给与需求，利用市场供需平衡原理找到发展经济的切入点，大胆创新，带头致富，提高农民收入，改善农民生产生活水平。同时，大学生村官作为一个新型权力主体融入农村经济建设，还有助于规范村级财政的使用，为农村经济环境的公平秩序搭建有利的平台。

第一，大学生村官具备较高的比较优势。能够认识教育发展的重要性，能够通过主抓教育的形式转变农民思想。教育是实现农村经济持续发展的根本，教育水平决定一个人素质的高低，尤其是在经济发展相对比较落后的地区更是如此。大学生村官在走向基层之初往往都带着很多改变农村现状的想法，尽管想法会屡屡碰壁，但对于农村的一些发展理念和创业致富观念会形成影响。大学生村官在适应农村环境之后，通常能够起到表率作用，发挥教育、宣传作用，将工作计划、创业计划以多种形式向农民呈现出来，向农民陈述国家的惠农惠民政策，结合相关的优惠政策，为本村发展提供契机。农民教育工作并不是短期工作，而是一项需要长期坚持的工作，需要积极向农民介绍新经济形态，将理论付诸实践，少讲空话多干实事，才能从一点一滴开始真正致力于促进农村经济的快速发展。

第二，大学生村官的政策转化与执行力较强。大学生村官能够充分了解国家的农村政策，并将其与实践结合起来。对于大学生村官而言，开展农村工作之前必须要做好充分了解农村，尤其是中央及各级政府在进行农村城镇化战略部署中的相关政策的工作，对农村经济有个整体认识和把握。在“三农”政策备受关注的情况下，大学生村官实时了解国家政策，积极学习与工作相关的农村政策以及推动经济发展的先进经验。大学生村官通过把握地方扶持农业项目的具体措施，掌握农业方面的技能，更好地将所学的技能展现给农民，甚至学习新技术手把手教给农民。而对于这些知识和技能的掌握，除了自己在校期间所学之外，还应该参与生活实践中相关技能知识的培训、讲座，尤其是要接受农业科技、农村管理等专题培训，进而将培训中学习到的知识技能以讲座、现场指导、现场示范等形式为农民呈现出来，让农民真正学到本事，并将之用到实处，提高农民的整体素质，进而使农业从低效率耕作走向现代化生产。

第三，大学生村官的可塑性强。大学生村官能够认识到实践的必要性，创造性地将理论和实践结合起来。大学生村官是具备高素质的现代化人才，虽然刚刚走出校园，但适应能力较强，大多数大学生村官都积极参与实践，深入田间地头，对农业、农村、农户等展开实际情况调查，充分利用农村基层的创业就业机会，抓住影响农村经济发展的主要矛盾，更好地开展农村的经济工作。“纸上得来终觉浅，绝知此事要躬行。”大学生村官初到岗位任职之时，没有任何社会经验和工作经验，更何况是对田间地头的具体事项的了解，但是经过脚踏实地地长时间的生产实践锻炼，就能深入地了解农村、了解农民、了解农业产业结构，借助实际考察，努力成为解决问题的排头兵。

3. 基层对人才的需求量极大，需要重塑基层的管理秩序

从中长期来看，基层干部队伍面临新旧交替的转换期。乡镇公务员从学历情况上看，学历多数偏低；从年龄结构上看，大部分处在中年偏上的年龄阶段，主动学习的意识和能力都有所下降。近年来，各地大量引进人才建设，但基本都放在了区县级，乡镇基层高素质人才极度匮乏。由于基层工作繁忙，“上面千条线，下面一根针”，大部分都忙于工作，很少主动抽出时间来“充电”，加强自身建设；少数以年纪大、学不好为由，不愿学习；也有极少数思想观念不端正，工作责任意识不强，认为“懂得多就做得多”而不愿意学习。长期以来，农村干部队伍存在年龄偏大、思想保守、文化程度较低等问题，农村基层干部素质不高与农村建设要求的不适应随着农村建设步伐的加快而不断加深。面对全球现代化和信息化的冲击，农村急需一批拥有先进管理理念和技能的人才的回归，带领农民迎接挑战。

乡村自治虽已逐步成为农村建设的根本治理方式，但并不意味国家权力完全消失在农村权力结构的框架中。当前，公共治理背景下基层民主的强烈需求使乡村自治不断普及，但由于政治、经济、文化发展进程的滞后造成了乡村自治的水平在短时间内难以实现本质提高，大范围、低水平的乡村自治虽然推进了基层民

主进程，也导致了农村基层出现村干部职权使用不规范，治理效率较低。可以预见，在乡村振兴建设的关键阶段，国家主导农村社会的格局没有发生根本性的变化，每当农村社会发生重大变革之际，国家力量都会以间接性的、政策引导性的方式介入乡村治理。改革开放以来，国家在不同时期采取了不同的政策调控来加强对乡村社会的管理，下派驻村工作组、工作队就是其中最重要的政策体现。当前，在新农村建设的重要阶段，为推动农村的整体发展，为实现全面建设新农村注入新鲜血液，培养优良的农村基层党组织，作为农村权力结构的新参与主体在基层的延伸，大学生村官群体被赋予历史使命。

社会各界对农村、农业和农民问题的关注，多侧重于经济方面的探讨，而对于农村政治、社会、文化的发展变化相对较少。事实上，农村政治、社会、文化状况在很大程度上制约着农村经济的发展和“三农”问题的最终解决，同时在国家政治生态的稳定和现代化发展进程中发挥着积极的作用。从党的十六大以来，党中央、国务院为重点解决“三农”问题出台了一系列大政方针和多个“一号文件”。农村改革不仅涉及经济领域的改革，而且涉及政治、社会、文化等领域的改革，是一次重大的制度创新和社会变革。改革开放 40 多年来，以农业的工业技术化、农村的城镇化和农民的市民化为基本内容的农村改革进程，极大地改变了中国乡村社会的生产方式和生活方式，也引发了乡村伦理关系和农民道德观念的变迁。因此，在农村青年人才流失严重的现状下，返乡的大学生村官群体将肩负起推进农村全面改革的重任。

组织效率的提升在很大程度上取决于人力资源结构的合理性，越合理的人力资源结构就越能促进组织行政能力整体的提升和效率的提高。人才是农村可持续发展的关键因素，农村在缺乏大学生村官这样的人力资源之前，村级组织干部大多数以农民为主，具有高学历或者具备专业知识的人相当少，整个农村基层领导班子的年龄结构呈现“老龄化”现象，年轻的村干部比重低，很多农村基层干部大多是属于上任后连任几届，直至退休才离开岗位，村干部队伍人员流动缓慢甚至处于相对停滞状态，人力资源配置存在功能重复、效用重叠的突出问题。在农村管理工作上，传统村干部大多是凭借经验进行，或利用“意见领袖”的效应，而对农村人才管理、农村发展等专业化的管理相对匮乏，农村基层干部受限于组织结构的单一形式和人力资源的缓慢流动，做事风格、工作态度逐渐呈现循规蹈矩的态势。大学生村官改变了工作作风，在人力资源结构中注入新生力量，改变原来“依葫芦画瓢”的形式。

四、探索大学生村官职业发展的基本思路

（一）提高大学生村官“管”和“用”的成才导向

必须正视基层工作环境的复杂性与特殊性对大学生村官职业的影响，从而在用人环节上给予更高的成长导向，而非生硬的考核。当前，大学生村官呈现“头部化效应”——两极分化日趋严重，但是不同于企业用人，基层用人关注的不应是前 10% 的人才，应该是前 30% 甚至 50%。企业领域当前人才两极分化非常明显，尤其是新兴技术行业，5% 的人创造了 95% 的业绩。基层服务中，大部分人才将趋于中等化，基层组织的人才时间是被任务消耗，是产生服务价值的。

第一，消除绩效主义的负面影响。大学生村官的考核要从重视业绩、成绩等结果性指标，转向调研、服务、执行、成长等过程性指标。评价的参照依据要从组织人事部门评价为主，转向以村民、同事等服务基层的直接相关人员。

第二，基层组织部门要转变思维方式。大学生村官本身不是核心竞争力，大学生村官的有效管理才是基层的核心竞争力。要争取对大学生村官优先投入、舍得投入、持续投入。这是以丰县为代表的基层组织部门探索出来的主要经验。只有摈除对大学生村官“一刀切”的管理办法，才能避免一些大学生村官形成做好做坏、少做多做都一样的想法，以及更多去考虑将来能够怎么样，而不是现在应该做什么。

第三，组织部门和直接用人部门要建立统筹衔接、共同培养的关系。大学生村官需要加强“干中学”，必须能对自己的职业生涯进行设计。跳出服务期来看大学生村官的成长，发展较好的大学生村官普遍具备良好的自我学习和自我培养能力，具备成长性思维和自我实现需求强的特点。一定程度上讲，组织是选拔者，只有选拔责任，不承担培养责任。大学生村官面临的是特殊的学习资源，在基层能够拥有的且最具实效性的培养环境是把村庄当作教室，向有实践经验的村干部“拜师”，以各类问题现场作为教材，这才是真正的“干中学”模式，才能真正锻

炼能力，增长才干。要进行岗位轮换，以获得周边工作经验，提升全局视野。

第四，坚持核心基层人才队伍培养目标不动摇，淡化对就业目标的考量，加强对过程的考核。无论是从政策的延续性还是战略导向性看，大学生村官计划应该坚持以核心人才队伍建设为目标，继续坚持和加大人才基层导向，但是在形式上可以多样化。

（二）加大对大学生村官职业精神的培育和弘扬

党的十九大报告指出，要“弘扬劳模精神和工匠精神，营造劳动光荣的社会风尚和精益求精的敬业风气”。职业精神，是职业道德、职业能力和职业品质的体现，是从业者的一种职业价值取向和行为表现。大学生村官干事业也需要工匠精神，而这种职业精神的培养可以是工匠精神与公共服务精神的结合。具体来看，主要体现为以下四点。

第一，坚定理想信念，牢记为人民服务的宗旨。依靠群众、服务群众，从群众中来、到群众中去，是为人民服务的“服务员”，要经得起群众检验，得到群众认可。坚定的信念、过硬的本领、务实的作风，时时事事都将群众冷暖放在心上、把群众事情抓在手上，不因琐碎的工作内容、艰苦的工作条件而退缩，不因错综的群众关系、复杂的工作环境而放弃，踏实肯干、攻坚克难，在平凡岗位上创造更多价值、作出更大贡献。

第二，强化责任担当，积极主动作为。基层主要是贯彻落实大政方针、促进地方经济社会发展、为群众谋取福利，任务更重、压力更大。大学生村官要在推进乡村振兴、脱贫攻坚、社会治理、平安建设等工作中敢担当、勤担当、能担当，干一行、爱一行、专一行，把服务群众的事做精做细做实，精益求精。

第三，职业精神的可持续动力来自开拓创新。基层工作更需要有进取之心，要敢于竞争、勇于探索。要不断从同行中的佼佼者身上获取经验，在不断地对标中找到差距，分析原因。特别是在面对新问题、新形势时，果敢、坚毅、迅捷行动是各类职业模范的典型风格，也是职业精神的行动体现。

第四，要关注大学生村官综合管理工作与农村实际专业化需求度。要从源头引入社会需求强烈、更具有专业特性的专业人才。优化高校招生专业设置，例如，师资教育类高校增加数学、物理、音体美劳专业招生计划；医学类高校，增加临床医学、麻醉学、医学影像学、预防医学等紧缺专业的招生计划；专科层次的医学类高校，增设临床医学、麻醉学、医学影像学、预防医学等专业的招生计划；面向行政机关、企业增加安全、化工和战略性新兴产业类招生计划。

（三）积极探索大学生村官职业发展与社会管理内容的融合

职业发展不是工作内容的堆积，而是职业组织、职业通道的规范。大学生村官的职业发展需要“嵌入”农村政治社会生态的体系之中才会有生机和活力。必须创新大学生村官参与农村社会管理的各类长效机制。

第一，化解身份困境的问题可以通过兼职和特设岗位的方式来实现。以更具经济发展特性的村合作社工作为例，通过兼职合作社创业，从事市场化合作、产品设计、营销和推广等与外部社会紧密接轨的类似“经理人”专业特点的工作，不仅可以更高效地参与农村社会的经济活动，更能让个人跳出乡村原始生态直接走向农村社会管理的前沿位置。

第二，大学生专业供给要有效衔接农村管理中的短板。一方面在招募环节要综合评估当地对人才的精准需求，另一方面在招募过程中要充分与大学生沟通，充分了解和评估个人专业与素养。通过建立有效的衔接机制，解决政治、行政无法触及的细节问题。例如，针对偏远地区提供有效的教育学、法学人才，支持大学生村官主导各类再教育项目，以提高村民的法治意识和教育水平。

（四）加大高校、村和政府部门建立专项人才培养机制的合作

大学生村官的培养需要的是高校人才供给方、乡村人才需求方以及政府部门协调方的联合协同。高校应与乡村建立沟通联络机制，探索建立农村试点，定期调研农村需求，依据需求建立动态调整的人才培养方案[①]。涉农院校的专业教育和就业教育改革要强调战略导向，除了开设当前农业农村紧缺知识相关的专业课，还要主动布局新农村建设、乡村振兴、数字乡村、智慧乡村、城镇化所需的相关知识技能进行专业培训，帮助有志于在农村市场奋斗的大学生规划个人职业发展。

---

① 张淑春：《高校培养大学生村官有效机制的探讨》，《学校党建与思想教育》，2010。

开展大学生村官培训是当前大学生村官工作的一项重要内容，也是当前地方政府在管理和培养大学生村官过程中最迫切要完成的一项任务。大学生村官与其他公务员在管理方式上有所区别，最大的不同在于大多数其他公务员身处政府内部环境，可以在公务工作环境中慢慢适应，因此即使没有特别的培养机制，公务员的成长路径也是可以预期的。大学生村官则不同，准公务员的身份使他们难以直接融入公务员环境，他们身处农村环境，相对独立地开展工作，如果缺乏系统培训，一部分优秀的大学生村官固然也可能会自己成长起来，但更多的大学生村官在还没有完全适应基层环境并开展工作之前，就已经结束大学生村官聘任期。

在基层人才培养上，高校学科资源的加入尤其是安排涉农类院校相关专业教师成为指导老师，有助于充分解决大学生村官渴望继续接受教育的需求，为大学生村官群体在农村基层的工作拓宽了发展道路。在校地合作基础上，建立大学生村官集中学习、继续教育的理论和实践培训基地。充分借助高校资源，引进一批专业技术扎实、研究成果丰富的专家教授作为导师，使大学生村官在教学中、谈话中、实践中有很多实际收获。设置村级组织、农村合作社、民营企业、文化产业等实践教学点，丰富大学生村官的视野，将他们未来可能涉及的工作领域实际演练出来。大学生村官从培训中收获的不仅是工作经验，更是工作态度与信念。培训基地的建立，将把更多青年人才吸引到农村工作中来。

王俊杰　佘宇　执笔

主要参考文献

[1] 陈力予 . 鹤上经验：大学生村官培养模式的实践研究 [M]. 福州：海峡文艺出版社，2013.

[2] 陈志霞，曹和平 . 组织社会化视角的大学生村官职业适应性研究 [J]. 中南民族大学学报（人文社会科学版），2013，33（01）：85–91.

[3] 郭淑敏 . 北京大学生村官调查 [M]. 北京：中央民族大学出版社，2009.

[4] 韩新宝 . 大学生“村官”职业发展的影响因素及对策 [J]. 河北学刊，2009，29（05）：178–181.

[5] 李秀芸 . 大学生村官职业认同的建构 [J]. 高等农业教育，2015（10）：77–81.

[6] 佘宇 .“村官”小政策，人才大战略——大学生村官政策评估研究 [M]. 北京：中国发展

出版社，2013.

[7] 涂平荣 . 大学生“村官”职业伦理教育的有效路径 [J]. 教育评论，2012（06）：60–62.

[8] 吴永芳 . 大学生“村官”职业动机及其影响因素研究——以浙江省丽水市高校为例 [J]. 黑龙江高教研究，2011（06）：129–132.

[9] 杨德祥 . 大学生村官职业素质培育机制研究——基于四川省成都地区的问卷调研 [J]. 西南民族大学学报（人文社会科学版），2013，34（05）：217–220.

[10] 张琪，王红 . 新农村建设背景下大学生“村官”职业发展问题研究——以新疆乌鲁木齐县为例 [J]. 前沿，2013（14）：115–116.

[11] 张树梅 . 关于促进大学生村官职业发展的几点思考 [J]. 社科纵横，2011，26（07）：59-60+74.

[12] 中共中央组织部组织二局 . 大学生村官计划：具有长远战略意义的选择 [M]. 南京：凤凰出版社，2012.

大学生村官的能力素养及培养路径

为探讨基层工作经历对大学生村官成长成才的作用，我们采用“滚雪球”的方式，兼顾一定程度的目的抽样，以腾讯会议（线上）形式对部分北京市在职及期满（离任）的大学生村官（选调生）进行半结构式深度访谈，内容包括大学生村官的基本情况、大学生村官所需的能力、能力获得的路径、大学生村官经历的作用、政策建议等方面，并将访谈录音整理成文本后进行编码分析。现将主要发现及建议报告如下。

一、大学生村官所需要的能力和素养

（一）基本办公能力

访谈发现，大学生村官多担任村主任助理、村支书助理，承担公文相关工作。在信息化时代，作为一名基层工作人员，大学生村官首先应具备电脑操作、记录归档、收发文件和公文写作等方面的办公能力和必要的知识储备。这些基本技能与基础知识可以界定为胜任基层工作的“基本办公能力”。

1. 现代化办公能力

现代化办公能力，尤其是电脑操作能力，是大学生村官开展基层工作的“敲门砖”。调查发现，目前北京市周边农村基层工作人员大多年龄偏大，不会或不能熟练使用电脑和其他现代化设备开展办公的工作人员比例较高。受访的大学生村官，尤其是有驻村工作经历的，都谈到自己日常工作中使用电脑操作的技能是农村基层工作所急需的，包括用电脑宣传、交流、记录归档、收发文件等，这一点在访谈中得到一致认可。

在农村工作的人员偏老龄化、学历偏低。大学生村官的到来能够改善一些状况。现在好多事务偏电子化，我们直接能帮他们处理很多东西，这是很好的方面；但从另外一个角度来看，也让他们形成了依赖，什么事都找你。（大学生村官 2 号）

村干部都偏老龄化。他们与村民的沟通协调，还有对村民的熟悉度，不用你说，他都知道，他脑袋里面都记着，心里很清楚，但是他们唯一玩不转的就是电脑。（大学生村官 9 号）

2. 公文处理能力

公文处理和写作能力是大学生村官开展工作经常使用的能力之一。上传下达、记录会议、总结汇报等工作都需要大学生村官的“笔杆子”来撑起，大多数大学生村官的公文写作能力在基层工作中得到了锻炼和提升。

我最大的收获就是公文写作方面吧，还有一个就是新媒体方面。我 2015 年去的时候，很多乡镇都没有微信公众号，或者才刚刚起步，所以在镇里面大部分的工作就是区里面领导来检查，或者村里面办什么大事、有什么大的组织活动。我们主要就是写这方面的东西，这个也是我在任职期间锻炼比较大的。（大学生村官 9 号）

3. 必要的知识储备

除了自身专业知识以外，大学生村官还需要依照工作侧重的不同，对党务村务、法律法规等知识有基本了解。有了一定的知识储备，才能在工作中游刃有余，因地制宜解决实际问题。

因为我们基本上都是做书记助理的，所以你关于党的知识还是要有。（大学生村官 1 号）

既然是村干部，那你肯定要在村里给老百姓办事，要能真正站在老百姓的立场上，给老百姓解决问题，通过你的知识、能力啊，带动老百姓们增收致富。（选调生 3 号）

由此可见，农村基层组织工作人员老龄化、欠缺现代化办公能力与公文处理能力的现状，是农村地区引进大学生村官这一“新鲜血液”的重要原因之一。大学生村官的加入，有利于促进基层办公联网现代化、提升公文质量。

（二）调适能力

访谈发现，许多大学生村官都经历了对农村生活、工作内容和方式的逐步适应过程，而那些出生于城市地区的大学生村官面临的挑战更多。综合而言，调适能力对大学生村官适应农村生活、开展工作非常重要。

1. 入乡随俗：农村环境的适应

主要表现在面对城乡工作生活环境的巨大差异，大学生村官能够快速适应当地环境，入乡随俗，不搞特殊化，与村民打成一片。

刚去的时候，我们办公室里有一个姐姐是协管员，她带着我去厕所。我一看那个旱厕我没敢上，然后找了一个借口走了，后来我发现旁边还开着一个冲水的卫生间。我就回来问书记。我说这怎么有两个卫生间？书记就说那个新修的，是政府出资给修的，每个村都会有一个这样的卫生间，当时叫“厕所革命”……然后书记就说我上卫生间就去那个。后来，我觉得嫌弃人家那旱厕不太好，就也去那儿上。因为我想着好像你这大学生来了就有点儿啥特殊待遇什么的，所以后来我就尽量慢慢地让自己去适应，包括可能会见到很多虫子什么的。我之前可怕虫子了，后来觉得我要是看到就一惊一乍的也不是太好，就强迫自己尽量去脱敏吧。（大学生村官 1 号）

2. 换位思考：工作方式的调适

主要表现在大学生村官在工作中能够面对村民，正确自我定位，及时调整工作方式。

作为最基层的工作人员，大学生村官面对的工作对象是形形色色的老百姓，他们的文化修养、认知水平与大学生村官在高校中交往的对象存在较大差异。一是要换位思考，有同理心，将心比心，能设身处地地感知、理解村民的所思所难所盼；二是要理解和尊重工作对象，耐心倾听，有良好的情绪自控能力，明白为村民服务是大学生村官的职责所在；三是要改进群众工作方法，采用村民能听得懂的话语体系和工作方式，与村民“掏心窝子”。

如果心理调适这一关你没有过的话，可能后面开展工作会非常困难。农村的环境确实很复杂。这个复杂性在于人和人相处的复杂性，不是那种人际关系复杂，只是我们面对的人群，比如说，咱们之间可以开一个视频连线就开始对话，但是你在村里不能通过这样一个简单的对话、一个视频或者一个音频，就让村民开口讲他的真心话。但是我们要面对这些落差，而且要面对跟村民、跟村干部、跟镇领导干部对话的，还要面对区里的领导和外面同学的相互之间的信息交错。我曾经有一段时间觉得整个脑子要”爆炸“了。(大学生村官10号)

然后就是做工作的时候要学会照顾别人的情绪。有时候与同事或者村民打交道，你得考虑别人的情绪，他们不理解你的工作，或者诉求得不到解决，就会闹情绪。你得把这个问题解决好。(选调生2号)

3. 自我审视：人生职业规划调适

大学生村官入职时多在25岁左右，正处于人生中青春美丽、充满活力的黄金阶段。大学生村官在基层任职期限多为3年，除了处理日常工作事务，还面临期满找工作、升学、结婚等人生大事。履职阶段，在他们进一步了解体制和基层工作的同时，也进一步认清了自己的需求，并通过对自己工作状况的审视评估，及时调整人生规划。这既有利于其适应当下的工作，也有利于其合理规划未来，正确处理好当下和未来的关系。

优秀的大学生村官……首先需要对自己的职业路径规划非常清晰，要能够清晰地定位自己的职能和职责，并且在这个过程中克服千难万阻、连接资源，要“十八般武艺样样精通”。(大学生村官10号)

我觉得工作一定要有规划。(选调生2号)

自己也觉得要制定一个近期和远期的目标，更加脚踏实地一点，更加沉稳，不那么浮躁，对自己有一个更加清晰的认识。(选调生4号)

(三)实践工作能力

实践工作能力是指大学生村官在基层工作实践中所需要的技能技巧，具体表现为学习能力、沟通协调能力、执行能力、创新能力和领导能力等。在具体实践中，大学生村官会经历理想与现实的碰撞，原有的知识观点会与实践情景发生融合、碰撞，相互构建，逐步内化，从而在实践中形成一定的能力。

1. 学习能力

一般的学习能力是指人们在正式学习或非正式学习环境下自我求知、做事、发展的能力[①]。具体到大学生村官工作中，学习能力是指在工作中的自学能力、接受理解能力以及迁移运用能力，即大学生村官在履职过程中，对未接触过的事务，能通过多种渠道找到答案；对村干部的讲解能够接受并理解，内化为自己的认识和理解；对习得的知识技能能够迁移运用，处理工作中相同或相似的事务。

在工作中，不会的你就得去搜索；人家所有人都不会，就等着你呢。这个工作就你自己干，你只能摸索，先自学，然后把这个工作完成，同时你自己也学到了东西。（大学生村官 4 号）

当时有一位领导带着我们一起学习，就是学写作、学这项工作怎么推进。他做这项工作，我们就在旁边一起看，然后学。领导带领（我们）组织一个学习小团体。当时有一个这种机制。（选调生 1 号）

我在这边工作之后，才真的知道学习能力非常重要，学校里教你的那些技能，有时候在这边的作用其实很有限。在这里学习，一是跟人学，就是看他们怎么处理这些问题；二是从事情中学，总会遇到一些棘手的事情，然后怎么学习处理达成。每次遇到一个新政策，都是要重新起步的，所以你要是了解政策是怎么要求的，要先问清楚具体的意图；三是你得把这个东西给村里的书记、主任汇报，看看他们有什么思路，他们也会带着你一起干，有些都手把手教。（选调生 2 号）

2. 沟通协调能力

作为基层的工作人员，村干部是联系上级镇政府的重要工作桥梁，更是联系群众（村民）的重要情感纽带。沟通协调能力是大学生村官在实践工作中最需要的一项能力，关系到能否把老百姓团结在周围，能否把党中央各项惠民政策认真落实。沟通协调能力在工作中具体表现为：一是在待人接物上，能把群众安危冷暖放在心上，把小事当作大事来办，切实解决群众“急难愁盼”的问题；二是能用群众喜闻乐见（聊天唠嗑）、易于接受的方法（案例对比）开展工作，达到宣传教育群众的目的，提高群众思想觉悟，让他们的心热起来、行动起来；三是能自觉运用法治方式化解矛盾，用法治思维处理和解决问题，维护社会公平正义。

一是沟通亲和能力。你要面对的是普通老百姓，当然也有一些是村干部，必须非常有亲和力，然后再去沟通；在沟通过程中，你要非常有耐心、非常热情，不能让他们觉得村委会的门难进、脸难看、话难听。老百姓对你评价好不好、听

① 王济平：《学习能力培养探析》[J]，《江西师范大学学报》，2004（06）：103–105。

不听你的，关键就是沟通。（大学生村官 3 号）

比如我们村吧，有一个特别出名的“上访户”，每年到镇上（上访）不少于 20 次，没事骑个三轮车带着老婆就去上访。拿他也没办法，因为他就上访，也不闹事，就在那里堵门……然后我就会去，有事没事就跟他去聊。其实他这个人，你要跟他聊，他也会跟你聊，慢慢他会把你当成朋友，说一些他自己想说的话。慢慢地我就知道了他为什么去上访，其实还是家里的利益分配不均——门前的公路被占用了，当时怎么没有给他补钱，别人都补了；或者说他补得少、别人补得多，为什么没有解决？知道原因之后问题就好解决……你就跟他讲原则，然后多沟通。慢慢地他就知道，其实政府也不容易……你跟他讲了之后，他慢慢就会觉得，其实我们不容易，工资也不高，也挺累，平时防汛都冲在第一线。他知道这些之后就跟我说，把诉求降低，只要满足他就不去上访了。我跟书记沟通，然后就达成了一个和解协议。（大学生村官 6 号）

3. 执行能力

作为乡村振兴政策的推动者和执行者，大学生村官在日常工作中最重要、最常做的工作就是抓政策落实。一是做好“上传下达”，发挥桥梁的作用。农村工作的主体是农民，一方面需要用农民能理解的语言和方式将党和国家的政策、路线和方针传达到基层，做好思想工作，保证大家“心往一处想，劲往一处使”；另一方面需要对民意进行有效跟踪，将政策宣传包括在具体实施中衍生的诸多问题，及时反映到上级党委和政府，同时也把上级相关意见及时反馈给村民。二是抓“政策落实”。乡村振兴战略实施效果到底如何，关键看落实能力，即把政策任务进行分解，并具体有效地落实到不同地区、不同村庄，保证“干成事”。

执行能力是保证“上传下达”有效的关键。这就要求，一是站位正确，充分理解政策，以保证执行的方向正确；二是在执行过程中，要对具体任务或者政策进行拆解，疏通执行环节的障碍，努力完成上级交付的任务。

优秀的大学生村官其实就是干好村里的本职工作，然后把自身学习、自身建设好了。你本身就是村干部，你要干的就是辅助书记疏解矛盾，干一些工作。（大学生村官 4 号）

在基层工作，尤其是在村里，跟人打交道比较多。我们做美丽乡村拆违建的时候，是我接触矛盾最多的，因为要把老百姓家房子的多余部分拆掉，一是要给他讲

明新政策，二是要跟他说明利害关系。这其实是很难的，千头万绪。（选调生2号）

4. 创新能力

创新能力是指大学生村官在对工作内容与村务村情认识理解的基础上，通过研究分析实际情况，进一步发散思维、撬动资源、举一反三，寻求解决问题的新思路，切实改善当地情况，发挥其“智囊团”的作用。

我们其实可以跟技术部门直接取得联系。就像刚才说的虫害防治，我们可以找农业农村局，他们有植保科、植保站，或者是找农业院校的老师、专家，现场给我们做技术指导。很多工作我们都可以做得到。（大学生村官2号）

首先是要有基层的基础调研，然后再去实践，实践完再给出自己的一些想法或者建议。像H那种就很厉害，带村民种西瓜，然后就致富了。（大学生村官10号）

5. 领导能力

除了上述四种能力之外，优秀的大学生村官还应具备一定的领导能力。领导能力是指在工作中发挥带头作用，充分利用人力和客观条件，发挥主动性调动工作团队积极完成任务，提高整个团体办事效率的能力。与执行能力不同的是，执行能力更多侧重于听从上级的指示和安排，而领导能力更多侧重于大学生村官自身对工作的安排调度。选调生3号的访谈所显示的领导能力的表现为：一是全局观念，纵观全局，整体统筹；二是运筹帷幄，合理分配工作；三是调动资源，最大程度调动各种积极因素；四是模范带头作用，主动承担责任，能顶住压力，积极号召带领大家一起完成任务等。

我觉得，首先得站位高，就是认识问题的角度一定要非常正确，毕竟领导更多的是决定某项工作，而不是具体去推进……其次要有自己的一个决断力；再次要对业务非常熟悉，例如对科室今年主要部门的主要工作任务得了然于心，只有这样，才能更好地安排工作，把握每项工作的整体进度……最后要有能够调动同事的影响力，大家尊重你并且服从你的命令，能够配合你干好工作。（选调生3号）

（四）精神品质

由于村务繁杂，很多大学生村官在受访时都提到了心态、思想认识和觉悟。

1. 态度端正

首先，心态要摆正，态度要有，工作中要脚踏实地、吃苦耐劳，细心耐心、认真严谨等。

品质上，一要脚踏实地，二要耐心细心。我觉得就是脚踏实地、耐心、细心。（大学生村官 10 号）

2. 心态积极

心态积极表现在进取、阳光（给别人带来愉悦），珍惜当下，不虚度光阴，感恩知足等方面。

另外，我觉得既然选择了去当大学生村官，这 3 年就好好干，把自己付出了，就在村里扎根，好好学习。我觉得一定会有收获的，时光不负有心人。（大学生村官 3 号）

我认为，一个优秀的大学生村官，要有一定乐观的心态。有时候我们不可避免地会遇到一些矛盾，包括与人的矛盾，因为基层与人打交道比较多，很多时候因为一些政策的问题，包括一些他的诉求什么的，很容易起一些冲突。一天下来，加上工作，会给你带来的一些压力。如果没有一个乐观的心态，恐怕很难坚持下去。你要从一些好的事物、好的角度去看待遇到的困难，包括与人的一些矛盾，才能坚持下去。我们身边的优秀大学生村官都是这样。首先，他们能坚持 3 年，必须以一个乐观的心态去处理身边的人和事。其次，他坚持下来了，并且学到了很多有用的技巧。我觉得这些基层锻炼的日子，你以后回忆起来也会觉得挺有意思。（选调生 2 号）

3. 心怀理想

多名受访者表示，想做好村干部工作，就要有理想和信念支持。坚定的理想和信念有利于跳出日常工作，从国家层面、党的层面认识到基层工作的价值。对党员来讲，有必要增强自己的党性，时刻与党中央保持一致，思想上保持先进性，工作中坚持原则性，做到积极拥护党的决策、充分理解政策、坚定执行政策。

人家都说扎根基层、锤炼自我，包括一些理想，以前觉得这些话很空，但是我现在真的觉得要扎根基层，要真真正正地去为基层、为村民、为百姓，你是去做实事的……通过这样一个经验，让我对这句话有了更深的理解。真的是扎根的

（基层），真的是为他们在做事，真的是改变这一个村的状态，让他们过上更好的生活。（选调生 2 号）

我觉得，选调生这种培养方式，不是说要让你真的到基层去成为一个社工，这不是它的意义。它的意义是：我要去了解基层，了解基层的情况，我有这种基层的思维，以至于以后到更高的平台上去，有一天我成为政策制定者的话，就可以考虑政策到底在基层能不能贴合实际，到底能不能起到它应有的效果。我觉得这是选调生的意义。（选调生 4 号）

乡村振兴的内涵十分丰富，既有对改革开放以来的"三农"政策的历史继承，也有根据新时代变化进行的创新发展；既包括经济、社会和文化振兴，又包括治理体系创新和生态文明进步，是一个综合概念。不同的历史时期对大学生村官的具体能力需求可能存在一定差异，但总体而言，随着经济社会不断发展，对农村基层工作人员的能力要求越来越高。

从上面的分析可以看到，2013 年以来，大学生村官所需要的能力素养越来越具有综合性，要"十八般武艺样样齐全"（大学生村官 10 号），同时这些能力素养也是分层级的，有保障基本工作开展的（如基本办公能力、执行能力），也有优秀大学生村官的能力（如领导能力、创新能力）；有对普通工作人员的要求（如态度端正、心态积极），也有对党员干部的特殊要求（如先进性、原则性）；有外显的能力（现代办公能力、公文处理能力），也有内在的素养（精神品质）（见表 1）。不同的大学生村官对国家、对职业、对自己的认知不同，表现出来的工作态度、工作作风、精气神也有所差异，直接影响基层工作的开展和效果。

表 1　　基层工作所需要的能力和素养

核心编码	一级编码	二级编码
基本办公能力	现代办公能力	电脑操作
	公文处理能力	记录归档
		收发文件
		公文写作
	知识储备	专业知识
		村务知识
		党务知识

续表

核心编码	一级编码	二级编码
调适能力	入乡随俗	不搞特殊化
	换位思考	正确定位
		同理心
	自我审视	人生职业规划调适
实践工作能力	学习能力	自学能力
		接受理解
		迁移运用
	沟通协调能力	协调村民
		上传下达
		同事交流
	执行能力	理解会意
		信息采集
		操作执行
		应急处变
	创新能力	发散思考
		整合资源
		举一反三
	领导能力	全局观念
		运筹帷幄
		调动资源
		模范带头
精神品质	态度端正	脚踏实地
		吃苦耐劳
		细心耐心
		认真严谨
	心态积极	阳光向上
		珍惜当下
		感恩知足
	心怀理想	乡村振兴，中国梦
		为人民服务，价值实现
		党性：先进性，原则性

（五）能力的变化

农村基层是高校毕业生熟悉当代中国社会、了解中国基本国情的最好课堂，也是我们党培养人才、锻炼人才的重要阵地。大学生村官通过3年基层工作的锻炼，其经常使用的能力与素养得到培养和提升，一些不常用的能力产生退化。

1. 能力的成长

访谈发现，大学生村官能力成长主要表现两个方面。

一是熟悉村情村务，加深了对基层组织的认识，对党和国家的大政方针有切身的体验和感受。

来之前我一点都不了解，觉得村里啥事都没有，村委会特别闲，但真当了大学生村官之后，从我开始干，就觉得事情特别多，基层特别不容易。（大学生村官4号）

我觉得一个比较大的认识就是对党组织的认识。去之前，对党的组织建设没有比较实际的了解，感觉就停留在学校里的入党或者一些先进事迹层面。到了村里，觉得北京农村党组织在整个发展、村务上真正起到了先行引导作用……党员确实发挥了带头作用。（大学生村官10号）

二是通过大量的实践，提高了公文写作和沟通协调能力，待人接物方面的能力也有较为明显的改善。

写作能力有一定提高，因为经常写。每年都会有年度总结，也会开生活会、党员会，准备发言稿或者做会议记录。这些对写作都有一定的提升作用。（大学生村官5号）

这个要看你往哪方面走。如果你欠缺基层经验，我觉得还是在村里好一些。这样的话，与人打交道，跟村民打交道，能学到很多。（大学生村官6号）

除了提升公文写作能力，还有一个就是工作的这种协调，（包括）组织协调能力、沟通能力，在镇里都是有提高的，然后还有分析复杂事物的能力。（大学生村官10号）

2. 能力的退化

农村基层工作整体要求相对不高，部分简单重复的工作以及村中闲散的氛围会使部分大学生村官产生惰性，导致某些不常用的能力（如调查研究能力等）退化。

对我现在的工作真的没有什么帮助，相反，我觉得当大学生村官把我的能力削弱了。毕业那会儿，我是去B大当科研助理的，满心都是跟着教授、副教授去做科研项目；然后到村里，就干点那种简单（工作），或者到镇里面干的（工作），你要说写作，也有一定的难度，可能就是公文格式，但是对你的深度思考、逻辑方面的学术素养的锻炼，真的全部回到“原始社会”，“还”给老师了。我现在这份工作，领导经常跟我说，你干的目的、意义是啥？你写这个的前后逻辑是什么？真的觉得自己把这方面的东西都给丢了。（大学生村官9号）

二、大学生村官的能力和素养的获得

探讨大学生村官能力和素养获得的方式方法，一方面可以通过过程分析的方式，对基层人才培养的有效性进行检验；另一方面有利于归纳总结实践类人才培养的有效路径，对其他类别基层人员的培养产生借鉴意义。

（一）能力和素养的获得路径

通过访谈，编码分析出大学生村官能力和素养的获得路径包括以下七种：自主学习、观察学习、培训学习、带领学习、交流学习、实践学习和榜样学习。通过对各种能力和素养获得途径的类属分析，可以再将其归为三类：主动学习、被动学习和交互学习。

1. 主动学习

主动学习是指大学生村官、选调生出于自身知识、情感的需要或者出于自身的兴趣，主动地学习各方面的知识和能力，包括自主学习、观察学习。

（1）自主学习，指大学生村官自己主动地学习各种知识和技能。

多读书，我在从事大学生村官那会儿买了很多书。屋里有书架，进屋里就能看到，全是书，平时多练练写作；还在网上听一些课、讲座，一般都是大学老师的讲座，关于我们专业的，法学、历史、人文、哲学……范围挺广的，也不是有规律地听，想起来就听一听。有时候，有个讲座我就会过去，但这种不多，因为到那个地方要3个小时。（大学生村官6号）

如果是业务上的问题，有时候就自己动手找一些资料，包括笔记本、网络上，都可以找到一些，还有之前的会议记录，也都可以学到一些东西。我觉得要是有需求，就不如直接搜索相关的内容，获取也会更快。（选调生4号）

（2）观察学习，指在基层工作期间，大学生村官观察其他基层工作人员的工作表现、工作方法、工作效果，从而获得相关能力和工作技巧。

因为我们别的村做得特别好，你如果观察一下的话，就会发现，他们有些做法和经验特别值得学习。（选调生2号）

更多的是一种观察学习，没有人专门带你。（大学生村官9号）

平时细心观察，因为别人总有比你做得好的地方，多看看别人是怎么做的。当时，我就细心地跟别人学习，观察别人是怎么做的，比如说党员带头啊、发一封信啊、开动员大会啊，等等。我们也遇到了一些阻碍，后来Q村的拆违工作也是按预期完成。我们的“美丽乡村”也做得挺好的。我们那几个村成为示范村。（选调生2号）

2.被动学习

被动学习是指大学生村官在能力培养过程中扮演受教育者的角色，被动地接受知识和能力的传授，包括培训学习、带领学习等。

（1）培训学习，指大学生村官通过接受培训而获得相应的能力和素养。培训学习又分为两种形式，一种是入职前培训，另一种是任职期间的培训。大多数大学生村官对培训持肯定态度。

入职前培训：我觉得还挺有用的，首先你了解全区的情况，然后会有一些优秀的往届大学生村官来分享工作体验，包括传授一些公文写作技巧，完了之后，负责公共治安的那些领导再给你讲一下，遇到矛盾该怎么处理，遇到什么事情你该怎么办。所以我觉得还是挺有用的，在后面的工作实践中也用到了。（大学生村官1号）

入职期间培训：培训效果我觉得挺好的，因为工作后很少有这种半个月的时间让你去脱产培训，这种机会挺少的、挺难得的。（选调生1号）

（2）带领学习，指由具有丰富基层工作经验的资深工作人员对大学生村官进行“传帮带”。这种带领学习包括知识经验的传授、指导带领，以及遇到困难时帮助解决等。

我在村里3个星期，然后就被借调到镇里组织科。我当时同时兼着村里的工作和镇里的工作，经常村里、镇里两头跑，在镇里是科长带，到村里是村主任带。（大学生村官2号）

2017年，我们村来了一个第一书记，是设计院来的，对于来我们村帮扶最大的就是把党建这一方面更规范化了。我也学到了很多东西，就像有一位老师在教我一样。（大学生村官4号）

3. 交互学习

交互学习是指大学生村官在基层工作期间，与人相处过程中，自身的能力和素养逐渐得到提升，包括交流学习、实践学习和榜样学习。

（1）交流学习，指大学生村官在与周围人沟通和交流过程中获得的新能力。交流对象包括大学生村官同伴、前任大学生村官、村干部、村工作人员等。

与同伴的交流学习。

我们之间相处得比较好，有什么问题大家相互沟通、相互交流。你有不懂的，大家也会帮忙解答。（选调生3号）

当时，大家都住在统一提供的宿舍里，一起生活、一起玩、一起吃饭，关系还是比较好的，会交流一下业务，私人交情也不错。（大学生村官11号）

与村干部的交流学习。

到了之后，多多少少你都是“外人”，需要多跟书记、主任去了解情况，（谋划）这个村到底应该怎么发展。如果你一味地按照自己学的方向，说我这么学，我也了解新农村建设应该按照这个方式发展，那可能好多村根本就不是这样。所以说，跟书记、主任沟通，我觉得还是很重要的。（大学生村官8号）

就是来回沟通、协调，天天不停地打电话问区里负责的这个人，然后跟他们交流，一点点学呗。（大学生村官10号）

（2）实践学习，是指大学生村官在工作期间通过各种基层实践，使自身能力得到发展变化（干中学）。这是大学生村官获得能力的最主要也是最普遍的方式。调研中，所有被访对象都有描述自身在基层工作期间的发展变化，有几位着重强调了实践对于基层人才成长的重要性。

你老坐办公室解决不了矛盾。你看我天天坐办公室，我能像我们主任一样，出去解决这种矛盾吗？解决不了。……我觉得还是实践中拉练比较好。（大学生村

官2号）

更多的是自己在实践中摸索，而不是别人带着去学习。（大学生村官9号）

（3）榜样学习，指大学生村官与基层工作人员相处过程中，受到其优秀精神鼓舞，在潜移默化中提高自身能力和素养。相较于带领学习的方式，榜样学习更多强调的是优秀工作人员对大学生村官的精神鼓舞，而非对实际工作的具体指导和帮助。

我觉得榜样的力量是很大的。一级带着一级干，一级做给一级看。有时候你说再多，不如做一件事，对后来人影响大。因为他们会看，他们有思想，他们知道你是一个什么样的人。（大学生村官2号）

基本就是榜样教育吧。我觉得会找很多你真的敬佩的人来切身地讲，讲他们工作过程中的切身经历，一些终生难忘的事。我就听过一位书记的故事。之前起山火的时候，他们收到好多基层干部的请愿书，愿意挡在山火的前面，守住这方百姓，非常令人感慨。（选调生4号）

（二）不同路径的适用情况

1. 主动学习的适用情况

（1）自主学习。大学生村官较为常见的一类自主学习是为了获得解决具体工作问题所需要的技能技巧而学习，一般目的性比较强，有急切的工作需要和时间期限，往往要求“短平快”，且能及时有效解决问题。这类学习多借助网络搜索，或者套用模板进行模仿。

（我）最开始学的是市场营销，根本就不沾边儿，对于党建真的是一点边都不沾。最开始接触的时候，只能是通过他们往年，就是去年、前年、大前年写的党建、述职述廉、工作报告和党风廉政建设总结等，还有就是电脑里存的会议纪要，一点一点地套用他们的模板、套用他们的模式，再把今年的工作都给填上。（大学生村官4号）

另一类自主学习则是出于自身发展需要，也许是为了考研，或出于自身的兴趣爱好，一般需要系统深入地学习，属于夯实基础、增加底蕴的学习。

我们应该是五点或五点半下班，根据冬季、夏季而调节。我回到那边以后，

基本上就是先去食堂吃个饭，然后就回宿舍看书了。我是利用了晚上的时间。（大学生村官 11 号）

我主要就看党建方面的（书）。最近在看生态方面的（书），觉得挺有意思的。有的时候老师会给你讲历史方面的（书），我都会看。（选调生 4 号）

采用自主学习的大学生村官，其学习目的明确，学习动机强。相较于其他能力的获取途径，自主学习需要的自驱力更强。

（2）观察学习。大学生村官通过观察他人的实践工作，从中学到自身在工作中所不具备的能力。相比于交流学习，观察学习可以更直观地感受到他人实践工作的能力。观察学习更适用于学习一些难以通过资料阅读而获取的能力。

当时我是路过。他们临危不乱，控制住当时的场面，让这个矛盾不继续扩大。这对我的影响比较大。我当时在想，如果是我的话，我控制不了。（大学生村官 2 号）

上述这种处理紧急事务的能力，是交流传授不了的，而通过观察工作经验丰富的工作人员，则可以行之有效地掌握和学习。

2. 被动学习的适用情况

（1）培训学习。大学生村官都是刚走出校门的大学生，对于基层的情况所知甚少。集中培训可以快速高效地在短时间内将工作所需要的知识、能力和素养灌输给大学生村官，让其掌握一定的基本知识、能力和素养。大多数大学生村官对于培训的作用持肯定态度。

我认为培训还是有用的。大学生村官有差不多 70% 来自城市家庭，对农村并不了解，他们不知道大学生村官的概念是什么。通过培训，让他们先有一个初步的了解，在培训的过程中，老师会讲解大学生村官是干什么的，这 3 年的主要任务是什么，还有一些规划，都讲得很明白；加上一些实践性的活动，把大学生村官的团结力、凝聚力都给你建立起来。总体上我觉得还是有必要的。（大学生村官 6 号）

（2）带领学习。适用于有丰富经验的村、镇工作人员带领进行，通过一对一的“传帮带”教学，帮助大学生村官及时解决面临的实际问题，能够更好地让大学生村官熟悉所处的基层环境，培养出实际工作中具体需要的能力。这既避免了传统培训学习中可能存在的脱离实际的缺点，同时也在学习中加强了大学生村官与村、镇工作人员的联系，建立师徒般的关系，有利于基层工作更好开展。

我觉得村干部也能教你很多东西。可能在别的地方学不到，只有在基层能学到。（大学生村官3号）

3. 交互学习的适用情况

交互学习是大学生村官的能力和素养获得的主要途径，贯穿大学生村官任职的始终，时刻影响着其能力和素养的变化。除了知识获取外，交互学习还塑造、涵养着大学生村官的精神面貌。

这位大姐的工作能力、工作态度非常好，就一直在鼓舞着我。（大学生村官11号）

以交流学习为例，这种途径适用于大学生村官的日常沟通和交流。大学生村官可以在与同伴、领导和村干部的日常交流中获取知识，同时建立信任关系。这种交互过程能让大学生村官更好地融入当地，增强大学生村官的身份认同。

跟书记、主任沟通，我觉得这块还是很重要的……小伙伴也都是大学生村官，互相沟通。（大学生村官8号）

反正还有很多困难。我觉得最主要的是要经常向书记、领导汇报，多请教，然后他们会告诉你一些经验、方法。这些是你在学校里学不到的，必须要通过交流来获得。交流非常重要。像我们书记，他就住在村委会的上面，距离村委会也就50米，有时候大家一块吃饭、聊天，工作氛围慢慢就建立起来了，有什么问题可以直接跟他说。他不会把你当外人，你也不会把他当外人。直到现在，我跟我们书记的关系都非常非常好。（大学生村官6号）

部分大学生村官也把基层工作期间结识的同伴当作自己的重要收获。

第三个收获就是有了一些非常亲切的朋友。工作当中的一些朋友、同事、前辈，他们对你帮助非常大。（选调生4号）

三、大学生村官的能力和素养面临的困境

访谈发现，大学生村官的能力和素养面临一些共同的困境。

（一）能力退化

大学生村官面临的主要困境是能力退化。如前文所述，大学生村官的部分能

力在实践工作中得到锻炼和提高，但相对的，久而不用的能力则逐渐退化。这种能力退化困境的成因是多方面的。初来乡村的大学生村官，往往会在自身的松懈和农村闲散氛围的潜移默化中将不常用的技能逐渐淡忘。工作环境简单、任务要求低等客观条件的限制也是促成这一困境的催化剂。

1. 自身原因

大学生村官自我松懈是能力退化的原因之一。现实中，大学生村官之间的理想信念也不尽相同。

大学生村官就是两种人，一种是越干活儿越多的，基本上还算比较积极上进的，出路也多是去了政府机关；混日子的也不能说人家没有理想信念吧，可能也没有想走公务员这条路。（大学生村官 1 号）

大学生村官里面有很多人的能力也不差，也很聪明，只不过他们态度没有那么积极，工作态度也不太行，3 年之后可能变化没有那么明显。（大学生村官 3 号）

大学生村官个人的素质和原有能力也在一定程度上影响其能力是否发生退化。工作交接中，如果大学生村官自身基础学习能力较强，则很容易“捡起”工作，在巩固原有能力的基础上习得新的工作技能与经验，从而顺利完成交接，担起责任；但是，如果大学生村官自身基础学习能力较弱，则很难在实践工作中“从无到有”“从弱到强”而巩固提高能力，甚至因根基不稳而更容易出现能力退化。

我还没走之前来了一个选调生，他比我厉害多了，他能“捡起来”。这个不用担心。我也跟他做了一个基本的移交。（大学生村官 7 号）

我走了之后，据说我们村的这块工作就“瘫痪”了。虽然我交接了一年，培养了那个大哥很长时间，但最后没能成功地接手。（大学生村官 1 号）

2. 马太效应[①]

在大学生村官工作中存在“马太效应”。能力强、办事积极的大学生村官会得到大家的喜爱，容易被“派活”，得到更多的学习和锻炼机会，在工作中强化能力，继而得到重用；而能力较弱、被动型的大学生村官更容易“闲置”，或者委派能力要求不高的活，长期下来就会出现能力退化现象。实践工作中的“扬长避短”也可能在结果上反映为马太效应，即大学生村官在强项的能力方面更加显露精进，

① 马太效应：指好的愈好，坏的愈坏；多的愈多，少的愈少的一种现象。

短板却因得不到锻炼而越来越弱。

通常就是你越能干，手里的活越多。（大学生村官 1 号）

3. 农村工作要求低

“近朱者赤，近墨者黑。”人在很大程度上会受到环境的影响，布迪厄的场域理论中提到了“惯习”的概念[①]，即个人所生存的客观条件和社会经历会以无意识的方式内化并产生持久影响。农村生活节奏缓慢，氛围较闲散，大学生村官身处这样的宽松环境，如果缺乏规划和自律，极易产生惰性，不知不觉降低自我要求，致使能力退化。

因为基层的要求没有那么高，反倒让我觉得有了一些惰性。因为他们那边生活节奏确实要慢一些，村民的文化水平也不是特别高，反正很多工作就是从我自己的角度觉得才做了百分之五六十，但人家说这样就可以了，你就这样交工吧，所以时间久了，就觉得对自己的要求是有所降低的。换到这个单位的时候，刚开始我都有点不太适应，因为节奏明显要快得多。（大学生村官 1 号）

4. 某些技能缺乏实践机会

能力是在实践中不断巩固和提高的，而农村基层简单重复的工作内容、模糊的职责定位、较低的工作标准等使得大学生村官在实践层面失去了巩固和提高能力的“土壤”，从而限制了相关能力的维持和培养。例如，调查研究能力，即使大学生村官有心调查村情，也会因为考核标准的单一而迷茫。

我想做田野调研，那我可能在村子里就先应付这些工作，应付完了之后只能找我的导师；但是找了我的导师，我做了这些工作，每个月填的考核表和我做的这些事情又没有任何关系，没有办法形成一个良性的机制，就是这种感觉。（大学生村官 10 号）

大学生村官的能力施展同样受到农村资源支持不足的限制。很多情况下，大学生村官空有想法，难以在工作中大展拳脚，感到“有心无力”。这也在一定程度上影响他们在基层工作的信心，导致相应能力的退化。

就说这种平台吧。你要想把这个工作做好的话，不只是你拿了一张文凭，把人放到村里去就行了，你得给他各个方面的资源，比如说要想发展产业，带动村

---

① 李全生：《布迪厄场域理论简析》[J]，《烟台大学学报（哲学社会科学版）》，2002（02）：146–150。

民去增收致富；比如说他想养蜂，带着村民去养蜂，一方面，他要跟村里去筹集资金，另一方面，上级的配套政策，你有没有资金支持或者你给他们邀请相关的专家来指导，这方面很重要。有些大学生村官可能想干，但是他们没有这方面的便利条件，所以最后也就（没干成）。可能第一年刚去的时候雄心壮志，想为老百姓干出点什么事来，第一年过去了，啥事没干成，第二年基本上就没心气儿了，接下来就这么混过来了。不仅自己的能力没有提高，本村的村民没有受益，个人的前途也就这么……相当于3年荒废了。一毕业这3年还是非常宝贵的。（选调生3号）

（二）能力提升困境

大学生村官在努力通过不同路径获得各种工作能力的同时，也面临一些困境和局限。

1. 主动学习的困境

自主学习的困境在于大学生村官缺乏自主学习的时间。大学生村官出于自身发展需要或者出于个人兴趣爱好，想要自主学习时，常常陷入时间不足的困境。

大学生村官这段时间，基本上没有实践，因为你没有时间……这两年多，更多的是从理论上提高一下……因为上班之后假期就特别少。（大学生村官5号）

待的时间也短，然后，不是说你想做什么就能做的，而且还要（考虑）各个方面。（大学生村官7号）

2. 被动学习的困境

培训学习的局限性主要在于培训以输出为主，内容统一，缺乏针对性，难以做到因材施教。个别培训内容并不是大学生村官所需要的。这种培训学习反而成了大学生村官成长进步的阻碍。

（培训）效果不大，其实就是一个简单的概况，更多的还是你自己去现场，自己实地去看，接触真正的情况。（大学生村官2号）

并没有什么太大的作用，我们刚刚走出校园，对社会、对今后接触的党建工作不是特别了解，所以对于这方面的知识我们也只是听，但用处并不是很大。（大学生村官4号）

带领学习的局限性在于，过于依赖带领者本身的能力和素质。有时候缺乏合适的带领者，或带领者本身能力不足，则无法给大学生村官有效地传授知识和经验。

我们那个地儿是城乡接合部，可能城市化水平比较高，去的时候大家都跟你说，然后再加上那个地方变革比较大，像我们刚去半年，镇里面组织部的部长就换了。（大学生村官9号）

3. 交互学习的困境

交互学习的局限性在于交流过程中会出现摩擦和矛盾，如果处理不好就会影响大学生村官的日常生活和工作。

我记得在村里面发生的一件事。有一个同寝室的大学生村官，因为当时都住集体住宿……相当于学校的一个大教室，上下铺的床。因为这个空间摆放的问题产生了一定的摩擦……结果就是，你想去获取信息的时候人家不配合你。这个给我留下的印象特别深刻。同学关系与同事关系不一样，掺杂了很多利益在里面，不像在学校里那么单纯。（大学生村官9号）

交互学习容易受到环境的限制和影响，包括工作环境和社交环境等。有大学生村官表示，所处的工作环境对自己产生了负面影响。

在村里就是这种特别闲适的状态。但缺点恰恰也是这个，太闲了，有时候和这些阿姨、叔叔（时间）待长了之后，会被他们“传染”。因为他们没事，你也没有事，就不像企业那种，说今天八点半开会，你八点就要来，而他们就八点四十来，比较懒散。（大学生村官9号）

除了工作环境之外，如果所处基层的领导风气不正，也会使得大学生村官走入歧途。这一点在榜样学习的培养路径上体现得尤为明显。

四、相关思考和建议

大学生村官要做好基层工作，所需的能力和素养是多方面，除了要拥有“能干事”的显性工作能力（如基本办公能力和实践工作能力等），还需要具备“能干事”的隐性工作能力（如调适能力等）和“想干事”的精神品质（如坚定的理想信念等）。这些都是指引大学生村官不断学习进取的动力；而“干成事”则要进一步用好大学生村官能力获得的七大路径，即自主学习、观察学习、培训学习、带领学习、交流学习、实践学习和榜样学习。做好大学生村官的能力培养工作，促进大学生村官的成长成才，需要全社会共同努力。

（一）高校要重视育才

高校作为大学生村官的“源头活水”，应该重视对学生实际工作能力的培养，为基层提供综合素质更高和能力更强的毕业生。除了注重专业课程教学，高校还应加强对学生计算机网络技术、公文写作等与基础办公能力相关的培养。同时，开展职业规划指导与实习安排，促使学生接触社会，了解社会需求，明确自身现有能力水平和岗位要求之间的差距，尽早做调整，有意识地培养、锻炼自身的素质与能力。

（二）要重视“传帮带”

作为基层工作的“职场新人”，大学生村官到村以后的“师父”对其能力获得非常关键。好的“师父”不仅手把手“传帮带”，帮助其更好地适应基层工作，培养职业能力自信；还通过榜样的作用，从人格上感染、从理想信念上影响大学生村官产生职业追求，激发其精进职业能力的动力。建议基层组织要认真选拔带头人，实行导师制培养模式，用崇高的理想、丰富的基层工作经验和身边优秀的党员干部去感染和教育大学生村官，帮他们转换身份，扣好职业生涯的“第一颗扣子”。

（三）要敢于“压担子”

能力和经验来自实践，来自问题处理。基层组织要尽可能地破除大学生村官“外来”身份的壁垒，给其“放权”和压担子，让其有更多实践锻炼的机会，在实践中不断提升解决实际问题的能力，逐渐成长为能干事、靠得住的基层年轻干部。

（四）大学生村官要不断学习，提高自我

打铁还需自身硬。要想做好基层工作，大学生村官应该把基层工作、人生自我价值的实现和伟大的“中国梦”结合起来。一是要坚定自己的理想信念，认识

到基层农村治理工作的重要性及其对自身职业发展的作用，认真贯彻落实党和国家的路线、方针和政策，提高工作站位，勇担重任，逐步提高自己的政治能力、科学决策能力；二是必须加强学习，通过实践磨砺，不断提高基层工作能力，加强群众工作能力和抓落实的能力，获得解决实际问题的能力。

何玲　佘宇　周琪　吴昊　执笔

大学生村官农村社会融入及能动性策略

一、问题的提出

乡村治理体系和治理能力的现代化是持续推进乡村振兴、扶贫攻坚和新型城镇化等国家核心战略的重要基础，但现代化转型过程中人口在城乡之间的“跨界流动”（麻国庆、张龙，2017）使乡村的基层社会治理面临人才大量外流和党政干部队伍结构单一化等问题，制约着乡村治理的现代化和社会的全面振兴。

以大学生村官和选调生等为代表的高校毕业生农村基层就业政策是推动有现代知识、现代思维、现代眼光的优秀青年人才回流的人才农村“输入”战略，有助于改善农村干部队伍的人才结构，提高村干部的整体素质，拓宽培养选拔干部（李包庚、黄斌、魏娜，2007），推动中国的乡村治理从“硬治理”向“软治理”转型（钱德洲、刘祖云，2018）。作为都市嵌入型的智识青年（胡小武，2019），基层就业的高校毕业生群体也得到了国内研究者的普遍关注，既有研究肯定了“精英下乡”作为现代国家整合农村社会的有力方式（付建军，2010），推进了新农村建设和现代农业发展。而更多经验研究的视角则在“国家与社会”“身份与认同”等经典社会学研究的层面去观察和分析高校毕业生的基层适应问题。诸如毕业生缺乏基层工作经验（侯金超，2010），始终面临多样性的矛盾（郭明，2012），其中，“国家逻辑”与“乡村逻辑”的断裂是毕业生在“嵌入”村庄治理过程中遇到的主要困境，影响自我身份的认同（郑庆杰，2010）和制度的可持续发展（肖任，2012）。

从既有的研究看，基层工作的高校毕业生普遍面临社会融入的障碍。在现代化和现代性的西方社会学框架进入中国以后，社会融入的理论思考自然地围绕外来群体如何融入城市生活而展开，以反映快速变革的中国社会中深刻而特殊的城乡关系问题。而随着国家经济发展的调整和劳动力价值以及流动的政策引导，“由城到乡”群体的研究也逐渐注意到返乡群体同样面临的诸多社会排斥问题，城市生活已经留下的“烙印”使返乡青年的文化与社会融入表现出明显的城市化特征，而受到多重“隐形的社会排斥”（王成龙、武晓伟，2019），使返乡青年的社会融入普遍面临资源获取（周成军，2017）的压力，进而产生再社会化（李霞，2016）甚至“污名化”等问题。

而一旦将流动群体的社会融入看作对“已经存在的补缺性或支持性的制度安排”（Parsons C，1999）的被动适应过程，就很难看到他们试图充分融入地方社会的动态努力和主观性表达（徐丽敏，2014），或者将这种主观性的表达理解为对公民资格的强调或者对权利与利益的争夺（吉登斯，2000），而忽略其对社会总体团结的价值肯定（Collins，2003），以及在对现有制度和秩序的积极影响下，合法参与需求并希望从国家制度安排中受益的愿望（Parsons C，1999）。

这也就是说，流动群体社会融入的研究应该在普遍关注“入”的结果的基础上，更加充分地深描“融”的过程，将排斥作为“融”的过程的必然阶段，而着重分析“流动者”的能动性过程。作为理性人的高校毕业生本身就是“城乡反向流动”的典型代表，其农村基层就业的方向选择和实践行动都受到自身既有的和即将面对的社会关系的制约，其理性行动无论是面向经济效益，还是各种社会、文化、情感、道德等多种非经济效益（曹正汉，2010），都以获取效益最大化为追求目标（科尔曼，2008）。例如有研究指出，组织考察的外部需要与自身能力塑造的内在需要，成为高校毕业生投身乡村振兴的“理性选择”（张晓梅，2010）。

二、研究设计

本报告选取陕西省的 27 名有村（社区）工作经历的大学生村官，样本分布情况如表 1 所示。研究尝试采用田野深度访谈的质性研究方法和问卷调查方法，来深入描述其“乡村社会融入”的多重压力，呈现个体生动活泼的主观感受和情感体验，以反映这一群体相对稳定的认知特点和心态特征，并着重分析大学生村官在压力面前的主体能动策略，对于揭示这一群体的文化逻辑和文化观念，以及更全面地看待高校毕业生基层就业经历对其个人成长具有的显著意义，并为基层人才政策更好适应人才成长需要提供优化思路。

表 1　受访大学生村官信息列表

序号	姓名	入职时间（年）	服务时长	流向	受教育水平
1	欧某	2016	4 个月	另行择业	本科
2	王某	2017	2 年	考录公务员	本科
3	都某	2017	3 年	转事业编	本科
4	陈某	2017	3 年	自行择业	本科
5	小俊	2017	3 年	在职	本科
6	小青	2014	6 年	转事业编	本科
7	黄某	2011	9 年	转事业编	本科
8	高某	2011	3 年	考录公务员	本科
9	牛某	2010	6 年	转事业编	本科
10	孙某	2016	2 年	考录公务员	本科
11	刘某	2016	2 年	考录公务员	本科
12	尼某	2019	1 年	在职	本科
13	小浩	2016	1 年	另行择业	本科
14	常某	2016	2 年	考录公务员	本科
15	小汉	2010	6 年	转事业编	本科
16	殷某	2012	6 年	转事业编	本科
17	韩某	2016	3 年	转事业编	本科
18	张某	2013	4 年	转事业编	本科
19	杨某	2014	4 年	转事业编	本科
20	罗某	2015	4 年	转事业编	本科
21	小强	2012	6 年	转事业编	本科
22	小莉	2012	6 年	转事业编	本科
23	李某	2011	6 年	转事业编	本科
24	小颖	2016	3 年	转事业编	本科
25	尚某	2015	4 年	转事业编	本科
26	小欣	2016	3 年	转事业编	本科
27	倪某	2012	4 年	考录公务员	本科

注：表中信息来自调研团队的口述整理，所有受访者的姓名均为化名。

三、弱势身份的社会融入及多重压力的焦点释放

大学生村官制度作为一种嵌入性制度设计，承担着推动基层民主的发展（陈统奎，2008）和培养党政干部后备人才与新农村建设骨干力量的“国家逻辑”。然而，政策文件中对大学生村官的内涵、角色及其权责的界定，是将其独立地“嵌入”几乎陌生[①]的乡村社会中，使“非官非民”的身份定位（骆江玲、吴宸环、杨明，2019）和“边缘的他者”的弱势形象在实际工作中被不断强化。大学生村官在农村社会的融入中面临多重压力，并最终在城市性的刚性生活成本压力的焦点之下释放。

（一）共同体外的他者

中国农村社会长期以来相对稳定地维持着一个“熟人社会”的基本逻辑，即便在工业化和城市化所主导的城乡结构中，人情网络、亲属关系依然紧密维系着“无主体”（吴重庆，2002）社会的团结和稳定，使劳动力和资源向城市的流动实际上形成了乡村社会网络的外向溢出，而“权力的文化网络”则确保了溢出过程中的“中心”稳定，使其不至于彻底转变为整体性的结构性转移。因此，作为“权力的文化网络”焦点的村干部在争取乡村振兴的目标中既要起到“俘获精英”[②]的作用，又要处理好“俘获精英”后的利益平衡，因而整个过程对于村干部的结构性稳定的强烈要求又反过来加深了村庄内部关系的利益组织化（齐晓瑾、傅春晖，2006）形态，而更加排斥结构以外的不稳定力量。

而从政策文件中看，“空降”之后的大学生村官是国家机构在村级组织的“特设岗位”，并没有成文的法律条文对其特殊身份予以肯定，再加上外来的大学生村官缺乏本地社会关系基础和政治基础，自然很难得到村干部和村民的认可和接纳，而成为共同体之外的“边缘他者”。

---

① 之所以几乎陌生，是因为在大学生村官的选录和分配中，大部分报考户籍所在省区市的大学生村官职务，从文化地理学的角度看，实际工作的村庄对其来说并非完全意义上的陌生。但即使如此，很难有大学生村官会被分配到自己的原乡，被分配到户籍地的乡镇也属少数。而基于中国乡村熟人社会的基本特征所建构起的乡村共同体，对外来者来说是相对隔离的，因此从此意义上说，即将工作的农村社会对于大部分大学生村官来说是几乎陌生的。

② 文中的精英指的既是乡村经济发展的能人，也是左右乡村振兴的各种优质资源的人。

正如受访者王某所说：

就算报考前对陌生环境有过充分的心理准备，但真正开始工作以后才能明显感到不适应。留在村里的人普遍的文化水平偏低，对村务也不关心，他们不相信你的学历，只相信你的家庭和家族背景。村里人认为你就是“上面派下来帮忙办事的”，是来辅助工作的，也不是村里主要的当事人，所以有重要问题他们也不会找你。但就算帮忙办，很多事也都插不上手，有书记和主任在，一般也不让插手。有的村干部看你年轻，也难说话，工作起来就比较困难。农村的事儿不是那么简单，不仅是干事，还要考虑村里、乡里等各种关系。如果村会出现了一些不和谐的情况，那工作就更没法做。连书记都没法解决的矛盾，一个大学生村官怎么能推得动。

王某的描述体现了大学生村官进村工作后首先面对的困难，实际上反映了“下乡精英”的形象和身份背后宏大的国家政策意图与基层治理结构之间的不连贯现状。当前，国家治理体系现代化的基础是基层治理结构的统一与有效。在乡村社会中实际表现为村民自治过程中“小共同体”利益诉求的整合。作为“共同体”之外的他者，大学生村官因无法“同情”和代表任何一个“小共同体”的利益诉求而难以得到认可。

（二）势单力薄的有限资源者

改革开放之后，随着农村社会体制的不断改革，在政治环境中逐渐释放出了越来越大的自由空间，村庄中的非体制精英（李里峰，2017）开始发挥重要作用，并越来越娴熟地调和村庄利益和个人利益之间的矛盾与张力，在代理人、当家人和经纪人的诸多身份中转换自如。虽然国家治理体系的法治化与现代化最终目标必然要求将“依靠精英治理”作为农村现代化建设的过渡阶段（吕蕾莉、刘书明，2017），但在乡村振兴和现代化建设的时代任务面前，乡村的经济发展依然需要非体制精英，尤其是经济精英越来越多地承担起乡村中体制性“当家人”的工作。例如，陕西省礼泉县袁家村、宝鸡市东岭村等村庄，当地的经济精英返乡担任村“两委”干部，利用自身的资源网络整合乡村资源，实现了集体经济的快速增长等。

但在缓解就业压力的配套目标下，高校毕业生的基层就业途径实际上只是有限地对部分专业和层次的应届毕业生开放，这就造成了作为“知识精英”下乡的大学生村官，其文化与知识积累的“有限资源”价值只能在技术性、程序性和规范性文书工作中得以展现，一旦涉及人事调解和矛盾纠纷协调等复杂性问题时，便难以应对，更难有机会在农村产业发展等关键领域一展所学。

例如，许多大学生村官在刚入职时都做好了带领村民致富的准备，但在实际工作中却经常出现理论知识不对口、难有所用的问题，反而留下了“想法多，不踏实、纸上谈兵的空架子”等形象。此外，区域行政力量对农村发展的实际控制，也使大学生村官的许多切实可行的构想因政策资源的支持不足而难以实现。2012 年入职大学生村官工作的小强认为：

大学生村官的大部分工作是在村委会里面帮忙做一些琐碎的事情。有时候自己也很困惑，感觉每天的工作和大学学了四年的知识没什么关系。有一次，市里组织了关于农村电商的培训，还去了电商产业园实地参观。但是回来之后我发现，这里的环境不太适合，现在留在村里的大部分是中老年人，很难教会他们自己操作；我也找了几个年轻人合伙干，但是村里的水果品质一般，村民也没有能力更换更好的品种，所以电商的效益一直上不去，做了几个月就做不下去了。还有的大学生村官也私下抱怨理论培训与实际应用的差距，有人说他们培训时记了笔记，回去会跟村干部说，总被当作纸上谈兵，具体操作还是要专家来。

如小强所说，大学生村官缺少对乡村经济迫切发展的“同情”和处理农村具体问题的经验，自身的知识优势并不能很快地在农村工作中突显出来，即使有带领村民创业致富的意愿，但其自身有限的资源网络也很难为农村争取到合适的投资项目，再加上年轻人普遍缺乏风险意识和规避风险的能力，对于大多数农民而言，有知识有文化的大学生村官并不比善于种地或带着村民做生意的能人更值得信任。进一步分析不难看出，当前农村社会对于“下乡精英”的渴求，倒不如说是对精英所掌握的各种资源以及对市场经济的敏锐性等能力的迫切需要。

（三）刚性生活成本下的不稳定与焦点释放

近代以来，工业化的集中发展不断破坏传统中国社会城乡之间的动态平衡，资源和劳动力向工业区的流动，不断强化城市的吸附效应，进一步放大其对周边农村人力和资源的抽离能力，即使发展经济学引导的城市化被指为“物本”主义（翟东升，2019）而受到诸多的批判，也难走出自身限定好的“陷阱”。但是市场经济借助消费主义穿透城乡的物理边界，使劳动力的市场价值表现为城乡的显著区别，其差异明显地低于劳动力在消费意识层面的城区差别。从各省区市的政策文件不难发现，入村工作的大学生村官，其劳动力的市场价值明显低于供职于城市的同龄群体，但婚姻驱动和子女教育驱动为主导的刚性生活成本呈现出城市性的特征，二者之间的不匹配既是大学生村官融入乡村社会的隐形障碍，又是其从业不稳定的显性原因之一。

正如受访者张某所说：

工作以后首先面临的就是结婚的问题，这可能是大学生村官最头疼的问题，想要结婚就得先解决城里的房子、车子问题，就算双方父母帮着凑齐了首付，又会因为工作的原因长期分隔两地。除了房子、车子，结婚后有了孩子更麻烦。大学生村官的工资养家糊口都吃力，再多一个小孩就更难。村里又没有好的教育资源，就算两口子都在村里工作，也解决了编制问题，迟早会因为孩子上学而想办法调回城镇里。

从张某的叙述中可以看出，刚性生活成本给大学生村官带来的巨大压力。如前所述，现代性的消费文化已经穿透了城乡的物理边界，买房早已不是居住条件的显性象征，而附加成为婚姻与教育市场的物质性前提，又反过来催动城市化的进一步扩展（叶敬忠，2017）。因而在此之上的巨大开支实际上是年轻的大学生村官必须承担的刚性生活成本。也就是说，从劳动的收入与支出的层面看，大学生村官的收入是乡村性的，而必须面对的消费则是城市性的。

如果说收支的巨大差额是造成大学生村官群体长期不稳定的原因之一，那么“半职业化”的身份定位则是造成其短期不稳定的原因。国家的政策文件明确将大学生村官定位于体制的序列之外，因此这使得政策意图的真正达成出现了前后的断链，也即在《中华人民共和国村民委员会组织法》的限制下，进入体制之内是实现培养新的基层党政干部后备人才的基础，也就意味着大学生村官的“半职业化”必须通过进一步考核选拔获得体制内的身份。

正如受访者欧某表示：

大学生村官一个任期之后，最多再多一个任期，但大家都知道自己必须去考公务员，要么另找工作或者考研究生，所以这个工作太过渡了，给我的感觉只是一个志愿者计划，是公益性的、过渡性的。

从上述两个访谈可以看出，当前乡村工作面临的根本问题仍然是城乡之间发展的不协调造成的。城市性的消费文化与城市信仰进一步刺激了大学生村官乡村社会融入困境下的焦点压力感受。当“不稳定”成为大学生村官的象征符号时，也就更加深了其难以融入的程度。

四、应对策略

当代西方社会学界对于社会融入的理解走出了静态的一元排斥论的范式，注意到特定情境对个体产生的多元影响，并着重反思个体为了融入而进行的主观能动性的表达（Angus Cameron，2006）。上述的案例也客观地反映出，制度设计将大学生村官嵌入一个特殊行动情景。因此，国家在确保大学生村官获得制度给予福利的同时，也必须承担起制度要求的必要责任，做好村庄管理的临时参与者的工作，而这也与大多数大学生村官“服务农村，自我实现”的初心一致。这也客观上要求大学生村官能依据角色明确身份，并依据他人的反应构建角色认同，进而实施行动，重新展示自我（Sheldon Stryker，1980）。

实际上，大学生村官即使在农村工作中遇到诸多问题，也能凭借较强的主动性和学习力充分发挥自身能力优势，理性地整合有限的资源，弱化制度结构的负面影响，尽可能地融入地方社会中，并实现自身的成长发展。

（一）信任的建立：社会资本的运用与搭建

西方社会学的身份研究指出，个体的身份及其所负载的一整套行为规范、互动关系和意义符号，都是在个体对他人的理解中做出行动反应来加以呈现的（戈夫曼，2008）。因而理性的行动者对于困境中自我身份的认知和重新构建，也必然通过积极行动以转变他人对自己已经形成的印象，而信任的建立往往是大学生村官让地方社会重新认识自己的重要一步，也是重新整合社会资本的必要环节。

1. 方言是拉近距离的关键

文化人类学的研究将语言作为区分“他者和我者”的一个重要的符号，外地大学生村官将方言的学习和使用作为融入乡村生活的第一步。方言拉近了大学生村官与村民的距离，表达了大学生村官的友好态度，也削减了村民的排外心理。

受访者韩某表示：

我虽然是本省人，但是这边方言很多话我都听不懂，所以得请教村干部。我去的时候，我跟村民说普通话，有些不识字的村民完全听不懂普通话，所以我就经常和他们交流，慢慢去听懂，也去学习他们说话的语调，慢慢地，村民也更愿意和我交流了。

而返乡工作的受访者小莉也凭借方言迅速融入群众中。她说：

在跟他们（群众）说话的时候，我用的都是当地语言，基本都能交流。有时候闲了会看谁家门口有人聊天，我就过去跟他们聊一会儿，问问他们最近都干什么，有什么困难，需不需要联系专家、教授过来给指导；我也问他们最近有没有代办的事情，有些人年纪大，有时候就会让我代办。他们觉得我亲，我也觉得他们亲，所以我到村里之后很快就能正常地开展工作了。

2. 孩子是建立信任的“中介”

青少年是“空巢化”的农村社会中一个重要的群体。相对于成年人，儿童对外人更容易建立信任感，因此先获得孩子们的信任是大学生村官融入乡村的一个有效的方法。受访者张某曾用这个办法和村民建立了深厚的友谊。

我一个外地人，刚去村里工作的时候人生地不熟，很难和老百姓打交道。但我注意到，村里留守的小学生很多，于是我没事就去给小学生辅导作业，很快就和几家人处好了关系，没多长时间就得到了村里大多数人的认可；；后面遇到棘手的事，几户村民也会主动帮我协调，直到现在都和他们保持着联系。

张某的案例实际反映了大学生村官利用知识文化水平的特殊资源弥合了乡村教育资源相对薄弱的现实情况，也迎合了村民家庭的实际需要，背后是大学生村官在对生活环境的细致观察和理解之后，对于自身弱势资源的重新整合。

3. 参与是融入话语的最好表达

大学生村官的身份决定了其与村民在公共界面和私人界面相处的不融洽。因而，大学生村官在不同情境中对于自身身份的自主表达，也会左右其与村民互动的性质和方式。大学生村官张某就说：

农民是不和你讲政策的，你咋办？你要和人交流，必须转变你的工作方法，方式很重要，学会什么场合说什么话、做什么事是我当大学生村官最大的收获。甚至是做同一个工作，你要同时在大学生村官和朋友之间快速切换，既能让村民感觉到大学生村官的威信，又不伤害村民的感情而让矛盾激化，这大概就是村干部的老辣之处。村干部能很自然地转换身份，因为他们本身就是这个村的，真板起脸来喊几句，村民也不会真当你在用权压人。我们就很难做到这一点。所以我想出一个办法——多参与，在村委会里主动帮其他村干部做点力所能及的事，没事了就去村里走走，帮村民做做农活、打扫卫生。这样很快就不一样了。

受访者小莉学的是通信工程专业，她表示：

我大学学习的专业是通信工程，所以我就比较精通网络设备维护和更新，以及电脑、手机这些设备的操作和后台处理什么的。在农村也遇到好多这种情况，比如说远程教育的有些设备调试不好，打电话给电信局的人说忙不过来，最后还得通过我去调试；有的群众用微信可能有问题了，也会去找我。慢慢地，他们也会觉得我的专业对村里有帮助，很多工作也就好做了。

（二）自我的归属：自身定位和期望的重新调整

从之前的论述中可见，大学生村官身份的“不稳定性”来源于自身归属感的缺乏，影响到其身份认同的确立和重建。因而对自我身份定位与期望的自省和重新调整也是大学生村官普遍采取的应对策略。

由于经济基础薄弱，青壮年劳动力流失严重，政策资源有限，村民的自主性低。作为村里的“外人”，大学生村官更是难以成为产业先锋带动经济变革和发展。作为助理的大学生村官由于缺乏组织基础和个人权威，往往被安排到文职工作上，这样既不触及核心，又能够突出其知识优势。受访者罗某在评估和权衡自身处境后，重新调整自身角色定位和期望，她表示：

大学生理论基础肯定是比较好一点的，能够接受信息化，捕捉各种政策就比较快一点；弱项还是“纸上谈兵”，没有实践经验。所以大学生村官比较能起到作用的应该是文职这一类，就文字资料方面，但在产业、经济提升方面，起到的作用一般。造成这种现象是有原因的。现在村干部的年龄偏大，而我们现在都是无纸化办公，再加上工作压力本来就大，导致大学生村官不得不承担这一部分职能。

受访者小青所在的村拥有发达的乡村民俗文化旅游产业，她表示：

村里这边的发展已经有了一个成熟的机制了，我们去了发挥的更多是锦上添花的作用，做得更多的是服务性的工作。我当时做的（工作）主要是党建，不是明面上能看到的，多是内在的。我想把自己的本职工作做好，为我们的书记做好支持工作。

将自身定位为基层服务者的大学生村官，几乎不触及以调整经济结构为核心的村庄变革，而是通过乡风文明培育建设、民主政治建设、公共基础建设等方式改善乡村面貌。其中，最为突出的成绩在于大学生村官依靠自身能力推动组织规范化。大学生村官作为接受过高等教育系统训练的青年人才，拥有较强的学习能力和规则意识，在文书工作和流程规范方面能够发挥自身优势。这不仅有助于转变旧工作方法，还可以帮助大学生村官获得组织认同。受访者殷某表示：

村里给上面报的材料，基本都是我一个人弄的。你可以想怎么弄就怎么弄，你就是标杆，你就是最好的。我主要负责党建、社保和农业的工作。镇上的所有工作，村里都要对接，对接的人就是我。给村民办点事让人挺有成就感的。

同样，受访者常某也表示：

刚去的时候我做党员档案整理工作。由于之前做过类似的工作，所以一切顺利，两个月就完成了300多份档案的整理，可以说解决了他们过去多年想解决而一直没有解决的难题。

大学生村官在推进村组织规范化方面的作用也在地方组织部门工作人员口中得到印证。谈及大学生村官的作用和影响，Y区组织部工作人员表示：

我去一个村的时候，那个村的资料全部都是一个大学生村官做的。他们就和村干部不一样。村干部工作的方式方法比较陈旧，有些事可能几个人一商量就行了。但是他们不一样，比如说上级政府发一个议事规则，他们就能严格按照规则办事，完全按照合法合规的程序走下来。这个可能和他们受过高等教育有关，规则意识和纪律意识比较强。另外，他们在办公自动化方面确实给村里帮助比较大。村里最近几年的档案（管理）明显好很多，之前有些档案你找都找不到。村里这几年有这些人在，他们自然知道这个档案咋整（理）。这是一个很大的提升。

上述案例集中反映了大学生村官是如何主动融入乡村社会的，实际上是其身份感受经历了从模糊的感性认知到理性选择判断的认识过程。大学生村官工作的方式和方法的转变源自其对于乡村社会现场的主动和细致观察，以此为基础，对自身的重新自省历经了从感性认识对理性认识的结合，并在与村干部、村民等多主体的日常频繁互动中开始了理性的身份认同的建构。“政治理想”和“社会责任”（胡小武，2020）是大学生村官进行身份转换的基础，他们同样希望在乡村振兴的国家大战略中锻炼自己的能力，力争做出获得普遍认可的成绩。

五、小结：以长时段的微观视角对高校毕业生基层就业制度的再认识

通过细致观察和分析大学生村官是如何主动融入乡村社会的，有助于重新看待国家政策意图的多元嵌入（钱德洲、刘祖云，2018），以及对从个体成长的角度对高校毕业生的大学生村官经历进行全面的思考。

据《2013 年中国大学生村官发展报告》的数据统计，大学生村官有 86% 来自农村城镇，这意味着进村工作对于绝大多数大学生村官来说只是景观和人文生态的变化。诸多的实证研究也能证实，大部分大学生村官在去农村工作之前已经对农村工作条件和环境有了较多的了解，做好了相关的心理准备（王志刚、于永梅，2010）。而在价值观念的层面，大学生村官自身的“乡土根性”既是其感知“异文化”的主要参照标尺，又塑造了感知的过程、信念的形成以及判断本身（李丹，2009），决定了其生活态度、认知倾向以及处世哲学等都可以与乡村社会的文化心态达成一致，且很快交融在一起。

本报告以大学生村官为研究对象，有针对性地收集了多名大学生村官、地方组织部工作人员和高校就业指导中心负责人的个案访谈，并通过访谈情况与文献对照，分析大学生村官社会融入的困难与现状。研究发现，大学生村官在工作实践中存在的社会融入困境，源于这一制度的政策意图与基层的治理结构、迫切需求和自治现实之间的不对等。面对身份困境，大学生村官往往表现出较强的主动性，通过改变行动策略，利用制度规则和各类资源并不断搭建新的资源，适应工作内容并融入乡村社会，获得成就感和归属感，逐渐发展成为农村基层社会治理的重要力量，在推动传统乡村的现代化转型过程中发挥了独特作用。基于此，本报告认为个体行动能力在一定程度上能够弱化制度和结构因素的固化效应。

因此，通过大学生村官的客观情况来评价政策设计及其实践过程，既需要统筹宏观和微观两个视角，以完整观察政策的顶层设计和基层落实之间的必然差异；同时，又需要协调长时段和短时段的两个层面，以认识高校毕业生基层人才培养

实践对于基层政府部门体制、机制和作风改革中的作用，并分析高校毕业生个人成长、成才的重要意义、作用体现及发展遇到的问题。

大学生村官政策对于乡村发展的确取得了相应的效果。第一，大学生村官在一定程度上缓解了农村人才的缺失。改革开放以来，城乡发展的不平衡性加剧，其中制约乡村发展的关键是人才的缺失。在社会主义新农村建设中，国家提倡资金、技术等要素要向农村倾斜，人才更要向农村倾斜。选聘高校毕业生到村任职，推动城乡人才的逆向流动，就是要向农村输送有文化、懂技术、会经营、善管理的优秀人才。第二，大学生村官一方面改善了传统乡村治理的惰性，另一方面也帮助农民厘清思路、对接市场，将农产品与市场对接，加快发展。第三，大学生村官积极宣传惠农政策、协调社会矛盾、带领群众致富、推广科技知识、丰富群众精神文化生活，引导农民群众崇尚科学、弘扬新风，为新农村建设注入新的动力和活力，得到了基层干部群众的普遍欢迎和社会各方的广泛赞同。第四，从访谈情况看，大学生村官加快了乡村“无纸化”办公，推动农村基础设施的信息化。他们积极推进光纤入户，加快农村地区宽带网络建设，全面提高宽带普及率；也为农村发展打造农业综合信息服务平台，在现代网络技术的支持下，为农村提供政策、技术、市场等各个方面的信息服务。

就大学生村官政策的培养目标来说，这一制度的政策意图是培养有基层实践经验和有群众观点的知农、懂农、爱农的党政后备干部人才和新农村建设的骨干人才，点明了怎样培养人才、培养什么样的人才以及为什么培养人才的重要内容。在乡村振兴的战略目标下，乡村的发展需要党政后备干部人才和建设的骨干人才，更需要有基层实践经验和有群众观点的以及知农、懂农、爱农的青年群体加入。因此，将政策目标做阶段性的划分不难发现，有基层实践经验和有群众观点的以及知农、懂农、爱农是政策培养目标的基础。而诸多实证研究对大学生村官计划的积极价值给予肯定，即在实践中培养了大学生村官的政治责任感和历史使命感，也锤炼了其解决实际问题的能力。这也就意味着政策意图的基础层面达成了应有的目标。如何引导基层工作的高校毕业生成为党政后备干部人才和新农村建设的骨干人才，仍然需要在农村基层的具体事务中做进一步探索和实践。

张龙　赖泽晴　执笔

主要参考文献

[1] 麻国庆、张龙 . 转型、跨界与社区单位的表征——以珠海市为例 . 社会建设，2017（5）.

[2] 李包庚、黄斌、魏娜 .“大学生村官”现状调查与思考——以浙江省慈溪市为例 . 青年研究，2007（9）.

[3] 钱德洲、刘祖云 . 从“嵌入”到“融合”：大学生村官制度的弱化与优化 . 江苏社会科学，2018（4）.

[4] 张晓梅 . 对大学生选择做村官现象的分析——从理性选择理论的视角，金陵科技学院学报（社会科学版），2010（3）.

[5] 付建军 . 精英下乡：现代国家整合农村社会的路径回归—— 以大学生村官为例 . 青年研究，2010（3）.

[6] 侯金超 . 大学生“村官”培养的实践与探索 . 中国青年研究，2010（5）.

[7] 郭明 . 游走在国家政策与农村社会之间：杜镇“大学生村宫”的个案 . 青年研究，2012（2）.

[8] 郑庆杰 . 飘移之间：大学生村官的身份建构与认同 . 青年研究，2010（5）.

[9] 肖任 . 大学生村官身份困境及对策问题研究——基于嵌入性制度视角 . 安徽农业大学学报（社会科学版），2012（6）.

[10] 王成龙、武晓伟 . 传统与变革：小镇返乡青年的文化与社会融入 . 中国青年研究，2019（11）.

[11] 周成军 . 农村籍大学生返乡创业社会融入研究 . 教育评论，2017（11）.

[12] 李霞 . 农村籍大学生返乡就业的社会融入问题探析 . 继续教育研究，2016（8）.

[13] 徐丽敏 .“社会融入”概念辨析 . 学术界，2014（7）.

[14] [英] 安东尼・吉登斯，郑戈译 . 第三条道路——社会民主主义的复兴 [M]. 北京：北京大学出版社，2000.

[15] Collins H，2003，Discrimination，Equality and Social Inclusion，Modern Law Review，66（1）.

[16] Parsons C，1999，Social Inclusion and School Improvement，Support for Learning，14（4）.

[17] 任天驰、杨晓慧、康丕菊 .“大学生村官”如何服务乡村振兴？——基于第三次农业普查 10700 个村级数据的实证研究 . 中国青年研究，2020（11）.

[18] 王俊、吴理财 . 农村青年干部为何留不住——基于社会认同视角下的实证分析 . 中国青

年研究，2020（6）.

[19] 曹正汉 . 分散烧锅炉——中国上下分治的威权体制及其稳定机制 . 2010 年（第十届）中国制度经济年会论文集，2010.

[20] 詹姆斯・S. 科尔曼 . 社会理论的基础 . 北京：社会科学文献出版社，2008.

[21] 陈统奎 .“新上山下乡运动”的制度想象 . 双周刊，2008（10）.

[22] 骆江玲、吴宸环、杨明 . 大学生村官制度的演进及地方实施的逻辑分析 . 江西师范大学学报（哲学社会科学版），2019（6）.

[23] 吴重庆 . 无主体熟人社会 . 开放时代，2002（2）.

[24] 齐晓瑾、傅春晖 . 从征地过程看村干部的行动逻辑 . 社会，2006（2）.

[25] 李里峰 . 乡村精英的百年嬗蜕 . 武汉大学学报（人文科学版），2017（1）.

[26] 吕蕾莉、刘书明 . 西北民族地区村庄权力结构下的乡村精英与乡村治理能力研究——对甘青宁三省民族村的考察 . 政治学研究，2017（3）.

[27] 翟东升 . 货币、权力与人——全球货币与金融体系的民本主义政治经济学，北京：中国社会科学出版社，2019.

[28] 叶敬忠 . 作为治理术的中国农村教育 . 开放时代，2017（5）.

[29] Cameron.A，2006，Geographies of Welfare and Exclusion：Social Inclusion and Exception，Progress in Human Geography，3.

[30] Sheldon Stryker，1980，Symbolic Interactionigm：A Social Structural Version，palo. alto：Benjamin Cummings.

[31] 欧文・戈夫曼，冯钢译 . 日常生活中的自我呈现，北京：北京大学出版社，2008.

[32] 胡小武 . 市场理性与文化乡愁：乡村振兴战略中的青年镜像与群体心态 . 中国青年研究，2017（9）.

[33] 王志刚、于永梅 . 大学生村官的择业动机、满意度评价及长效发展机制研究 . 中国软科学，2010（6）.

[34] 李丹，张天虹等译 . 理解农民中国：社会科学哲学的案例研究，南京：江苏人民出版社，2009.

2020年大学生村官问卷调查报告

一、调查背景和目的

2008 年 3 月，中组部、教育部、财政部和人力资源社会保障部联合下发《关于选聘高校毕业生到村任职工作的意见（试行）》，决定在全国范围内开展选聘高校毕业生到村任职工作（大学生村官），希望加强农村基层组织建设，培养有知识、有文化的新农村建设带头人；培养具有坚定理想信念和奉献精神，对人民群众有深厚感情的党政干部后备人才，形成来自基层和生产一线的党政干部培养链；引导高校毕业生转变就业观念，面向基层就业创业，到经济社会发展最需要的地方施展才华，为建设社会主义新农村、实现全面建设小康社会宏伟目标提供人才支持和组织保证。

为了解大学生村官政策实施十余年来的成效和历届大学生村官的发展情况，我们针对大学生村官进行了本项调查。

二、调查方式

调查采用问卷方法，主要变量有受访者的基本情况、受访者任职大学生村官前后的改变、受访者对大学生村官政策各方面的态度等。期望通过调查发现大学生村官政策对基层后备干部培养、农村党组织建设、大学生村官个人发展三方面的意义。

调查主要在北京市、江苏省徐州市丰县和陕西省榆林市佳县进行。其中，北京市代表大都会地区郊区农村，江苏省徐州市丰县代表沿海省份的农村，陕西省榆林市佳县代表中西部地区的农村。

调查共收到有效问卷 188 份，受访者全部从事过大学生村官工作。

三、调查结果和数据分析

（一）大学生村官政策有效改善了基层人才结构

总体而言，188 位受访者在任职大学生村官期间，切实改善了所在地村干部的年龄、性别结构，整体提高了村干部的文化、政治素质，有效壮大了村“两委”班子力量（见表 1）。

1. 大学生村官改善了村干部的年龄、性别结构

在年龄上，受访者最小的 25 岁，最大的 39 岁。中位数、平均数、众数均为 30 岁，远低于当前全国村干部的平均年龄。

在性别上，受访者中男性 79 人（占 42.0%），女性 109 人（占 58.0%），远高于全国村干部队伍中女性干部的比例。特别是在选任为村党支部书记的 38 名大学生村官中，有 13 名为女性，超过 1/3。根据国家统计局的一项调查，2017 年全国村委会主任中女性比例只有 10.7%。可见，大学生村官政策实施能有效改善村干部的性别结构。在 4 名任职期间被选为村委会主任的受访者中，有 3 名为女性，比例更高，但因为样本数量太少，本报告不做详细研究。

2. 大学生村官提高了村干部的文化、政治素质

77.1% 的受访者担任大学生村官时是应届毕业生，往届毕业生的比例为 23.9%。

在学历上，受访者担任大学生村官时学历以本科毕业最多，共 136 人（占 72.3%），其次为硕士研究生 45 人（占 23.9%），大专或高职 7 人（占 3.7%），为 2010 年以前的大学生村官，且目前均通过继续深造取得了本科学历。与此同时，有 13 名当时的本科生取得了硕士学位。这些都大大改善了村干部的学历结构，提高了村干部的工作能力。

受访者所学专业较多，管理学、经济学、语言学、文学、教育学、法学、社会学、社会工作、油气、土木、通信等都有分布，没有超过受访者人数 5% 的专业。28.7% 的受访者认为自己所学专业与大学生村官工作专业比较对口，只有 3 位（占 1.6%）受访者认为完全对口，他们填写的专业分别为文秘、思想政治教育

和公共事业管理。自称比较对口的专业有社会工作、法学、汉语言文学、行政管理、新闻学、市场营销、工商管理、城乡规划、电气工程、农学、茶学、计算机等。69.7% 的受访者认为自己当年所学专业与大学生村官不对口。另外，68.1% 的受访者认为“做好大学生村官工作需要经过专业的训练”，且是否自认为所学专业与大学生村官工作专业对口与是否认为“做好大学生村官工作需要经过专业的训练”无显著相关（p=0.188）。

在政治面貌上，受访者担任大学生村官时为中共党员（含预备党员）的 147 人（占 78.2%），优秀共青团员的 34 人（占 18.1%）。在工作中，非党员积极提交入党申请书，多数因工作表现突出被吸纳入党。到受访时，中共党员（含预备党员）的人数已经达到 180 人（占 95.7%）。

3. 大学生村官壮大了村“两委”班子力量

受访者开始担任大学生村官的时间从 2007 年至 2018 年不等，其中以 2016 年最多（57 人）。担任大学生村官时间最短的 1 年，最长的 13 年。以 3 年（即一届）最多，为 84 人（占 44.7%），担任 6 年（即两届）的 35 人，为第二多（占 18.6%）。2007 年最早担任大学生村官的江苏某受访者至今仍在村里工作，时间最长。

任职期间，62.8% 的大学生村官被选任为村“两委”成员，有效充实了农村基层管理人才队伍。其中，在村党支部方面，被任命为支部书记的 38 人（占 20.2%），支部副书记的 74 人（占 39.4%）。在村民委员会方面，由于户籍等多种因素所限，被选为村民委员会成员的大学生村官数量有限，包括主任、副主任、委员一共只有 13 人，仅占受访者总数的 6.9%。

表 1　　大学生村官任职期间担任村“两委”情况表

职务	人数	比例	职务	人数	比例
党支部书记	38	20.2%	村委会主任	4	2.1%
党支部副书记	74	39.4%	村委会副主任	8	4.3%
（其他）委员	6	3.2%	（其他）委员	1	0.5%

注：村民委员会和村党支部的委员可以互相兼任。

（二）大学生村官政策促进了大学生个人的发展成长

大学生村官给广大高校毕业生提供了实现个人价值的平台，也是其毕业后职业生涯发展的重要一环。

1. 提供大学生就业岗位，开辟了一条新的人才流动渠道

调查显示，51.6% 的受访者在原籍地担任大学生村官，但区域差异非常明显。下面以北京市、江苏省丰县和陕西省佳县为例（见表 2）。

北京市的郊县是大都会郊区农村的代表。北京的大学生村官 93.0% 来自京外各省区市，以邻近的河北、河南、山东和山西 4 省为最多，占非北京籍大学生村官总数的 66.0%，其他的多零星分布于长江以北各省区市。

江苏省丰县可以作为东部农村的代表。丰县的大学生村官来自本县籍的有 60.8%，来自徐州市其他区县的有 17.7%，江苏省外的为 21.5%。丰县地处江苏、山东、河南和安徽 4 省交界，在丰县的江苏省外大学生村官大多来自山东省枣庄市、济宁市等邻近县市，多在 100 千米以内，个别只有二三十千米，形同本地。

陕西省佳县可作为西部欠发达农村的代表。佳县受访的大学生村官 90% 来自本县，其余来自陕西省内其他地区。虽然佳县与山西省隔黄河相望且在县城有黄河大桥相通，但佳县受访的大学生村官并没有一例来自外省区市。

总体来说，非都会地区的大学生村官政策给了本地大学生一片用武之地，而大都会地区的大学生村官政策则给非都会地区的大学生开了一条进城之路。

表 2　部分区域大学生村官任职地与原籍地关系表

受访者任职地	总数	本县区	本市他县区	本省他市	跨省区市
北京市	57	4	0	0	53
江苏省徐州市丰县	79	48	14	0	17
陕西省榆林市佳县	40	36	3	1	0

2. 任职期间政治素养和学历学位获得提升

超过 80% 的非党员大学生村官在任职期间光荣入党。受访的大学生村官入职时主要为中共党员（含预备党员），另有优秀的共青团员等非党员 41 名。在担任大学生村官以后，非党员也表现优秀，成为社会主义新农村建设的骨干人才，其中 33 位光荣加入中国共产党，占非党员总数的 80.5%。受访者中，中共党员（含预备党员）的比例从大学生村官入职时的 78.2% 增加到受访时的 95.7%（见表 3）。

表 3　受访者政治面貌变化表

政治面貌	入职时		受访时	
	人数	比例	人数	比例
1. 中共党员（含预备党员）	147	78.2%	180	95.8%
2. 其他民主党派	0	0%	0	0%
3. 共青团员	34	18.1%	4	2.1%
4. 群众	7	3.7%	4	2.1%
合计	188	100%	188	100%

超过 10% 的受访者学历学位提升。受访的大学生村官入职时主要学历为本科，有 136 人（占 72.34%），其次为硕士研究生 45 人（占 23.93%），2010 年以前的大学生村官还有 7 人为高职大专。任职期间，不少大学生村官努力学习、继续深造，积极提高自身学历学位。7 位大专毕业生的学历全部提升为本科，13 位本科大学生的学历提升至硕士。合计共 20 位受访者的学历得到了提升，占总数的 10.64%（见表 4）。

表 4　受访者学历变化表

学历	入职时		受访时	
	人数	比例	人数	比例
1. 大专或高职	7	3.73%	0	0%
2. 本科	136	72.34%	130	69.15%
3. 硕士	45	23.93%	58	30.85%
4. 博士	0	0%	0	0%
合计	188	100%	188	100%

3. 任职期满后多转为公务员或事业编

调查显示，大学生村官任期结束后的主要去向是考取公务员或事业编。其中，成为公务员的占 48.4%，成为事业编的占 41.5%，两者合计接近 90%。也就是绝大部分大学生村官任职期满后都留在“体制内”。除公务员和事业编外，其他受访者的去向还包括其他工作（3.7%）、仍在大学生村官任内（3.2%）以及升学、全职家务等，但样本量均很少（见表 5）。

按年份看，2012 年及以前入职的大学生村官，转为事业编的数量超过公务员；2012 年以后入职的大学生村官，转为公务员的数量超过事业编。

性别与工作去向无显著差异。

大学生村官的服务地区、是否本地户籍与工作去向呈显著相关。卡方检验显示，是否北京的大学生村官与工作去向呈显著相关（p=0.001），北京地区大学生村官转为公务员的比例远远超过非北京地区。北京地区的大学生村官任期结束后转为公务员和事业编的人数比为 2.64 ：1，非北京地区为 0.84 ：1，两者差异明显。

在北京以外地区，是否本县户籍与大学生村官任期结束后去向呈显著相关。在外县籍大学生村官较多的江苏省丰县，是否丰县本县户籍和任期后的去向（转为公务员或者事业编）呈显著相关（p=0.041），本县籍大学生村官任期结束后转为公务员和事业编的人数比为 2.23 ：1，非本县籍大学生为 0.81 ：1，两者差别明显。陕西省佳县等其他区域因为非本县籍大学生数量过少，未做此项统计（见表 6）。

表 5　　大学生村官任期结束后去向表

选项	小计	比例
1. 现在还在大学生村官任期内	6	3.2%
2. 考取或转为公务员	91	48.4%
3. 考取或转为事业编	78	41.5%
4. 成为机关或事业单位的其他形式雇员（包括但不限于合同工、劳务外派等）	1	0.5%
5. 在工作的村或乡里创业	0	0%
6. 从事除以上所列外的其他工作	7	3.8%
7. 升学	1	0.5%
8. 不工作（包括但不限于因结婚、怀孕而全职照顾家庭等）	1	0.5%
9. 其他	3	1.6%

表 6　　分区域大学生村官任期接受后去向分布表

<table>
<tr><th colspan="3" rowspan="2">区域</th><th colspan="2">是否本县市户籍</th><th rowspan="2">合计</th></tr>
<tr><th>是</th><th>否</th></tr>
<tr><td rowspan="3">北京市</td><td rowspan="2">去向</td><td>考取或转为公务员</td><td>3</td><td>34</td><td>37</td></tr>
<tr><td>考取或转为事业编制</td><td>0</td><td>14</td><td>14</td></tr>
<tr><td colspan="2">合计</td><td>3</td><td>48</td><td>51</td></tr>
<tr><td rowspan="3">江苏省丰县</td><td rowspan="2">去向</td><td>考取或转为公务员</td><td>29</td><td>13</td><td>42</td></tr>
<tr><td>考取或转为事业编制</td><td>13</td><td>16</td><td>29</td></tr>
<tr><td colspan="2">合计</td><td>42</td><td>29</td><td>71</td></tr>
<tr><td rowspan="3">陕西省佳县</td><td rowspan="2">去向</td><td>考取或转为公务员</td><td>8</td><td>0</td><td>8</td></tr>
<tr><td>考取或转为事业编制</td><td>26</td><td>4</td><td>30</td></tr>
<tr><td colspan="2">合计</td><td>34</td><td>4</td><td>38</td></tr>
</table>

注：以县、市为一个统计区域，不区分市辖区。

（三）受访者对大学生村官经历的主观态度情况

受访者回顾自己的大学生村官生涯，总体态度评价为正向，认为从事大学生村官实现了人生价值，也非常愿意主动告诉别人自己是大学生村官，更认为大学生村官不是临时工作，而是一份职业。

1. 大学生村官的身份获得了普遍认可

本研究调查了受访者对大学生村官的总体定位的认知，主要探究受访者是将大学生村官当职业，还是仅仅当工作跳板，共设计 9 项态度指标。研究显示，受访者此类态度指标与受访者的年龄无显著相关，一项指标与性别显著相关，大量指标与是否北京的大学生村官显著相关。

通过对调查结果的加权分析发现，大学生村官这个身份受到了大学生村官本人、身边亲友以及他们所服务村民的广泛认可。80.3% 的受访者同意“大学生村官是一种职业”，83.0% 的受访者同意他们“很愿意参加各种朋友聚会并且主动告诉别人自己是大学生村官”，83.0% 的受访者同意“工作期间，村民都认识我是大学生村官”。假设 2 分为完全同意，1 分为有点同意，–1 分为有点不同意，–2 分为完全不同意，那加权分析得出前述 3 项意见均超过 1 分，表示受访者认同度很高。

高达 72.3% 的受访者不同意“大学生村官是一份临时工作”，77.1% 的受访者不认为“比起解决村民的具体问题，大学生村官更应该做文字和表格处理工作”，受访者更倾向于同意“做好大学生村官工作需要经过专业的训练”（68.1%），同意“大学生村官让村干部更年轻更有活力”（91.0%），最后一项说法得到了 1.4 的超高分。

总体上，受访者倾向于有点同意“从事大学生村官实现了我的人生价值”。相关分析显示，受访者的性别与是否选择“从事大学生村官实现了我的人生价值”显著相关（$p=0.044$），女性更倾向于选择该项。但受访者性别与是否选择“我觉得女生比男生更适合从事大学生村官”无显著相关，无论男女生都倾向于不同意该选项。

学历和身份认同显著相关。硕士研究生比本科生更倾向认为“大学生村官是一份临时工作，没人会把这个当事业”（$p<0.001$），本科生比硕士研究生更倾向认为“大学生村官是一种职业”（$p<0.001$）。本科生更倾向认为“从事大学生村官实

现了我的人生价值”（p<0.001）和“我很愿意参加各种朋友聚会并且主动告诉别人自己是大学生村官”（p=0.004）。

是否是北京的大学生村官，和受访者对大学生村官身份认同的多个指标项目存在显著相关。非北京的大学生村官更倾向于完全同意“从事大学生村官实现了我的人生价值”（p<0.001），“我很愿意参加各种朋友聚会并且主动告诉别人自己是大学生村官”（p<0.001），“做好大学生村官工作需要经过专业的训练”（p<0.001），“大学生村官让村干部更年轻更有活力”（p<0.001），“大学生村官是一种职业”（p<0.001），“我工作期间，村民都认识我是大学生村官”（p=0.003）等 6 项，更不倾向于完全同意“大学生村官是一份临时工作，没人会把这个当事业”。显示非北京的大学生村官具有更高的职业认同。

在控制是否北京的大学生村官这一变量后，是否在原籍地担任大学生村官和表 7 所有指标项无显著相关。

表 7　　　　受访者关于大学生村官身份的态度表

题目 / 选项	完全不同意	有点不同意	有点同意	完全同意	综合得分
1. 担任大学生村官实现了我的人生价值	9（4.79%）	27（14.36%）	91（48.4%）	61（32.45%）	0.89
2. 大学生村官是一份临时工作，没人会把这个当事业	84（44.68%）	52（27.66%）	37（19.68%）	15（7.98%）	–0.81
3. 我很愿意参加各种朋友聚会并且主动告诉别人自己是大学生村官	6（3.19%）	26（13.83%）	46（24.47%）	110（58.51%）	1.21
4. 做好大学生村官工作需要经过专业的训练	10（5.32%）	50（26.6%）	70（37.23%）	58（30.85%）	0.62
5. 我觉得女生比男生更适合从事大学生村官	70（37.23%）	93（49.47%）	19（10.11%）	6（3.19%）	–1.07
6. 比起解决村民的具体问题，大学生村官更应该做文字和表格处理工作	57（30.32%）	88（46.81%）	33（17.55%）	10（5.32%）	–0.79
7. 大学生村官让村干部更年轻更有活力	7（3.72%）	10（5.32%）	58（30.85%）	113（60.11%）	1.38
8. 大学生村官是一种职业	7（3.72%）	30（15.96%）	56（29.79%）	95（50.53%）	1.07
9. 我工作期间，村民都认识我是大学生村官	5（2.66%）	27（14.36%）	53（28.19%）	103（54.79%）	1.18

注：综合得分为所有受访者的加权平均，2 分为完全同意，1 分为有点同意，–1 分为有点不同意，–2 分为完全不同意。

2. 受访者认同基层工作对个人发展的重要意义

调查发现，受访者高度认同基层经历是宝贵的人生体验，对个人从事行政工作大有裨益。65.43% 的受访者完全同意“基层经历是宝贵的人生体验，对我从事行政工作大有裨益”，50.00% 的受访者完全不同意“我认为大多数人从这段经历中并没有获得多少经验与成长”。

当然，在更加具体地询问是否同意“在基层工作时间越长，越适合做高层领导”，“基层轮岗次数越多，越能够胜任更高的领导岗位”和“在基层工作中表现优异、获奖多，越适合提拔为领导”这 3 种说法时，受访者的态度较为离散，但加权分析显示仍为“同意”超过“不同意”。

调查显示，受访者的性别和年龄，在对基层工作的部分选项上呈现显著相关。性别与是否同意“在基层工作时间越长，越适合做高层领导”（$p=0.002$）和“基层轮岗次数越多，越能够胜任更高的领导岗位”（$p=0.047$）显著相关，女性更倾向于同意前两项。性别与表 8 其他选项不相关。

年龄与是否完全同意“在基层工作时间越长，越适合做高层领导”（$p=0.002$），“基层轮岗次数越多，越能够胜任更高的领导岗位”（$p=0.001$）和“在基层工作中表现优异、获奖多，越适合提拔为领导”（$p<0.001$）显著相关，年龄越大越倾向于选择前 3 项。这大概是所谓人到中年的领悟。

调查显示，是否是北京的大学生村官与对基层工作重要性的态度有显著差异。非北京的大学生村官更倾向于完全同意“在基层工作时间越长，越适合做高层领导”（$p=0.001$），“基层轮岗次数越多，越能够胜任更高的领导岗位”（$p=0.008$），“在基层工作中表现优异、获奖多，越适合提拔为领导”（$p<0.001$）和“基层经历是宝贵的人生体验，对我从事行政工作大有裨益”（$p=0.003$）。其中，关于“在基层工作时间越长，越适合做高层领导”这个选项，北京和非北京的大学生村官态度具有方向性差异，非北京的大学生村官综合得分为 0.5，倾向于有点同意；北京的大学生村官综合得分为 –0.2，倾向于有点不同意。其他几项主要是“有点同意”和“完全同意”的程度差异。

在控制是否北京的大学生村官这一变量后，是否在原籍地担任大学生村官和表 8 所有指标项无显著相关。

表 8　　受访者关于基层工作重要性的态度表

题目 / 选项	完全不同意	有点不同意	有点同意	完全同意	综合得分
1. 在基层工作时间越长，越适合做高层领导	17（9.04%）	65（34.57%）	55（29.26%）	51（27.13%）	0.31
2. 基层轮岗次数越多，越能够胜任更高的领导岗位	7（3.72%）	38（20.21%）	73（38.83%）	70（37.23%）	0.86
3. 在基层工作中表现优异、获奖多，越适合提拔为领导	12（6.38%）	36（19.15%）	79（42.02%）	61（32.45%）	0.75
4. 基层经历是宝贵的人生体验，对我从事行政工作大有裨益	5（2.66%）	7（3.72%）	53（28.19%）	123（65.43%）	1.50
5. 我认为大多数人从这段经历中并没有获得多少经验与成长	94（50.00%）	57（30.32%）	25（13.30%）	12（6.38%）	–1.04

注：综合得分为所有受访者的加权平均，2 分为完全同意，1 分为有点同意，–1 分为有点不同意，–2 分为完全不同意。

3. 受访者认为工作单位关心自己

在关于单位是否关心、尊重大学生村官的工作、生活和价值观时，受访者在 8 项指标上选择“有点同意”的均最多，同时综合得分位于 0.5 分至 1.1 分之间，表明受访者总体上“有点同意”工作单位关心自己。

年龄和 2 项指标有显著性差异，即“单位能够顾及我的福利”（p=0.017）和“我有困难时，单位就会帮助我”（p=0.026）。年纪轻的受访者更倾向于“完全同意”上述 2 项。这表明工作单位对大学生村官的工作、生活的关心在与日俱进，不断发展。

性别与 8 项指标均没有显著性差异。这表明工作单位对大学生村官做到了男女平等，工作中不存在性别歧视。

是否北京的大学生村官和 5 项指标有显著性差异，即“单位能够考虑我的建议”（p=0.006）、“单位能够顾及我的福利”（p=0.001）、“单位关心我的目标和价值观”（p=0.001）、“单位对我十分关怀”（p=0.009）和“（如果）有特别的需要时单位会提供我帮助”（p=0.007）。非北京的大学生村官比北京的更倾向于选择“完全同意”，同意的程度更坚决。

在控制是否北京的大学生村官这一变量后，是否在原籍地担任大学生村官和表 9 所有指标项无显著相关。

表 9 受访者关于对单位满意程度的态度表

题目 / 选项	完全不同意	有点不同意	有点同意	完全同意	综合得分
1. 单位能够考虑我的建议	12（6.38%）	39（20.74%）	98（52.13%）	39（20.74%）	0.60
2. 单位能够顾及我的福利	25（13.30%）	31（16.49%）	83（44.15%）	49（26.06%）	0.53
3. 单位关心我的目标和价值观	23（12.23%）	38（20.21%）	74（39.36%）	53（28.19%）	0.51
4. 我有困难时，单位就会帮助我	13（6.91%）	20（10.64%）	89（47.34%）	66（35.11%）	0.93
5.（如果）好心办错事，单位会原谅我	8（4.26%）	22（11.70%）	112（59.57%）	46（24.47%）	0.88
6. 单位不会千方百计地利用我	16（8.51%）	38（20.21%）	93（49.47%）	41（21.81%）	0.56
7. 单位对我十分关怀	6（3.19%）	23（12.23%）	90（47.87%）	69（36.70%）	1.03
8.（如果）有特别的需要时，单位会提供我帮助	7（3.72%）	17（9.04%）	96（51.06%）	68（36.17%）	1.07

注：综合得分为所有受访者的加权平均，2 分为完全同意，1 分为有点同意，–1 分为有点不同意，–2 分为完全不同意。

4. 受访者既认同自己的工作单位又向往更高的发展平台

在此类 10 项问题中，受访者总体上表现出对大学生村官工作所在村的认同，他们总体上同意“我所在的单位是个理想的工作单位”“我觉得自己的价值准则和单位的很相似”“我会自豪地告诉别人，我是本单位的一员”“单位的目标能够真正激发我的潜能，让我进步”“我很庆幸当初选择来到这里”“在单位工作是我做出的最好选择”。上述 6 项的综合得分在 0.7 分至 1.1 之间，每项中选择“有点同意”的均最多。

其中性别与“单位的目标能够真正激发我的潜能，让我进步”该项指标有显著相关（$p=0.039$），男性更倾向于同意“单位的目标能够真正激发我的潜能，让我进步”。年龄与前述 6 项均无显著相关。是否北京的大学生村官则与前述 6 项均有显著相关（均为 $p=0.001$ 或 $p<0.001$），非北京的大学生村官对工作单位的认可程度比北京的更高。在控制是否是北京的大学生村官这一变量后，是否在原籍地担任大学生村官和表 5 所有指标项无显著相关。

受访者展现出个人在工作中的独立性。虽然受访者总体上认同工作单位，但也不同意“为了能够继续留下来，单位让我做什么工作都可以”，综合得分 –0.4，倾向于有点不同意。该项指标与性别（$p=0.027$）、年龄（$p<0.001$）和是否是北京

的大学生村官（p<0.001）均有显著相关。年龄小的、女性和北京的大学生村官更倾向于不同意“为了能够继续留下来，单位让我做什么工作都可以”，看起来大龄男性对偏远农村的村干部工作更加“任劳任怨”，也从侧面反映了当前村干部中大龄男性比例较高的原因。

受访者内心向往比村委会更高的发展平台。调查中有 3 项指标涉及是否愿意“跳槽”。在语气比较坚决的“我厌烦大学生村官的工作，非常想换个工作”和“我经常想要辞去大学生村官的工作”2 项，受访者普遍选择不同意，综合得分均为 –0.9，也就是倾向于选择“不跳槽”。但在语气比较缓和的“我经常想要找个更好的工作机会”一项，综合得分为 0.3，同意超过不同意，也就是倾向于选择“跳槽”。性别、年龄与前述 3 项没有显著性差异。是否是北京的大学生村官与前述 3 项中的“我厌烦大学生村官的工作，非常想换个工作”（p=0.005）、“我经常想要找个更好的工作机会”（p=0.040）2 项有显著性差异，但与“我经常想要辞去大学生村官的工作”（p=1.000）完全没有差异。其中后者 p=1.000 在统计上较为罕见，通常被认为无统计学意义。但在此处反而印证了北京的大学生村官万般珍惜这份能解决北京户口的工作，纵然比外省大学生村官更想换个好工作，但却完全没有更多的想辞职的念头。

在控制是否是北京的大学生村官这一变量后，是否在原籍地担任大学生村官和表 10 所有指标项无显著相关。

表 10　　受访者关于对单位认同程度的态度表

题目 / 选项	完全不同意	有点不同意	有点同意	完全同意	综合得分
1. 我所在的单位是个理想的工作单位	10（5.32%）	43（22.87%）	93（49.47%）	42（22.34%）	0.61
2. 为了能够继续留下来，单位让我做什么工作都可以	32（17.02%）	91（48.40%）	48（25.53%）	17（9.04%）	–0.39
3. 我觉得自己的价值准则和单位的很相似	10（5.32%）	55（29.26%）	86（45.74%）	37（19.68%）	0.45
4. 我会自豪地告诉别人，我是本单位的一员	6（3.19%）	20（10.64%）	85（45.21%）	77（40.96%）	1.10
5. 单位的目标能够真正激发我的潜能，让我进步	12（6.38%）	43（22.87%）	85（45.21%）	48（25.53%）	0.61
6. 我很庆幸当初选择来到这里	8（4.26%）	23（12.23%）	92（48.94%）	65（34.57%）	0.97
7. 在单位工作是我做出的最好选择	12（6.38%）	33（17.55%）	93（49.47%）	50（26.6%）	0.72

续表

题目 / 选项	完全不同意	有点不同意	有点同意	完全同意	综合得分
8. 我厌烦大学生村官的工作，非常想换个工作	74（39.36%）	73（38.83%）	33（17.55%）	8（4.26%）	–0.91
9. 我经常想要辞去大学生村官的工作	82（43.62%）	60（31.91%）	42（22.34%）	4（2.13%）	–0.93
10. 我经常想要找个更好的工作机会	31（16.49%）	40（21.28%）	84（44.68%）	33（17.55%）	0.26

注：综合得分为所有受访者的加权平均，2 分为完全同意，1 分为有点同意，–1 分为有点不同意，–2 分为完全不同意。

5. 受访者对大学生村官经历总体满意度高

调查显示，超过九成的受访者对大学生村官经历总体感到满意。其中，满意率 44.7%，非常满意率 47.9%。如果将 2 分为非常满意，1 分为满意，–1 分为不满意，–2 分为非常不满意，则所有受访者加权平均综合得分为 1.3，显示受访者对大学生村官经历总体满意度很高。

在具体项目上，受访者对任期期间的“人际交往”和“大学生村官的身份”总体满意度最高，综合得分分别为 0.83 和 0.81。其他依次为工作环境（0.73）、关于“三农”知识培训（0.55）、工作培训和继续教育（0.54）。对工资待遇的满意度最低，总体倾向于不满意（–0.20）。

年龄、性别均与各项满意度无显著相关。受访者的原始学历与“横向工作交流和行业学习”（p=0.033）、“工资待遇”（p=0.018）和总体满意度（p=0.001）3 项均显著相关。本科生比硕士研究生对上述 3 项的满意度更高。

是否是北京的大学生村官与多项满意度显著相关。表 7 中，除了第 6 项“大学生村官的身份”外，其他 7 项都呈显著相关（工作培训和继续教育 p=0.001，其他 p<0.001）。表明非北京的大学生村官对任职期间的工作培训和继续教育、关于“三农”知识培训、横向工作交流和行业学习、人际交往、工作环境、工资待遇和总体满意度都较北京的大学生村官更满意。

在控制是否是北京的大学生村官这一变量后，是否在原籍地担任大学生村官和表 11 所有指标项无显著相关。

表 11　　受访者度对大学生村官经历的总体满意度表

题目 / 选项	非常满意	满意	不满意	非常不满意	综合得分
1. 工作培训和继续教育	41（21.81%）	88（46.81%）	49（26.06%）	10（5.32%）	0.54
2. 关于“三农”知识培训	37（19.68%）	93（49.47%）	52（27.66%）	6（3.19%）	0.55
3. 横向工作交流和行业学习	33（17.55%）	84（44.68%）	63（33.51%）	8（4.26%）	0.38
4. 人际交往	48（25.53%）	103（54.79%）	31（16.49%）	6（3.19%）	0.83
5. 工作环境	32（17.02%）	119（63.3%）	28（14.89%）	9（4.79%）	0.73
6. 大学生村官的身份	48（25.53%）	102（54.26%）	30（15.96%）	8（4.26%）	0.81
7. 工资待遇	19（10.11%）	63（33.51%）	73（38.83%）	33（17.55%）	–0.20
8. 总体而言，您对大学生村官这段经历感到	90（47.87%）	84（44.68%）	12（6.38%）	2（1.06%）	1.32

注：综合得分为所有受访者的加权平均，2 分为非常满意，1 分为满意，–1 分为不满意，–2 分为非常不满意。

四、结论和建议

（一）研究结论

调查显示，大学生村官政策的实施，实现了为党和国家培养可靠接班人、加强基层党组织建设、建设社会主义新农村、实现青年学生人生抱负等初心和使命。

一是开辟了数十万个大学生就业岗位，实现青年学生的人生价值。受访者对大学生村官这段经历总体上感到满意。其中，“非常满意”90 人（占 47.9%），“有点满意”84 人（占 44.7%）。以上两项合计占受访者总数的 92.6%。不满意率仅为 7.5%。

二是提高了村干部的素质，加强了基层党组织建设，培养了建设社会主义新农村的人才。大学生村官输送到村后既直接提高了村“两委”的平均学历，又间接调动了村干部不断学习的心，鼓舞了更多的大学生村官特别是本村籍大学生通过“大学生村官”以外的途径投入社会主义新农村建设中去。

三是为县、乡政府培养了一批优秀人才，为党和国家培养了可靠接班人。大学生村官政策为大学生进入公务员、事业单位等体制内工作提供了一条重要途径，扩大了干部的来源。

（二）相关建议

首先，要加大选拔力度，提高村干部队伍素质。调查显示，大学生村官3年服务期满后继续在乡村工作或创业的比例一直很低，与农村对受过高等教育的高素质人才的需求不成比例。未来一要继续支持大学生返乡工作和创业，二要扶持现有村干部提高学历。

其次，要建立完善大学生村官培训机制。既要加强岗前培训，尽快适应工作环境，更要建立岗中培训、继续教育体制。提高大学生村官和整个村干部体系的专业化、职业化。

最后，要完善大学生村官管理监督机制。一是要对大学生村官和村干部有效监督，让真正认同大学生村官价值的干部安心、放心工作。二是要加强对大学生村官的心理建设、职业生涯辅导，有条件的地方可以通过开展大学生村官交流团建、互助组织等多种形式促进整个村干部队伍良性发展。

此外，考虑到当前组织部门在城乡社区工作者的管理中比过去发挥了更大更主导的作用，因此，建议组织部门未来进一步将大学生村官工作和城乡社区工作者管理工作结合起来，特别是加快农村社区工作者的专业化、职业化程度，提高基层服务群众的能力，缓解农村人民群众日益增长的美好生活需要和不平衡不充分的发展之间的矛盾。

曹启挺　佘宇　执笔

附件　大学生村官发展情况调查问卷

您好，我们是中国大学生村官发展 20 年课题组，为准确了解大学生村官政策 20 多年来的落实情况，我们受有关部门委托开展此项问卷调查。您的回答对研究结果和大学生村官政策的下一步走向具有非常重要的意义，我们将对您的回答进行保密，请您放心、准确地填写。

中国大学生村官发展 20 年课题组

2020 年 5 月 20 日

1. 您是否曾从事过以下工作（ ）[单选题] *

○ 1 担任过大学生村官，请继续问卷

○ 2 没有担任过大学生村官，请退出问卷

2. 您的年龄 [填空题] *

____

3. 您的性别 [单选题] *

○ 1 男

○ 2 女

4. 您从事大学生村官时的学历是（ ）[单选题] *

○ 1 大专或高职

○ 2 本科

○ 3 硕士

○ 4 博士

5. 您当时毕业于哪所大学 [填空题]*

____

6. 您从事大学生村官时属于（ ）[单选题] *

○ 1 当年应届毕业生

○ 2 已经毕业 1~2 年

○ 3 已经毕业 3 年以上

7. 您从哪年开始担任大学生村官 [填空题] *

____

8. 您一共担任了几年大学生村官 [填空题] *

____

9. 您担任大学生村官前所学的大学专业是什么 [填空题] *

____

10. 您是否认为从事的大学生村官与您所学专业对口 [单选题] *

○ 1 完全不对口　　○ 2 比较不对口

○ 3 比较对口　　○ 4 完全对口

11. 您从事大学生村官时的政治面貌 [单选题] *

○ 1 中共党员（含预备党员）

○ 2 其他民主党派

○ 3 共青团员

○ 4 群众

12. 您从事大学生村官的村位于（下拉选择省市区县）[填空题] *

____

13. 您的家乡是（下拉选择省市区县）[填空题] *

____

14. 您从事大学生村官时，是否同时兼任以下职务（　）[多选题] *

□ 1 村（居）党支部书记

□ 2 村（居）党支部副书记

□ 3 村（居）党支部委员

□ 4 村（居）委会主任

□ 5 村（居）委会副主任

□ 6 村（居）委会委员

□ 7 以上均无

15. 您大学生村官任期结束时 [单选题] *

○ 1 现在还在大学生村官任期内

○ 2 考取或转为公务员

○ 3 考取或转为事业编

○ 4 成为机关或事业单位的其他形式雇员（包括但不限于合同工、劳务外派等）

○ 5 在工作的村或乡里创业

○ 6 从事除以上所列外的其他工作

○ 7 升学

○ 8 不工作（包括但不限于因结婚、怀孕而全职照顾家庭等）

○ 9 其他

16. 以下语句，您是否同意 [矩阵单选题] *

	完全不同意	有点不同意	有点同意	完全同意
担任大学生村官实现了我的人生价值	○	○	○	○
大学生村官是一份临时工作，没人会把这个当事业	○	○	○	○
我很愿意参加各种朋友聚会并且主动告诉别人自己是大学生村官	○	○	○	○
做好大学生村官工作需要经过专业的训练	○	○	○	○
我觉得女生比男生更适合从事大学生村官	○	○	○	○
比起解决村民的具体问题，大学生村官更应该做文字和表格处理工作	○	○	○	○
大学生村官让村干部更年轻更有活力	○	○	○	○
大学生村官是一种职业	○	○	○	○
我工作期间，村民都认识我是大学生村官	○	○	○	○

17. 以下语句，您是否同意 [矩阵单选题] *

	完全不同意	有点不同意	有点同意	完全同意
在基层工作时间越长，越适合做高层领导	○	○	○	○
基层轮岗次数越多，越能够胜任更高的领导岗位	○	○	○	○
在基层工作中表现优异、获奖多，越适合提拔为领导	○	○	○	○
基层经历是宝贵的人生体验，对我从事行政工作大有裨益	○	○	○	○
我认为大多数人从这段经历中并没有获得多少经验与成长	○	○	○	○

18. 以下关于您在任职大学生村官时的说法您是否同意 [矩阵单选题] *

	完全不同意	有点不同意	有点同意	完全同意
单位能够考虑我的建议	○	○	○	○
单位能够顾及我的福利	○	○	○	○
单位关心我的目标和价值观	○	○	○	○
我有困难时，单位就会帮助我	○	○	○	○
（如果）好心办错事，单位会原谅我	○	○	○	○
单位不会千方百计地利用我	○	○	○	○
单位对我十分关怀	○	○	○	○
（如果）有特别的需要时，单位会提供我帮助	○	○	○	○

19. 以下说法您是否同意 [矩阵单选题] *

	完全不同意	有点不同意	有点同意	完全同意
我所在的单位是个理想的工作单位	○	○	○	○
为了能够继续留下来，单位让我做什么工作都可以	○	○	○	○
我觉得自己的价值准则和单位的很相似	○	○	○	○
我会自豪地告诉别人，我是本单位的一员	○	○	○	○
单位的目标能够真正激发我的潜能，让我进步	○	○	○	○
我很庆幸当初选择来到这里	○	○	○	○
在单位工作是我做出的最好选择	○	○	○	○
我厌烦大学生村官的工作，非常想换个工作	○	○	○	○
我经常想要辞去大学生村官的工作	○	○	○	○
我经常想要找个更好的工作机会	○	○	○	○

20. 您对大学生村官任职期间的以下情况是否满意 [矩阵单选题] *

	非常满意	满意	不满意	非常不满意
工作培训和继续教育	○	○	○	○
关于“三农”知识培训	○	○	○	○
横向工作交流和行业学习	○	○	○	○
人际交往	○	○	○	○
工作环境	○	○	○	○
大学生村官的身份	○	○	○	○
工资待遇	○	○	○	○

21. 总体而言，您对大学生村官这段经历感到 [单选题] *

○ 1 非常满意　○ 2 有点满意

○ 3 有点不满意　○ 4 非常不满意

22. 您毕业时选择做大学生村官的原因是什么 [填空题] *

____

23. 您认为做好大学生村官，比较重要的是需要什么 [填空题] *

____

24. 您现在的学历 [单选题] *

○ 1 大专或高职

○ 2 本科

○ 3 硕士

○ 4 博士

25. 您现在的政治面貌为 [单选题] *

○ 1 中共党员（含预备党员）

○ 2 其他民主党派

○ 3 共青团员

○ 4 群众

26. 请问您填写此问卷的介绍人是（选填）[填空题]

____

感谢您的回答。

背景报告

大学生村官政策的实施情况、相关问题与建议综述

1995年江苏省徐州市丰县实施“雏鹰工程”，选拔了13名大学生担任村主任助理，拉开了向基层选聘优秀大学生村官的序幕。此后，海南省、浙江省、广东省、河南省、河北省等省区市纷纷尝试推出大学生村官相关政策，逐步打开了改革开放后计划性地选派大学生村官的正式通道。2005年6月，中央发布了《关于引导和鼓励高校毕业生面向基层就业的意见》，标志着大学生村官的选聘政策从各省区市的尝试性创新做法正式上升为国家计划。大学生村官培养机制经过20多年的发展，取得了一系列成效，且不断完善。大学生村官制度在国家人才培养的宏观层面、乡村治理的中观层面和个人发展的微观层面都发挥了积极的作用。

一、大学生村官政策的历史演进

（一）什么是大学生村官

所谓大学生村官，是指到农村（含社区）担任村党支部书记、村委会主任助理或其他村“两委”职务的具有大专以上学历的应届或往届大学毕业生。被招聘为大学生村官，一般符合以下几个条件：30岁以下；全日制普通高校专科学历及以上的应往届毕业生；中共党员（含预备党员）或非中共党员的优秀团干部、优秀学生干部；通过省级党委、政府组织人事部门组织的统一选聘程序的。

大学生村官岗位性质为“村级组织特设岗位”，系非公务员身份，其工作、生活补助和享受保障待遇应缴纳的相关费用由中央和地方财政共同承担。大学生村官的工作管理及考核比照公务员有关规定进行，由县（市、区）党委组织部牵头负责、乡镇党委直接管理、村党组织协助实施；人事档案由县（市、区）党委组织部管理或县（市、区）人力资源和社会保障部门所属人才服务机构免费代理，党团关系转至所在村。

（二）大学生村官政策的演进历程

对大学生村官计划发展过程的研究，不同学者的观点也有所不同。陈忠（2009）认为大学生村官计划走过了试点、深化和组织制度化三个阶段；周成军（2009）根据大学生村官规模、社会关注及相关政策措施的制定和试行，将大学生村官政策归纳为萌芽（1995—2001 年）、成长（2002—2005 年）和普及（2006 年至今）三个递进阶段。李华忠、杨桓（2009）则将大学生村官计划划分为初期探索（1995—2004 年）、全面铺开（2005—2007 年）和战略提升（2008 年至今）三个阶段。本报告综合已有研究，结合最新政策，根据大学生村官政策的演变历程，将其划分为以下五个阶段。

1. 萌芽产生阶段（1995—2001 年）

1995—2001 年是大学生村官政策的萌芽产生阶段。针对村级“两委”干部整体年龄偏大、文化程度偏低的状况，江苏省丰县率先选聘 13 名大学毕业生到村任职，充实村级“两委”班子，自此展开了大学生村官的实践，逐步打开了改革开放以来知识分子回流农村的正式渠道，也为这一政策今后的发展奠定了重要的实践基础。

2. 自发探索阶段（2002—2004 年）

随着社会各界对“三农”问题的日益关注，以及大学毕业生就业难问题的日渐突出（2002 年正是 1999 年第一批扩招的大专生、研究生毕业之时），大学生村官及其相关政策在全国得到了普遍认可并得以进一步推广。这一阶段的大学生村官政策较之前已相对完善，逐步实现以县市为单位、多省联动，且形成了一定的规模和社会影响力，并在提高村干部素质、促进农村经济社会发展等方面取得了一定的成效。

3. 全国性实验阶段（2005—2007 年）

2005 年是大学生村官政策的一个转折点。2005 年 7 月，中共中央办公厅、国务院办公厅联合下发了《关于引导和鼓励高校毕业生面向基层就业的意见》，其中规定，从 2006 年起，国家每年有计划地选拔一定数量的高校毕业生到农村和社区就业，并争取用 3 ~ 5 年时间基本实现全国每个村、每个社区至少有 1 名高校毕业生的目标。该意见可以认为是大学生村官政策的雏形。2007 年的中央一号文件明确指出，有条件的地方，可选拔大专学校和中职学校毕业生到乡村任职，改善农村基层干部队伍结构。在中央的部署要求和连续的政策利好下，17 个省区市应声而动，结合各地实际制定地方政策，先后启动大学生村官计划。由此，大学生村官政策进入了全国性实验阶段。

4. 全面铺开阶段（2008—2011 年）

2008 年 4 月，中组部、教育部、财政部、人力资源和社会保障部联合下发《关于选聘高校毕业生到村任职工作的意见（试行）》，提出在全国范围内开展选聘高校毕业生到村任职工作。以此为标志，大学生村官政策进入全面铺开阶段，选聘大学生村官到村任职工作全面启动。据中组部统计，2008 年以来，全国累计有 200 多万名高校毕业生报名应聘大学生村官。截至 2011 年底，各地已累计选聘大学生村官 22.3 万名，除期满流动以外，在岗的有 21 万多名，覆盖全国行政村总数的 1/3 以上。从 1995 年到 2011 年，大学生村官计划经历了从无到有、从冷到热、逐步快速发展的过程。大学生村官计划是国家在城市就业压力沉重和农村人才缺失的背景下实施的一项自上而下的有计划、有组织的人才“逆向流动”的重大举措，缓解了城市的就业压力，冲破了农村人才匮乏的困境，为社会主义新农村建设事业注入了新鲜活力。

5. 政策改进和提升阶段（2012 年至今）

经过前期的不断实践和发展，大学生村官计划取得了良好的成效，为新农村建设培养了一批有基层工作经验的年轻干部人才，促进了农村经济社会的发展。但与此同时，也面临不少亟待解决的问题。为此，自 2012 年开始，国家对大学生村官政策进行了改进，将选调生工作与大学生村官工作并轨，又称“两选并轨”。2012 年 7 月，中组部会同中宣部、中央编办、教育部、财政部等部门，制定下发了《关于进一步加强大学生村官工作的意见》等一系列政策文件，提出要统筹安排选调生与大学生村官工作，逐步实现选调生工作与大学生村官工作的并轨，完善年轻干部选拔培养与基层建设工作，自此“两选并轨”拉开序幕。2014 年全国大学生村官工作座谈会，进一步明确了大学生村官工作的定位。会议强调，要把选调生工作与大学生村官工作相链接，同时建立和完善相关的制度与政策，规范操作程序，使其形成良性的有效运行机制。根据中央的规定和意见，全国各个省区市开始着手大学生村官与选调生工作的整合并轨，“两选并轨”工作逐步在全国开展起来。2015 年 8 月，浙江省委组织部专门下发《关于加强选调生村官培养管理若干事项的通知》，正式在浙江省内实行“两选并轨”制度。

（1）“两选并轨”的概念。“两选并轨”制度是以选调生的标准、公务员的录用方式，面向高校应届毕业生（中共党员、预备党员或优秀学生干部等）招募选调生村官，录用后的准选调生村官经统一调配按大学生村官管理办法至农村服务工作 1 年，期满考核后按照公务员管理有关规定任职定级并继续担任大学生村官 2 年，至此期满 3 年者经考核后回所在乡镇街道工作，同时保留公务员身份，考核不合格者则解除工作。较之前大学生村官而言，选调生村官无论在遴选方式及要求上，还是在后期管理办法上，都有了显著不同。“两选并轨”政策是将选调生工作和大学生村官工作有效整合起来，将选调选聘工作并轨，选取选调生计划和大学生村官计划工作中的优势合并，从而弥补原有大学生村官和选调生选聘工作中的缺点（单浩皓、符彬、刘飞翔，2017）。

（2）进行“两选并轨”的原因。进行“两选并轨”，除了弥补原有大学生村官政策的不足，也是满足社会发展的需要以及大学生个人发展的需要。社会的全面发展、乡村振兴战略等政策的实施都需要大量的人才支持，这使得原有的大学生村官政策所存在的“没人去、留不住”等问题更加突出，大学生作为国家重要的人才储备资源，正是新农村建设所需要的重要力量，因此国家实施“两选并轨”政策，可以有效地解决大学生村官制度面临的问题，使得人才在基层更扎实、长效地服务，为农村全面发展助力。从大学生个人的角度来看，“两选并轨”制度下的选调生村官岗位有更大的吸引力。当前，一、二线城市就业压力较大，良好地推动“两选并轨”能在一定程度上缓解高校毕业生的就业压力，将更多的人才引入农村的广阔天地，并通过基层的实践锻炼能力，更充分地得到自我发展，实现自我价值。各地结合实际，积极探索和完善相关配套政策，对大学生村官的选聘、管理、培训、考核、选拔、流动等均作出明确规定，逐步建立了“下得去、待得住、干得好、流得动”的长效工作机制，有利于解决大学生村官工作中的一些疑难杂症（张清华，2008）。

（3）“两选并轨”制度的类型，虽然每个省区市的具体详细规定不尽相同，但总体上可以分为以下两种类型。

完全并轨型。所谓完全并轨，就是选调生和大学生村官的无缝衔接，将选调生的公务员身份作为大学生村官期满出路的安排，解决原有大学生村官期满后的工作问题。这种类型的“两选并轨”制度，主要以山东省、浙江省为代表。2013年1月，中共山东省委组织部等发布了《山东省2013年选调优秀高校毕业生到村任职》的公告，明确表示山东省不再是单纯地直接从应届的毕业大学生中招考选调生，而是通过考试的方式，选派应届毕业生中的共产党党员（包括预备党员）到农村基层工作两年，两年任职期满后且经考核合格者录用为选调生（郝向宏，2012）。2015年，为改进和加强年轻干部的培养选拔工作，浙江省通过考试面向应届毕业生中的党员或学生干部，直接招考选调生村官，随后停止对普通大学生的招聘，选调生村官一经录用就直接是公务员身份，就职后先下派到农村担任3年大学生村官，并按大学生村官管理规定对他们进行管理，满3年后转回选调生村官所在乡镇（街道）工作，同时保留选调生身份。

部分并轨型。所谓部分并轨，就是指在对大学生村官的培养和管理方面向选调生方向靠拢，或者将部分任期期满的大学生村官，通过考核选拔的方式，吸收到选调生队伍中来。这种类型主要以湖南省、河南省和江苏省为代表。在《2012湖南省选调生选拔工作报告》中规定，选调生主要在高校应届大学生中选拔，但同时也为大学生村官保留一些名额；河南省主要是从选调生选聘名额中拿出部分甚至大部分，从考核合格且在岗工作满2年的大学生村官中考试选聘，考试合格后则转为选调生公务员；江苏省为加强大学生村官工作与选调生工作的政策衔接，进一步拓宽优秀年轻干部的来源渠道，选拔优秀大学生村官进入选调生培养管理。

（4）“两选并轨”的意义。“两选并轨”制度的实施，是解决大学生村官和选调生工作问题的新举措，符合年轻干部从基层一线选拔和干部队伍培养的规律，有利于乡村振兴战略的实施。虽然“两选并轨”制度存在一些问题，需要进一步完善和发展，但其全面推广也是必然趋势。“两选并轨”有利于增强年轻干部的基层实践工作能力，有利于党政干部的培养选拔，有利于实现中央对实施大学生村官计划的目标追求。

（三）大学生村官政策目标的变迁

通过对中央、省级、市县等有关文件及相关文献的文本进行梳理，可以清晰地看到大学生村官政策的政策目标随着时代的发展、社会的发展而不断变迁，实现了从单一目标到多重目标的转变。一是随着农村经济发展，政策目标及时从“农村经济社会发展”调整到“完善基层建设工作”；二是始终保持促进农村经济社会发展、国家人才准备的政策目标不变，2003 年开始增加顺应社会目标的内容，如安排下岗或分流的基层干部、解决高校毕业生就业难、缓解就业压力；2012 年开始增加培养锻炼年轻干部，表现出关注青年个人发展的思想。总体看来，中央关于大学生村官政策目标的设定日益科学和明晰，政策价值取向日益人本化（见表 1）。

表 1　大学生村官政策阶段及政策目标

政策阶段	年份	文件名及政策	政策目标
萌芽产生阶段	1995	“雏鹰工程”	①基于农村经济社会发展需要 ②做好战略型人才准备
	1999—2001	海南省局部试点	①加快农村经济社会发展 ②作为后备干部培养
自发探索阶段	2003.10	河南平顶山发文	①优化农村干部队伍结构 ②推动农村经济和各项社会事业的发展 ③安排下岗或分流的基层干部 ④解决高校扩招后大学生就业困难
全国性实验阶段	2005.06	《关于引导和鼓励高校毕业生面向基层就业的意见》	①解决广大基层（农村）人才匮乏 ②缓解高校毕业生就业难
全面铺开阶段	2008.04	《关于选聘高校毕业生到村任职工作的意见（试行）》	①加强农村基层组织建设，培养新农村建设带头人 ②为党和政府培养后备干部 ③引导大学毕业生转变就业观念
政策改进和提升阶段	2012.07	《关于进一步加强大学生村官工作的意见》	①完善基层建设工作 ②缓解就业压力 ③为农村引入人才 ④培养锻炼年轻干部

二、大学生村官政策现状

从以上发展轨迹可以看出，大学生村官工作逐步完成了从地方探索到中央统抓、从注重数量到注重质量、从注重管理到注重培养、从注重眼前到注重长远的重要转变，并取得了显著成效。学界对这些成效的总结主要集中在以下几个方面。

（一）政策框架体系日益成熟完整

大学生村官政策经过多年的发展，形成了较为完整的政策框架体系，为大学生村官工作的有序推进提供了重要保障。1995 年，江苏“雏鹰工程”的实施标志着大学生村官政策的开始，此后在各省区市的相继跟进中逐渐积累了比较丰富的经验。2008 年，中组部会同 4 部门联合发布《关于选聘高校毕业生到村任职工作的意见（试行）》，正式将大学生村官政策提升至国家人才战略的高度予以统筹推进。2009 年，中组部又联合中宣部、教育部等 12 部门下发《关于建立选聘高校毕业生到村任职工作长效机制的意见》，着力构建长效稳定的工作机制。2012 年，中组部联合 6 部门下发《关于进一步加强大学生村官工作的意见》，对大学生村官工作中的重点难点问题做了进一步规定（马抗美，2016）。此外，中央层面还出台了多个关于大学生村官创业、有序流动、社会保险等方面的专项政策；地方层面也每年根据地区特色，出台有关大学生村官选聘、管理等具体工作的文件，保证各省区市大学生村官工作的有序推进。例如，江苏省经过 20 多年的探索和改进，逐渐形成了大学生村官“三当五化”的江苏模式。所谓“三当”，就是把大学生村官当后备干部来培养、当优秀人才来服务、当自家孩子来关爱；所谓“五化”，就是对大学生村官实行优质化选聘、科学化管理、精细化培养、多元化发展、制度化保障（钱德洲，2018）。总体看来，中央关于大学生村官政策目标的设定日益科学明晰，政策价值取向日益人本化，发挥着宏观导向作用；而地方积极落实和多样探索，体现出灵活性和创新性，在具体操作层面发挥着重要指导作用。

此外，在法理层面，大学生村官的身份定位也日渐明晰。2010 年 10 月 28 日修订《中华人民共和国村民委员会组织法》的第十三条明确规定：户籍不在本村，在本村居住一年以上，本人申请参加选举，并且经村民会议或者村民代表会议同意参加选举的公民，有选举权和被选举权。这意味着，2010 年 10 月 28 日后大学生村官只要在村里居住 1 年就完全可以通过法律程序参加村委会选举，也可以通过选举的方式进入村委会担任相应职务；而按照《中国共产党章程》规定，党组织通过直接任命或者推荐参加选举，亦可以使大学生村官进入村级基层党组织，故作为“村级组织特设岗位”的大学生村官进入村“两委”已经有了法理依据（秦文献，2013）。

（二）选聘工作：注重质量，注重问题导向、管控规模

针对前期实践中选聘存在的突出问题，大学生村官政策进行了问题对焦，优化了政策。2015 年以来，中组部针对大学生村官选聘工作提出了“保证质量、规模适度”的要求，相关要求在实践中得到落实。首先，大学生村官的学历结构不断优化。2016 年的数据显示，博士研究生、硕士研究生以及本科生的比例比 2015 年都有所提高。其次，强化了适应性，越来越突出生源地优先原则，强化人才、专业与地域同本地农村发展的适应性，突出专业理工类，尤其是涉农类专业的优先性（刘义强，2018）。

在规模控制上，目前国家的整体思路是：当大学生村官的人数到达一定比例后，将通过适度的调整制度达到完整的动态平衡，当大学生村官任职期满离开岗位后，通过过滤、淘汰、沉淀，逐步形成了一种可控、健康、持续、规范的选拔任用机制（王晶，2015）。

（三）“两选并轨”从制度上解决了“没人去、留不住”等问题

“两选并轨”制度最主要的就是解决了大学生村官的编制问题，有效地解决了大学生村官制度面临的“没人去、留不住”等问题，使得人才在基层更扎实、长效地服务，为农村全面发展助力。但是，选调生制度与传统的大学生村官制度在培养机制上还是有区别的。选调生政策具有严格遵照优秀年轻干部的选拔程序、将优秀年轻干部放到基层一线锻炼提高、努力营造年轻干部成长的宽松环境等特征，因此选调生政策追求的价值目标是效率和效益，即优秀年轻干部成长的效率和优秀干部队伍带来的综合效益（萧鸣政，2015）。

三、大学生村官的作用

对于大学生村官的作用或者说大学生村官政策的目标，学者们进行了大量有意义的研究，从政策目标和需求的角度进行了大量解读。从宏观需求来说，就是要培养党和国家事业发展需要的和经得起、耐得住基层历练的可靠的接班人。国家选聘优秀高校毕业生到农村基层担任党支部书记助理、村主任助理或其他“两委”职务，正是要延长党政干部的培养链，挖掘出一批理解农村群众朴素感情、了解农村现实情况、经得起农村基层历练的党政干部，继续扛起党和国家农村事业发展的大旗，为人民站好岗、服好务。从中观需求来说，就是农村基层党组织建设需要政治素质过硬、熟悉乡村治理的专门人才。农村治理能力现代化需要具备一定管理能力、能够协调处理复杂问题的人才。农村经济的持续发展需要思维活跃、思想超前、有文化且具备一定技能特长的专业人才。大学生村官多为党员，发展入党的过程中接受高校党组织的严格考察和系统教育，他们有活力也有能力，可以配合各级党组织落实好工作要求，加强基层组织的建设，促进乡村治理（杨旭，2017）。同时，大学生村官能推动农村各方面事业发展。他们从基层治理、招商引资、创新创业、文化振兴、生态公益等多方面开展了卓有成效的工作（胡小武，2019）。从微观需求来说，就业及个人未来发展需要一个前景广阔、能够体现人生价值的平台。大学生村官政策为高校毕业生提供了新的就业出路和方向，基层的锻炼有助于他们成长成熟，有助于打好思想、性格、能力等多维基石，走好未来的发展之路（杨旭，2017）。关于大学生村官发挥的具体作用，相关研究一般聚焦以下六个方面。

（一）优化干部队伍结构，储备干部人才

大学生村官制度培养了一批人才，储备了一批人才，优化了村级干部队伍结构，基层工作水平明显提高。针对2007—2014年江苏省从高校毕业生中选聘赴农村任职的23725名大学生村官的数据分析发现，截止到2014年底，从大学生村官中提拔担任乡镇领导班子成员456名，占大学生村官总数的1.67%，占在岗者总数的4.15%。其中，通过公开选拔担任的有276人，通过换届选举担任的有180人；被提拔者中，有乡镇党委书记1人，乡镇党委副书记12人，乡镇长10人，

党委委员或副镇长433人（李义良，2016）。

（二）促进基层党组织建设，优化基层治理体系

大学生村官制度促进了基层党组织建设，优化了基层治理体系。于诗桐等（2016）指出，大学生村官加强了基层党组织建设，提升了基层党组织凝聚力，有利于推进基础服务工作，健全基层党建组织。魏星（2016）指出，大学生村官干部队伍的合理优化，能促进农村社区治理结构转型，在城镇化进程中发挥大学生村官的工作实践优势。陈权等（2015）指出，大学生村官有利于促进基层农村民主管理，促进新知识体系在农村发展中的推广和应用。韩锦（2017）指出，要充分发挥大学生村官文化素质好和科技素养高的优势，在提升其组织决策水平和农村治理能力的同时，提升其应急管理能力，进而促进农村应急管理体制的构建。

（三）促进农村经济发展

大学生村官通过带头创业、技术指导等方式，促进了农村经济发展。第一，大学生村官带头创业致富，是促进乡村经济发展的重要举措，通过创办多种富民项目，带动群众不断增收，推广科学技术，扩宽农民致富渠道。李剑富（2018）研究发现，个人收入、家人支持、良好的人际关系、创业培训、创业教育、良好的交通通信网络设施、当地经济发展势头良好、当地创业资源丰富、成功创业者榜样的激励与大学生村官创业倾向呈显著正相关。第二，大学生村官的技术优势在精准扶贫过程中发挥了重要作用，精准扶贫是针对农村贫困居民而言的，其最典型的政策特征是扶贫工作的精细化、精准化。现实中，精准扶贫存在一些认识偏差和技术难点。对此，李秀芸（2017）指出，大学生村官完全可以利用其自身优势，积极参与其中，为纠偏、克服技术难点尽一份责任。第三，大学生村官在转变农民发展思路、培育新型职业农民人才上发挥了重要作用。陈权等（2015）指出，大学生村官以自己的新观念，不仅引领农民学会从分散的粗放的家庭经营的小农生产方式向集约规模经营的现代生产方式转变，更重要的是帮助农民打破了固化思维方式的藩篱，起到了“一石激起千层浪”的效果。胡天助（2016）指出，大学生村官由于受教育程度、培养目标的特殊，与传统的村干部有显著区别。大学生村官和新型职业农民在服务农村、利用所学改进农业生产水平、带领群众

致富等方面有很多共同点，可以借助大学生村官的优势，转变农民发展思路，积极培育新型职业农民人才。

（四）形塑社区空间，促进农村精神文明建设

逄索（2015）指出，大学生村官充分利用公共场所、公共权威、公共活动与事件、公共资源等地方资源与社会条件，促进了农村新型社区公共空间塑造，实现了社区空间的形塑和再生产。例如，江苏省的大学生村官，通过担任“社会体育指导员”“远程教育网站管理员”“农家书屋管理员”等职务，主动成为“留守儿童爱心妈妈”“留守老人贴心天使”等角色，在乡村精神文明建设中发挥作用。通过举办乡村体育运动会、农民读书节等活动，引领农村的文化建设，在融入群众、锻炼自己的同时，更促进了农村生活理念和习惯的改变，在很多地方，科学健身、追求健康、崇尚文明成为农民群众的新时尚（李义良，2016）。同时，大学生村官有知识、有文化，对于当前农村文化建设中存在的问题，能够发挥自身优势，为农村文化发展、传承与建设做出积极贡献，能够成为社会主义新农村文化建设的实践者、促进者和传播者，对于促进农民陈旧观念和固化思维方式的改变有很大帮助（陈权，2015）。大学生村官通过传播现代文明风尚，促进了观念转变和移风易俗，在农村精神文明建设方面发挥了积极作用，成为宣传和践行社会主义核心价值观的重要力量。

（五）促进村容村貌改变和乡村公益事业发展

陈权（2015）指出，长期以来，中国农村住房布局一直存在自发无序的现象，大多村庄都缺乏必要的生活配套设施，村庄房屋排列凌乱，生活环境较差。没有村容的整洁，就不会有乡风的文明。2014 年，在江苏省南京市江宁区金华村创业的大学生村官，通过带领全村农民大力发展旅游产业，自主营收，引导农民利用资金，加大村里配套设施建设和环境治理，实现了金华村村容村貌的根本改变。此外，石国亮（2017）等还指出，大学生村官在农村公益事业发展上发挥了重要作用。大学生村官积极探索建立慈善超市和村级慈善基金会，发挥农民企业家和农民工的带动作用，借助实施脱贫攻坚工程和精准扶贫、精准脱贫等契机，积极推进慈善文化进乡村，推动更多的城市慈善进入农村。

（六）促进个人成长和发展

大学生村官的工作经历既是其未来发展的履历，更是在实践中历练了才干，提高了能力。董博平（2013）指出，农村是中国社会的最基层，事务琐碎，人情往来关系复杂。大学生村官肩负着带领群众致富奔小康的历史重任。这对于一个初出茅庐的大学生来说是一次难得的机遇，更是一种历练，促进其社会适应能力的发展。袁芳（2015）将大学生村官的成长分为角色适应、素质形成、创造性实践成果形成、大学生村官的社会影响形成等四个阶段。通过四个阶段的实践锻炼，大学生村官在思想道德、知识结构、心理、综合能力等四个方面的素质均会有所发展。

四、大学生村官政策相关问题与建议

20 多年来，大学生村官政策经历了从无到有、从单一目标到多重目标的发展过程。在不断发展的过程中，尽管一些问题逐步得到了解决，但政策不可能完美，总存在可以继续完善和提高的空间。下面以大学生村官职业生涯的时间维度为线索，按就职前、在任期间、任期满后三个时间节点，对政策问题进行分析，并针对问题，结合相关学者的观点，提出相应的建议。

（一）就职前

1. 选录标准宽泛，培训不足，宣传工作不到位

一方面农村基层人才短缺，另一方面城市就业压力大，高校毕业生就业问题日益严峻。在这样的背景下，通过选聘一些高校毕业生到农村任职来缓解其就业，似乎就是“你情我愿”的好事，但当政策目标过于专一集中于此时，将忽视大学生村官政策的其他目标，对政策本身造成一些负面影响。

（1）选录标准过于宽泛。许慧娟、董彦娜、肖东（2019）指出，大学生村官在选聘的过程中，入口关把握不严，忽视了选聘对象的基本素质以及真实的动机，造成大学生村官的考察松散，选聘脱离实际情况。只要求符合选报的条件和分配计划，对大学生村官的专业能力、实际能力以及自身的责任和目标并不重视，使

得大学生在乡村振兴中难以发挥其真正的价值和作用。

（2）培训的数量和质量均不足。王宏（2015）指出，大学生村官往往对农村了解并不够，他们的专业不同，但真正涉及“三农”的并不多。为了帮助大学生村官尽快适应农村环境，入职一般会有集体动员和培训，但是当前培训的内容往往过于宽泛，培训时间过于短暂。虽然入职后有不定期的专项培训，但不是面对所有人，无法满足工作的实际需求。调查显示，大学生村官最急需培训的内容依次是：农村经济文化建设、农业科学技术技能、创业培训教育、与农民沟通的能力等。目前没有这方面系统的培训课程或教材。

（3）宣传工作不到位。王静（2016）认为，由于事先宣传教育工作不到位，导致大学生村官在思想觉悟方面有所欠缺；再加上农村生活相对单调，与心理预期不符，大学生村官难免会对理想与现实的落差存在失落感，不能很好地融入农村生活。

2. 大学生能力、思想和心理准备不足

（1）能力素质与实际需求存在一定差距。应届高校毕业生通过选拔来到基层担任大学生村官，尽管他们有一定的理论水平，可是没有实际的工作经验；尤其是到了新的工作岗位、陌生的环境，并且从一个学生突然接管一个村子的琐碎工作，这无疑使得大部分大学生村官表现出能力不足。

（2）思想和心理方面，佘宇（2013）总结发现，报考大学生村官的动机复杂。高校毕业生报考大学生村官主要有四种动机：第一种，自己出身农村，想回到熟悉的农村工作，服务农村发展；第二种，所学专业为涉农专业，想在农村发挥所长，锻炼能力、本领，实现自身价值；第三种，迫于就业压力和受到优惠政策吸引，先有个工作再说，缓解就业压力；第四种，把入村任职作为进入机关事业单位的过渡，为将来参加机关和事业单位招考打基础。其中，先解决就业是大学生村官报考的首要动机。刘健、王季鹏（2016）发现，这些被选拔到农村担任大学生村官的大学生，大多数不能正确认识自己岗位的重要性，不理解建设基层对于新农村建设的重要意义，因此在走向这个岗位之前没有足够的思想准备和心理准备，导致刚一上任会有很大的心理落差。这些问题的存在均影响了大学生村官计划的效果。并且，由于之前职业或者学业表现欠佳，大学生村官本身也处在缺乏信心和动力的心理状态。

3. 对策与建议

（1）完善选拔聘用机制。一方面，适当提高大学生村官的准入门槛。选聘时应充分考虑高校毕业生所学专业、组织管理能力、个人道德素养、成长环境等因素，提高队伍的整体素质。在个人条件上，把提高有关硬性指标作为门槛；在选聘方式上，从偏重考试的简单选聘转变为考试和实地考察相结合；在选聘计划安排上，注重当地实际需求、财力支持情况、期满消化能力。另一方面，设岗选聘时要让农民群众拥有选择大学生村官的一部分权利，同时，职能部门应充分考虑双方相互选择的意愿，在一定范围内适当尊重大学生村官对所任职村的选择。

（2）打造针对性培养机制。于林可（2019）指出，不少大学生村官不能适应基层岗位的工作需要，工作效率比较低。针对这些问题，所开展的管理培训必须具有较强的针对性，落实分类培养机制，通过有针对性地培养和有关大学生村官发展意向、思想认识、职业规划以及专业的调查，引导大学生村官发展所擅长的相关领域，以强化他们的职业技能。也可以安排大学生村官上任前到文化经济先进村参观和学习，掌握它们在项目创业、资源开发、文化经济建设等领域的先进经验。

（3）加强宣讲。王静（2016）建议加强世界观、人生观、价值观教育。通过理想信念教育，积极引导大学生村官正确认识这个职业，认清当大学生村官的意义。对大学生村官进行情感教育，培养他们对农民农村的热爱之情，提高政治思想素质，牢固树立吃苦耐劳的精神品质。

（二）在任期间

1. 政策设计问题

（1）政策融合衔接度不高。佘宇（2013）发现：第一，多重政策目标存在内在矛盾，大学生村官政策目标的实现程度参差不齐，且“事”的目标对“人”的目标负面影响较大。在政策选择上，由于不同利益相关者对于政策的解读立场和利益诉求并不完全一致，因而在政策目标的优先序选择、侧重点方面也可能存在差异，甚至会有所增减。第二，相关政策衔接不足。不同省区市之间、同一地区不同时期招录的大学生村官之间以及中央计划与地方自行招录的大学生村官之间的政策保障并不完全一致，政策不完善甚至前后脱节。

（2）大学生村官身份界定模糊。董敏（2012）指出，“大学生村官计划”作为一项新政策，在实施过程中面临大学生村官在法律层面的身份困境问题。《村民委员会组织法》规定：“村民委员会主任、副主任和委员，由村民直接选举产生。任何组织或者个人不得指定、委派或者撤换村民委员会成员。”因此，大学生村官只能在农村“两委”中担任党支部副书记、村委会主任助理。大学生村官担任党支部副书记的职务目前尚无争议，但是担任村委会主任助理一职则引起了争议。因为在《中华人民共和国村民委员会组织法》中没有这一职位的规定；并且根据依法自治的原则，大学生村官不是本村村民，在村委会选举中不能担任村委会主任、副主任、委员等职务，所以“村委会主任助理”之职名不正言不顺。此外，大学生村官作为“助理”，并没有实权，主要工作内容通常是整理文件和写报告这些琐事。模糊的角色定位使得大学生村官不能合理、合法且有效地参与村民自治管理。

新中国成立后，随着乡村行政体制的几次改革，群众自治为主体的村民委员会应运而生并得到大力推广。大学生村官是自上而下派来的、带有较强的“行政色彩”，而村民自治是自下而上的自我管理、自我教育、自我服务，二者发生冲突非常正常。大学生村官在其中，将面临角色定位与使命履行等问题，这也会对大学生村官政策的实施效果产生重要影响。

（3）职业发展导向不明确。陆文前（2018）指出，大学生村官本身既不是行政编制，也不是事业编制，缺乏法律上的身份界定，导致其职业发展存在不确定性和短期性。由此可见，当前政策虽然鼓励大学生积极投身新农村建设，但其职业发展导向并没有专门针对大学生村官扎根新农村建设的职业发展的长效机制，不明确的导向让大学生村官看不到职业发展前景，影响了工作积极性。

（4）日常管理服务缺位。佘宇（2013）指出，大学生村官任职之前要经过笔试、面试、体检、政审等一整套严格的考核程序和岗前短期培训，但在任职之后，各级部门忽视了跟踪培养、在岗管理，出现了重前期考核、轻日常管理的普遍现象。这容易导致大学生村官入村任职后，面对基层复杂情况将束手无策；对如何开展工作、如何认识和克服困难无处请教；出了问题没人管，遇到困难没人帮，容易造成工作被动、积极性受挫。

（5）工资福利待遇偏低。刘美君（2018）认为，各地经济发展状况不同导致不同地方的大学生村官的工资待遇标准也有所不同。优厚的薪资待遇无疑是大学生村官政策得以实施以及吸引人才的重要保障。一些经济较为落后的农村却不能为其提供较为优厚的薪酬，又加上地方财政困难，使得他们留不住优秀的人才。根据“马太效应”，这会导致人才分布状况的两极分化趋势越来越严重。

2. 政策设计的对策建议

（1）完善相关政策。予以法律保障。尽快从法律层面消除大学生村官身份的尴尬。作为国家培养人才的长期战略措施，大学生村官政策应该实现制度化、合法化。进一步修改和完善《中华人民共和国村民委员会组织法》等相关法律法规，彻底消除这一群体的身份尴尬，并在待遇和工作条件上予以法律保障。这也就意味着，通过立法明确大学生村官的权利义务、政治待遇、岗位职责、培训考核及激励退出等。

转变导向，清晰定位大学生村官角色。职能部门在今后的工作中需要进一步明确传播信号，即大学生村官不是公务员，是国家有偿支付的带有志愿者性质的工作岗位。对于任职期满的大学生村官，在“出路”上给予政策支持，切忌大包大揽，避免更大的隐患。通过公务员招考程序优先录用为公务员的，只是其中很小一部分，只能是优中选优、在岗位实践中脱颖而出的大学生村官。

界定工作职责。从当地实际出发，对大学生村官岗位界定职责、分解任务，明确哪些是独立负责或牵头实施的，哪些是协助参与的，并在此基础上实行目标考核管理。

完善考核考察和激励机制。闫晓（2019）认为，首先，应当丰富考核主体和考核内容，通过恰当的标准和规范的操作保证考核结果的真实性和公平性。考核主体越全面、考核内容越丰富则越有利于提高考核工作的质量以及认可度。原有的考核主体范围包含乡镇的党委、其他村干部和某些村民代表，为了更全面、真实地考量大学生村官工作的实际情况，建议增加县级组织部门和纪检部门的考察分量，同时增加大学生村官互评。此外，建议围绕大学生村官的工作职责和个性差异科学化地确定考核重点。差异化的全方位考核将有利于激发大学生村官的潜能和干事创业的热情。其次，灵活、精准运用考核结果，考核结果确定以后及时向大学生村官本人和各级组织、部门进行反馈，并且要把考核结果的运用体现到工资待遇、职务任免、教育培训、评树先进等多个方面。此外，还可以将考核结果与提拔使用挂钩，使大学生村官在职务晋升上有所指望，而不是单一地以论资排辈等提拔，确保个人所得与付出成正比，确保发展前景与工作实绩成正比。再次，建立健全的分流、淘汰机制，在对选调大学生村官履职过程进行全面、准确、翔实考核的基础上，对那些进取心不够、责任心不强，难以进入工作角色、工作表现较差，或因其他原因不适宜继续做选调大学生村官的，使用分流、淘汰机制，明确淘汰机制的适用情形，厘清淘汰机制的使用流程，为选调大学生村官政策的施行引入竞争机制，增加选调大学生村官的危机意识和责任意识。

要持续下派大学生村官，争取做到一村一名大学生。刘唐宇、翁艳（2012）认为，一届大学生村官是不可能产生深远影响的，只有一届接一届大学生村官的到来，不断地给农村注入生机和活力，才能最终从根本上改变现状；同时，也可以消除部分大学生村官“孤军作战”的感觉，解决其沟通交流问题，以发挥大学生村官的团队效应。

（2）加强在职期间对大学生村官的指导培养。开展全方位帮扶举措。一是对个人思想进行帮扶，建立关怀机制。确定一位当地或上级政治觉悟高、业务能力强、工作经验丰富的老同志，关心他们的思想、工作、学习和生活，采取师傅带徒弟的办法，与他们进行一对一的专属联系、指导和帮扶。二是由基层工作者对选调大学生村官进行工作经验的帮扶，由经验丰富的基层工作者进行带领，能使初到岗的大学生村官迅速了解当地的风俗环境、村情村貌、社情民意。也可以组织当地村民或村民代表、致富能手等与大学生村官见面交流，增进了解的同时也传授发展建设经验。

（3）提高待遇水平。提高大学生村官待遇水平。第一，提高经济待遇。按照国家政策，严格落实各项待遇，设立最低工资标准，调整因服务地区差异而导致的收入差距过大，鼓励多种形式的奖励方式，保证将要进入大学生村官队伍的高校毕业生有一个良好的预期。在财政允许的范围内，保证大学生村官的待遇水平与当地公务员的待遇水平相当，甚至高于当地公务员的待遇水平。第二，提高政治待遇。在公务员考录、考学深造中给予大学生村官更多政策优惠。在农村党员干部的培养和使用方面，要向大学生村官倾斜，要把在农村基层锻炼成长的优秀大学生村官吸收到党组织和农村干部队伍中来。

文化建设增进身份认同。陆逸凡、余智敏、马德峰（2017）认为，这一措施有助于多角度、多渠道凝聚大学生村官的内部向心力。文化建设内容涵盖多个方面，如建立形象识别体系、丰富外部宣传媒介、树立学习模范典型、为异地任职的大学生村官夫妻提供跨区县交流机会等，夯实扎根基层之路。

3. 大学生自身问题

（1）身份定位不明。不少大学生村官过度看重自身身份，主观上认定自己“非官非民”“非公务员非村委会成员”，身份尴尬，不利于开展工作；不能积极融入原有的村干部体系，不能主动参与重要问题的讨论、决策。面对村干部交代的工作，存在挑三拣四的现象。由于大学生村官并不真正了解所在村的情况，村干部也不敢将涉及村民重大利益的“大事”交给他们，这就造成了大学生村官对村干部的误会，认为他们不接受自己。

（2）“出路不明”导致在岗心态不稳。刘唐宇、翁艳（2012）认为，部分大学生进入大学生村官队伍更多的是为今后考公务员或进入政府部门打基础。调研发现，不少大学生村官确实是抱着“就业跳板”的心态加入大学生村官行列。因此，在服务期满后能真正留在农村、继续留任大学生村官的大学生非常少。任职期满后的二次就业缺乏保障。虽有考研优惠政策和创业扶持政策，但并非每个大学生村官都能如愿以偿，且选择创业的大学生村官比例较低。因此，政策的变化使得在任的大学生村官存在后顾之忧，这必然会影响到他们作用的更大发挥。

（3）理想信念不够坚定。由于国情教育的缺乏，部分大学生没有坚定的扎根农村、为农村发展做贡献的信念。农村建设是一项复杂多样的工作，会遇到各种各样棘手的问题，很多大学生村官在就任前并没有克服万难的信念支持，遇到挫折后容易退缩，甚至灰心丧气，失去了工作的活力和信心，致使工作无法开展。也有些大学生村官并未下定“俯下身”和农村老百姓打成一片的决心，导致工作时不在状态，无法与当地村民保持同步。

4. 关于大学生自身问题的建议

（1）和农民打成一片。刘庆（2019）指出，非正式制度（如文化传统、民风民俗等）对正式制度有协同作用，非正式制度在农村的影响深远，农民日常的大部分行为表现都需要非正式制度来约束。非正式制度是大学生村官认识农村民情的重要窗口，是他们发挥自身主动性与农村存在现状相结合的“调味料”。通过把农村非正式制度运用于大学生村官管理的实际中，一方面调动他们工作的积极性和实际性，另一方面拉近他们与农村的认识距离，使他们在农村非正式制度的约束下有才可施，正确处理好农村矛盾问题。

（2）端正态度，提高思想认识。高校毕业生在参加大学生村官选拔的时候应端正态度，不应把担任大学生村官当作择业的过渡期，当作考公务员或考研的最佳复习地，而应该结合自己的职业期望或职业规划来考虑大学生村官的职业是否适合自己。一旦选定了大学生村官的职业，就应该正确对待这份职业和未来的出路。农村的广阔天地为大学生村官提供了发展平台，大学生村官应积极融入农村，主动增进与农民的感情，积极践行群众路线，逐渐理解农民，熟悉农村工作规律，进而积极出谋划策，努力工作，为农村发展贡献自己的力量。

（3）不断提升自身综合素养。大学生村官到农村任职，在不断加深专业能力的同时，还必须注重提升处理复杂问题的能力、管理能力、沟通能力和领导能力等。要注重实践锻炼，将所学知识转化为实际能力，不断提高业务能力和水平。

5. 外界环境影响问题

（1）农村环境问题。一是生活条件。欧阳智超、张徐源（2015）认为，相比城市，多数农村环境差，对于高校毕业生来说，投身新农村建设就得进入偏僻、交通落后、设施缺乏、物质与文化基础较差的环境中工作，工作环境吸引力对于他们来说不足。

二是社会环境。钱德洲、刘祖云（2018）发现，首先，大学生村官会有社会环境认同感差的问题。大学生村官的社会认同度和价值满足度较低，不少村干部本来就对大学生村官心怀戒备，加上基层的工作方式和思维习惯，导致工作上不配合、不协助，工作难以开展。因此，大学生村官作为一个“外来人”，很难与村民建立起相互信任的关系。而且农村人际关系复杂，各种家族关系、传统习惯盘根错节，积累形成了特殊的人脉网络。农村工作往往更需要对村情人情的熟悉，以及耐心细致、拿捏到位的工作方法。他们对村情了解的缺乏和年龄阅历上的劣势，使得村民很难接受他们。

（2）缺乏外部交流。刘唐宇、翁艳（2012）指出，大学生村官之间的沟通交流明显不够。由于缺乏外部交流，大学生村官群体内部的交流就显得尤其重要。由于年龄相仿、工作内容相似、工作条件相近等，他们彼此有较多的共同语言，迫切需要交流各种信息、经验和教训。访谈发现，几乎所有的大学生村官都希望加强相互间的交流。现有的交流强度远远不能满足大学生村官的社交需要。这在一定程度上束缚了其眼界的拓宽、思想的创新和方法的改进。另一方面是缺乏引路人，没有长者、智者的引导。大学生村官由于乡情生疏、阅历较浅，没有工作和生活上的引路人，一时很难适应农村基层工作和生活，也会影响工作的开展。

6. 关于外界环境影响的建议

（1）佘宇（2013）建议，提高村干部对政策的认同，建议各级政府通过各种渠道加大对大学生村官政策的解读和宣传，使村干部了解、认可这一政策。日常工作中，建议乡镇加强村干部与大学生村官共同参加的培训与活动，使双方在互动中相互了解、相互信任。

（2）增加普通村民对政策的信任。建议在农村深入宣传大学生村官政策的重要性，以及大学生村官能够发挥的作用，改变村民对大学生村官的误解，从而获得村民的认同和支持。

7. 性别失衡问题

张亚楠（2013）发现，在同等政策环境、工作条件和个人条件下，女大学生因为性别原因而未能享有和男大学生同等的发展机会。可以说，在大学生村官职业中存在职业性别隔离，女大学生村官与男大学生村官不被同等对待的遭遇属于职业性别隔离的现象。造成这种现象有以下两点原因。

（1）社会期待和重视程度的差异。囿于传统的社会性别分工和性别观念在人们头脑中形成的定式思维，女性从事服务、照料、依附、辅助等的角色扮演，更加容易得到社会和舆论的赞同和认可。尤其在思想观念相对保守、对外沟通不便、接受新事物较慢的农村社会，对女性的传统角色的定位更是严格。在这样的思想观念和外部环境下，女大学生村官的工作表现并不被村干部、村民看好，他们根本不期待这些“女娃娃”能给农村的发展带来多大变化，不期待她们承担重要的工作任务，而只分配给她们一些材料整理、档案归类之类的工作。这在一定程度上给女大学生村官的工作表现带来影响，打击了她们的工作热情和信心。这使女大学生村官比男大学生村官在工作上更少得到鼓励和支持，并且缺少了承担重要工作的机会，不能得到更多的机会锻炼提高能力，不能够积累更丰富的工作经验。

（2）生活目标和压力的差异。囿于传统的职业性别分工和传统性别观念的影响，不同性别的大学生村官对未来生活的规划和目的各有侧重，而且各自承受的压力也不尽相同。男性的压力主要集中在经济方面，而女性的压力则来自家庭，以及工作和照料家庭之间的平衡。由于传统舆论和观念的压力，女大学生村官受到的压力比男大学生村官要大。这种压力主要表现在女大学生村官比男大学生村官更早面对婚恋压力，而且在婚恋对象的选择范围上也更加狭窄。有婚恋对象的女大学生村官在完成任期后，选择其他职业时需要以照顾家庭为主，选择离父母、男友（或配偶）较近的地区或城市。

8. 改善女大学生村官生存状态的建议

（1）从制度层面和政策层面赋予女大学生村官更多的权利与职责。在大学生村官的制度设计过程中，加入社会性别视角。女大学生村官作为改变基层权力结构的重要力量，在推动农村权力结构变动的过程中将发挥重要作用。在大学生村官工作安排过程中，应考虑性别因素，在工作安排以及基层队伍建设的过程中给予女大学生村官更多的职责与权利，为女大学生村官参与基层核心事务提供政策支持与制度保障。

（2）结合女大学生自身特点，安排适合女大学生村官发挥自身特长的工作。女大学生村官相比男大学生村官而言，心思细腻、沟通交流能力强，更容易获取村民和基层干部的信任，在农村开展工作的阻力较小，因而在工作安排方面应考虑性别因素，将女大学生村官安排到更能发挥其优势的部门，如新农村文化建设、调解村民矛盾等。

（3）针对女大学生村官的个性化需求，开展有针对性的培训与服务。例如在加强女大学生村官职业发展和未来规划的意愿方面进行培训，或加强职业与婚姻的平等观教育等（魏翠妮、罗珺，2014）。

（三）任期满后

1. 政策问题

（1）出路逐渐清晰，但是分流不够。杜彬恒（2013）认为，大学生村官的出路选择问题值得关注。当前，国家出台了一系列举措解决大学生村官的出路问题。主要是单独面向大学生村官的基层公务员选拔。但是，受编制名额的限制，政府提供的岗位数量非常有限，根本无法满足大部分大学生村官的实际需求。引导大学生村官自主创业，也受资金、经验等影响，自主创业者寥寥无几。

（2）政策调整后的路径依赖。陆逸凡、余智敏、马德峰（2017）通过实地调查发现，聘任满 2 个期限的“老大学生村官”在心理层面对于政府政策存在一定的依赖，主要原因是新政策文件的出台和相关政策调整的连带效应。明确大学生村官工作期限的政策文件出台，对于不少聘期已满 2 个期限的“老大学生村官”群体造成了心理上的波动。“老大学生村官”受限于年龄、家庭责任、自学能力、社会资源等因素，在寻找期满退出的出路时较应届高校毕业生存在一定的劣势，因此部分“老大学生村官”指望政府能对期满退出一步安排到位。“老大学生村官”长期在大学生村官岗位上，工作激情和状态大不如前，这也影响流出，但其自认资历老，自行再次择业的可能性较低，寄希望于组织安排出路。

2. 大学生村官自身问题

（1）另行择业道窄路狭。余智敏、陆逸凡、马德峰（2017）发现，一方面，大学生村官专业方向的多元导致难以为大学生村官退出工作制订个体的、个性化的方案；另一方面，企业大部分所需岗位的专业性强，大学生村官在经历了几年的基层工作后，其专长与经验难以和企业的要求相吻合。尽管企事业单位会匀出一部分普适性的岗位，通过定向招录的方式给予大学生村官群体，但是提供岗位的数量仍是有限的。

（2）续聘意愿低。一项对在岗大学生村官的问卷调查（张兵，2015）发现，100% 的大学生村官参加过公务员考试，都在试图离开大学生村官岗位，他们中有 88.57% 的人为今后的出路感到忧虑，有 51.43% 的人感到经济压力大，有 20% 的人认为生活和办公条件差。个人的现实收益问题影响大学生村官对自身工作岗位的期望值。虽然在很多村委会都为大学生村官提供了免费住宿，条件好的乡村（约 36% 左右）甚至可以免费就餐。约 20% 的被调查的大学生村官有一部分加班费，但是当前大学生村官总体上的个人收入情况是“勉强仅够个人生活开支”，对收入待遇的不满意度达到 87%。

3. 任期满后的建议

（1）多元渠道增加出口，通过考核促进大学生村官自身能力提升。一是需要找好出口。针对大学生村官二次就业，应统一规划，制定特殊政策，提高就业质量。有必要建立统一、完善、及时、高效的就业资讯平台，加强各区县大学生村官彼此之间的交流，打通各地、各企事业单位的就业信息资源，并进行对口专业岗位的分类规划，在不断更新、完善的同时拓展大学生村官选择的渠道。

二是多元渠道扩大定向招录。陆逸凡、余智敏、马德峰（2017）建议，除定向招录进入公务员队伍这样的传统分流路径，定向招录的渠道还应包括选拔优秀大学生村官纳入选调生培养管理，或进入地方国有企业、事业单位工作等。定向招录途径的外扩和延展为大学生村官的期满退出提供了更多可能性，在一定程度上缓解了大学生对于“路在何方”的迷茫感和焦虑感。

三是瞄准精准化、严格化、差异化的创业资助方向。应当逐渐提高对大学生创业项目的要求，差异化对待不同技术含量、创新质量的创业项目，对于有发展前景、有竞争实力的方案、计划，不仅给予筹资贷款的优惠条件，也可经筛选、核查后联合各企业进一步投资，拓宽其发展平台和未来市场。而对于创业周期长但回报收益可观的项目及其创业者，可酌情考虑为其提供延长优惠政策享受期限的申请资格。

此外，陆逸凡、余智敏、马德峰（2017）建议将大学生村官在村任职时的工作成果与期满聘任的出路挂钩。工作绩效成为推荐和考量的依据将有助于激发大学生村官在岗服务基层的积极性和主动性。大学生村官自身能力的提升，无形中也是为其期满退出后进入劳动力市场增加一定的竞争砝码，有助于其自主择业时寻找到更优质的发展平台。

（2）支持大学生村官留任。要支持那些有专业技能、愿意留在基层发展的大学生村官继续留村任职。一是要做好思想政治教育工作。大学生村官的管理部门要时刻关注大学生村官的思想动向，引导他们认识到农村的平台可以提供巨大的发挥空间，促使他们树立并加强扎根基层的决心和信念。二是明确留村任职最长期限届满后的流动方向。例如，如果大学生村官任职 4 年后职位低于村“两委”副职，且在考核中获得职称以上评定，又得到上级党委认可的，可以安排他们转入乡镇事业编制。三是建议修改相关政策法规，扫除大学生村官进入村“两委”的障碍。袁敏鸿（2018）建议向全国人大提出修改《中华人民共和国村民委员会组织法》《中华人民共和国村民委员会选举办法》议案，确定大学生村官的身份及工作定位，取消大学生村官参加选举的居住年限等限制。

（3）创新推动继续深造。袁敏鸿（2018）指出，除考研加分的政策优惠外，政府还可以采取委培的方式。大学生村官继续深造也可以采取这种方式。首先，省组织人事部门出面，与相关高校达成一致，由其负责培养。其次，对在任的大学生村官进行摸底，对那些愿意扎根农村，想学一些符合农村需要的专业的大学生村官进行挑选，并与之签订委托培养合同。委托培养合同应规定，委培费用由委托单位负责，但大学生村官毕业后需在委托单位工作 5 年以上，如未达到 5 年，则须根据年限退还委托单位培养费。最后，如果大学生村官想要深造，可以提出申请，则允许给予大学生村官一定的时间脱岗学习。在这个过程中，相应的工资和津贴应该照常发放。

（4）调整心态，做好职业规划和选择。袁敏鸿（2018）建议，大学生村官任职期满后选择再就业时，要有明确的职业目标、坚定的理想信念。只有具有明确的目标和坚定的信念，才会促使自己不断提升能力与素质，不断朝着目标迈进，最终才能取得成功。首先，大学生村官要调整好心理状态，积极乐观地面对工作和生活，要提高面对困难和挫折的心理承受能力，这样才能从容应对工作和生活中的各种问题。其次，大学生村官在选择职业时，要避免跟风，避免频繁跳槽，避免随便就业，否则等到后悔时已经错过了机会。经过农村的任职锻炼，大学生村官的群众工作能力、处理实际问题的能力和应付复杂问题的能力都有了较大提升，已经具备了做好工作的本领。只要大学生村官找准方向，坚定理想信念，就一定能够在事业上取得较好的成绩。

总之，无论从培养人才的角度还是推动新农村建设的角度来看，大学生村官政策的实施和发展已经取得了显著成效，但也仍然存在问题和困难，还需进一步改进和完善。但只要继续探索创新，这项政策一定会不断走向成熟和完备，更好地发挥大学生在推动农村发展方面的作用，也为党和国家培养更多有基层经验的优秀干部。

五、研究不足与展望

（一）“两选并轨”下基层选调生的研究缺乏

当前，大学生村官制度与选调生制度已经基本实现“并轨”，基层选调生取代大学生村官成为高校毕业生基层人才培养的主要方式。选调生制度和大学生村官制度无论在选聘要求还是在培养机制上都存在很大的不同。大学生村官面临的编制问题已基本得到解决，大学生村官期满分流问题演变为基层选调生向上流动的问题。但目前针对选调生，特别是基层选调生的研究很少，研究的问题视角也不够细化。

（二）大学生村官政策评估重“事”轻“人”

大学生村官政策评估可以有“事”和“人”两个角度（佘宇，2013）。目前关于大学生村官政策评估更注重、多集中在“事”的评价，即大学生村官给国家、给基层带来的综合效益，对“人”的评价较少。如何调动青年投身基层，一方面需要宣传教育，另一方面需要有实证研究，对优秀大学生村官的成长进行经验总结，对失败案例进行原因分析，将有利于政策完善和评估。

（三）研究问题“上不着天、下不接地”

当前的大学生村官研究多从政府、社会和大学生自身三个角度出发，存在大问题说不清、小问题研究不透的现象。究其原因，一是缺乏系统思维，没有将产品的生产单位（高校）和使用单位（基层用人单位）相结合，没有将学校、家庭、同伴的影响进行综合考虑，缺乏生命周期的视角，未能抓住初入职场青年的特点，综合考虑其思想、学习、生活、感情（包括谈恋爱、找对象）等多方面的需求。

二是缺乏政治站位。新时代大学生村官更有用武之地，需要把青年人的理想信念与国家的命运相结合，中国梦与青春梦相结合，提倡奋斗精神，提高青年人的政治觉悟和制度认同。目前的研究局限于动机层面，缺乏更深一步关于理想信念的研究，而理想信念将是培养锻炼年轻干部的主要目标之一。

三是深入农村不够，与时代脱节。当下的农村已经不是 20 年前的农村。2020 年 3 月，我国网民规模为 9.04 亿，互联网普及率达 64.5%，农村网民规模为 2.55 亿，占网民整体的 28.2%。网络在农村，尤其是青少年里已经普及。目前的研究对于网络等科技产品方面的建议多停留在网页宣传层面上。但其实现在的网络上可以加以利用的平台远比网页丰富得多，如短视频平台、微博、公众号等；此外，网络的作用也不应仅仅停留在宣传上。随着网络课程的普及，对大学生村官的入职培训也可以采取网络授课的方式，省时省力。

（四）实证研究不足

关于大学生村官制度的成效和作用，已有研究以理论研究居多，实证研究不足。大学生村官的研究属于应用研究范畴，但目前更多的是建立在理论分析与思考的基础之上，成果以理论性的居多。现有理论指出的众多成效和作用，其实更多地只是从大学生村官的政策导向和目标出发，实际实施成效的测量研究不足。大学生村官制度在实施过程中有没有发挥政策导向指出的作用，发挥作用的力度如何，都需要实证研究成果给予支持。大学生村官制度涉及面广、涉及人数多、影响和意义深远，需要更扎实的实证型应用研究，以便产出更权威的应用型成果以供决策层和实践层参考。

综上所述，建议本研究进一步聚焦“人”的角度，即大学生村官政策对人才培养的效果。从干部培养“德才兼备”的要求，从理想信念、思想道德、知识结构、心理素质、社会适应、综合能力等方面进行探讨；根据大学生村官的成长阶段，分为招聘前、招聘期、任职期间、任职期满后四个阶段，分别探讨不同因素（家庭、学校、同伴、基层工作人员、村民等）对大学生村官成长成才的作用，包括角色适应、素质形成、创造性实践成果形成、社会影响等。此外，还应深入基层一线，采用实证的研究方法，开展以上研究。

李墨淇　丁文平　高子健　执笔

主要参考文献

[1] 许慧娟，董彦娜，肖东．乡村振兴战略下大学生村官选拔任用工作研究[J]. 智库时代，2019（34）：38+55.

[2] 王宏．边疆民族地区“大学生村官计划”实施现状及对策研究——对云南省富宁县大学生村官的调查与思考[J]. 文山学院学报，2013，26（03）：106-110.

[3] 王静．对大学生村官管理制度的几点思考[J]. 共产党员（河北），2016（11）：13.

[4] 于林可．乡村振兴战略视野下大学生村官素质提升的路径探索[J]. 农业经济，2019（08）：108-110.

[5] 佘宇．对大学生村官政策目标落差的原因分析．国务院发展研究中心调查研究报告，2013.

[6] 刘健，王季鹏 . 大学生村官计划存在的问题与解决对策 [J]. 黑河学刊，2016（02）：82–83+189.
[7] 董敏 .“大学生村官计划”实施的现状与分析 [J]. 中国林业教育，2012，30（04）：10–13.
[8] 陆文前 . 大学生村官职业发展机制精细化探究 [J]. 淮海工学院学报（人文社会科学版），2018，16（12）：118–120.
[9] 刘美君 . 探讨我国大学生村官政策实施现状及未来发展对策 [J]. 人才资源开发，2018（12）：10–11.
[10] 闫晓 . 大学生村官政策的实施与完善研究 [D]. 山东师范大学，2019.
[11] 刘唐宇，翁艳 . 大学生村官计划：积极效应、制约因素及其政策建议——基于福建省建瓯市大学生村官的调查 [J]. 福建农林大学学报（哲学社会科学版），2012，15（05）：65–68.
[12] 陆逸凡，余智敏，马德峰 . 到村任职大学毕业生期满退出研究——以苏北 L 市为例 [J]. 农村经济与科技，2017，28（19）：156–158.
[13] 刘庆 . 非正式制度对大学生村官管理的协同作用探究 [J]. 老区建设，2019（08）：57–60.
[14] 欧阳智超，张徐源 . 大学生村官“流失”困境调查研究——以湖南省永州市为例 [J]. 戏剧之家，2015（23）：281.
[15] 钱德洲，刘祖云 . 从“嵌入”到“融合”：大学生村官制度的弱化与优化［J］. 江苏社会科学，2018（4）：113–119.
[16] 张亚楠 . 大学生村官职业困境及性别差异 [D]. 兰州大学，2013.
[17] 魏翠妮，罗珺 . 性别比较视角下女大学生村官的生存状态研究——以江苏省大学生村官为例 [J]. 长春工业大学学报（高教研究版），2014，35（02）：37–41.
[18] 杜彬恒 . 大学生基层行路 [J]. 中国大学生就业，2013（03）：11–14.
[19] 张兵 . 大学生村官期满流动问题研究——基于对淮安市“1011 工程”大学生村官的调研 [J]. 扬州大学学报（高教研究版），2015，19（06）：66–70.
[20] 袁敏鸿 . 河源市大学生村官任职期满后的出路问题研究 [D]. 仲恺农业工程学院，2018.
[21] 胡小武 . 市场理性与文化乡愁：乡村振兴战略中的青年镜像与群体心态 [J]. 中国青年研究，2019，（第 9 期）.
[22] 钱德洲，刘祖云 . 从“嵌入”到“融合”：大学生村官制度的弱化与优化 [J]. 江苏社会

科学，2018,（第 4 期）.

[23] 刘义强 . 大学生村官政策的成就、挑战与未来方向 [J]. 人民论坛，2018,（第 3 期）.

[24] 李剑富，江珊 . 环境约束下大学生村官创业倾向的影响因素研究 [J]. 农林经济管理学报，2018,（第 2 期）.

[25] 单浩皓，符彬，刘飞翔 ."两选并轨" 政策对大学生村官角色定位的影响——基于山东省政府政策的研究 [J]. 台湾农业探索，2017,（第 1 期）.

[26] 杨旭 . 基于供给侧改革谈高校对大学生村官的培养 [J]. 农业经济，2017,（第 5 期）.

[27] 韩锦，王征兵，王天宇 . 大学生村官应急管理体制构建方略 [J]. 西北农林科技大学学报（社会科学版），2017,（第 6 期）.

[28] 李秀芸 . 论我国农村扶贫开发中的精准扶贫——兼论大学生村官的优势与作用 [J]. 中国成人教育，2017,（第 3 期）.

[29] 石国亮 . 怎样补齐乡村慈善文化的"短板"——兼论慈善文化进乡村的意义、挑战与路线图 [J]. 长白学刊，2017,（第 4 期）.

[30] 马抗美 . 大学生村官成长成才机制优化研究 [J]. 中国青年社会科学，2016,（第 1 期）.

[31] 于诗桐，关晟 . 大学生"村官"服务新农村建设的现状分析与对策研究 [J]. 农业经济，2016,（第 6 期）

[32] 李义良，奉公 . 大学生村官队伍建设研究报告——基于江苏省的分析 [J]. 中国青年研究，2016,（第 9 期）.

[33] 魏星，程毅 . 成长与转型：城镇化进程中大学生村官政策可持续发展探究——基于上海市 X 区 2009—2015 年的实证分析 [J]. 思想理论教育，2016,（第 12 期）.

[34] 胡天助，邹婷 . 试论新型职业农民思想道德教育的途径 [J]. 继续教育研究，2016,（第 5 期）.

[35] 王晶 . 社会转型期大学生村官期满分流路径研究 [J]. 人民论坛，2015,（第 29 期）.

[36] 萧鸣政，卢亮，王延涛 . 选调生政策及其实施效果 [J]. 北京大学教育评论，2015,（第 2 期）.

[37] 陈权，王德生，尹俣潇，潘天红 . 大学生"村官"在社会主义新农村建设中的作用 [J]. 江苏农业科学，2015,（第 8 期）.

[38] 逄索，程毅 . 乡村公共空间：农村社会工作者介入农村社区服务的意外后果——以 SH 市 JS 区大学生村官为例 [J]. 学习与实践，2015,（第 10 期）.

[39] 袁芳 . 大学生村官成长规律研究——以全国 4252 名大学生村官实证调研为样本 [J]. 西北农林科技大学学报（社会科学版），2015，（第 3 期）.

[40] 秦文献 . 大学生“村官”岗位法律性质之分析 [J]. 中国劳动，2013，（第 11 期）.

[41] 董博平 . 大学生村官政策实施成效 [J]. 山西师范大学学报（社会科学版），2013，（第 A1 期）.

“三支一扶”计划的演进历程及现状

一、什么是“三支一扶”计划

“三支一扶”计划是指大学生在毕业后到农村基层从事支农、支教、支医和扶贫工作，是我国引导和鼓励高校毕业生面向基层就业、缓解就业压力的一项重要举措。计划实施的政策依据是中组部等部门2006年联合印发的《关于组织开展高校毕业生到农村基层从事支教、支农、支医和扶贫工作的通知》。

该计划由人力资源和社会保障部牵头，省区市人事、教育部门组织实施，主要面向普通高校应届毕业生，招聘程序是公开招募、自愿报名、组织选拔。工作身份为“三支一扶”志愿者。服务期间享受一定的生活和交通补贴，补贴标准根据每省情况各不相同。各县（市、区）“三支一扶”办公室为毕业生在省“三支一扶”办公室指定的农业银行办理银行卡并按月发放补贴，还为其办理人身意外伤害保险和住院医疗保险。总的原则是自愿服务、期满自主择业，服务期为2~3年，期满后事业单位会拿出一定职位专门聘用，或在其报考研究生、公务员时给予加分政策，同等条件下优先录用。

该计划是在党的十六届五中全会提出了建设社会主义新农村的重大历史任务的背景下提出的，是为社会主义新农村建设提供人才保证和智力支持的一项重要举措。计划自2006年开始实施，每五年一轮，每年招募2万名左右高校毕业生，已圆满完成三轮。截至2020年，共招募41.1万名大学生参加“三支一扶”服务，其中，第一轮（2006—2010年）共14.3万名；第二轮（2011—2015年）共13.3万名；第三轮（2016—2020年）共13.5万名。

二、“三支一扶”计划的发展历程

（一）第一轮“三支一扶”计划（2006—2010 年）

1. 政策目标及内容

在国家层面，计划的政策依据来源于中共中央办公厅、国务院办公厅印发的《关于引导和鼓励高校毕业生面向基层就业的意见》的通知和中组部等部门印发的《关于组织开展高校毕业生到农村基层从事支教、支农、支医和扶贫工作的通知》。第一轮“三支一扶”计划的总体目标是：引导和鼓励高校毕业生面向基层就业，促进农村基层教育、农业、卫生和扶贫等社会事业的发展，建设社会主义新农村；促进青年人才健康成长。在这 5 年期间，计划的服务内容在 2006 年《关于组织开展高校毕业生到农村基层从事支教、支农、支医和扶贫工作的通知》的基础上不断完善，主要表现在逐步提高了生活补贴标准、完善了日常管理和期满考核、加大了宣传力度、积极促进大学生服务期满后自主创业，以及扶助其自主择业等（详见表 1）。

表 1　2006—2010 年“三支一扶”计划的内容（国家层面）

<table>
<tr><td>政策目标</td><td colspan="2">引导和鼓励高校毕业生面向基层就业，促进农村基层教育、农业、卫生和扶贫等社会事业的发展，建设社会主义新农村；促进青年人才健康成长</td></tr>
<tr><td rowspan="3">政策内容</td><td>服务期前</td><td>招募：公开招募、自愿报名、组织选拔、统一派遣；按一定比例的名额招募家庭经济困难的学生；连续 5 年，每年招募 2 万名，服务时间一般为 2~3 年
培训：培训上岗</td></tr>
<tr><td>服务期间</td><td>待遇：逐步提高生活补贴标准，从 2009 年起，参照本地乡镇事业单位新聘用高校毕业生试用期满后工资收入水平的标准，确定工作、生活补贴标准，按月发放；从 2010 年起，中央财政设立补助专项经费，补助西部、中部和东部地区分别每年人均 1.5 万元、1 万元和 0.5 万元；地方政府统一办理人身意外伤害保险和住院医疗保险
管理：做好户籍档案管理、日常管理、考核管理和宣传工作</td></tr>
<tr><td>服务期满</td><td>证书：对期满考核合格的颁发《高校毕业生“三支一扶”服务证书》
就业：各级部门优先考虑接收期满考核合格的“三支一扶”大学生。期满考核合格，自主择业时享受一定政策优惠（报考公务员可适当增加分数，同等条件优先录用；进入国企事业单位，享受所任职务同等条件人员职务工资标准，其服务期限计算为工龄，晋升时，同等条件优先评定）。自主创业时，可享受行政事业性收费减免、小额贷款担保和贴息等有关政策
升学：期满后 3 年内考研的，初试总分加 10 分，同等条件优先录取；已被录取为研究生的应届高校毕业生，学校应为其保留学籍。2010 年提出，高职（高专）毕业生参加“三支一扶”，服务期满考核合格，可免试入读成人高等学历教育专科起点本科</td></tr>
</table>

注：根据中国政府网和人力资源和社会保障部网站相关资料整理。

在地方层面，该计划的地方政策主要依据国家政策进行调整。例如，2010年国家政策提出“高职（高专）毕业生参加‘三支一扶’，服务期满考核合格，可免试入读成人高等学历教育专科起点本科”，河北、吉林等省份在同一年提出该省服务期满且考核合格的大专学历“三支一扶”大学生可以免试接受本科教育。

同时，各地也根据实际情况，制订地方计划，省际也存在差异。例如，2009年天津全市共招募210名“三支一扶”计划高校毕业生，对在岗的高校毕业生，第一年按每人每月2000元标准发放工作生活补贴，第二年则按2200元标准发放，并按照国家和天津市有关政策为其缴纳社会保险和住房公积金。同样在2009年，河南省共招聘1000名“三支一扶”计划高校毕业生，经测算确定其服务期间的工作和生活补贴，即研究生不低于1000元/月、本科生不低于900元/月、大专生不低于800元/月，并落实社会保险政策，按照当地对事业单位的规定，把下基层开展服务的大学生纳入相应的社会保险。在参加城镇职工基本医疗保险的同时，还参加大额医疗费补充保险。大学生在两年服务期满后，社保依然可以在就业单位接续。可见，两省市在招聘人数、补助标准方面还是存在一定差异的。

2. 实施情况

（1）加大财政经费投入，提高“三支一扶”大学生的待遇水平。2006—2010年，中央和地方财政相继投入50多亿元，确保了“三支一扶”大学生的生活补贴等待遇标准不断提高，基本达到了基层同类人员的平均水平；河北、山东、湖北、广东、海南等地制定下发了“三支一扶”大学生参加社会保险的办法；陕西设立了“农村基层人才队伍振兴计划资金”，对招录选派到基层的高校毕业生给予一次性1万~3万元的奖励，并落实了助学贷款代偿政策等。

（2）大量高校毕业生进入农村基层工作，优化了基层人才结构。2006—2010年，全国31个省区市及新疆生产建设兵团共选拔14.3万名高校毕业生到农村基层从事支教、支农、支医和扶贫服务，大大超出了原来的计划人数。这为基层事业的发展注入了“新鲜血液”，在一定程度上缓解了农村基层公共服务专业技术人才极度匮乏的状况，促进了党和国家大政方针在基层的贯彻落实。

（3）增加了服务期满出路，人才得以有效有序流动。在服务期满人员流动发展上，初步形成了公务员招考、事业单位公开招聘、基层公益性服务岗位吸纳、组织企业定向招聘、考研升学、扶持自主创业、项目续聘等通道，确保了“三支一扶”大学生服务期满后的有效有序流动。截至2010年，共有9万余名“三支一扶”大学生服务期满，整体就业率超过80%，其中大部分选择继续扎根基层。

（4）缓解了高校毕业生的就业压力，转变了其就业观念，促进了其自身发展。“三支一扶”计划通过选派高校毕业生到基层服务，解决了部分高校毕业生的就业问题，更为重要的是在引导就业观念的转变方面发挥了引领作用，树立了“服务基层，扎根基层”的正确导向。与此同时，该计划也为大学生成长成才搭建了平台，一批批“三支一扶”大学生奔赴基层，熟悉和了解了农村基层的实际情况，深化了对国情的认识，增进了同人民群众的感情，在基层实践中磨炼了意志、增长了才干，培养了一大批优秀青年人才。

3. 问题及对策建议

（1）经费保障问题。针对政策初行，部分地区经费不到位、到位不及时的现象，李锋（2006）提出财政支持是“三支一扶”工作的核心问题，建议从全国财政角度作出明确表示，提供最基本的经济保障和财力支持。王晓初（2010）则建议要会同财政部门共同做好经费保障，各级人社部门与财政部门要按职责分工、密切合作，确保中央补助专项经费预算准确、拨付及时、管理高效，并且要做到严格专款管理，各省人力资源和社会保障部门要与财政部门一道，管好、用好专款，杜绝挤占、挪用专款等现象的发生。要按月、及时发放“三支一扶”大学生的工资、生活补贴，绝不能出现拖欠现象。

（2）政策落实不到位，协同性不够，志愿者制度性综合保障缺乏。李锋（2006）指出，“三支一扶”计划实施中存在服务期间工龄计算问题，缴纳人身意外伤害保险和住院医疗保险属商业保险，人社部门不认可，到企业就业不能连续计算工龄等问题。陈仓（2009）指出，大学生下基层服务工作并未成为一种规范、有序的日常工作，没有进入常态。许多地方把大学生下基层服务作为一种临时性、阶段性政策，尚未从地方经济社会发展长远目标出发制定相应政策，导致大学生下基层工作的政策不连续、不稳定，基层单位以临时方式接纳学生，大学生以临时心态从业。陈仓进一步指出，按照某些地方政府最初的承诺，大学生“三支一扶”“进村进社”后优惠政策除可以在原基层服务单位就业外，自主创业人员还可享受行政事业性收费减免、小额贷款担保和贴息等有关政策，在今后晋升中高级职称时，同等条件下优先评定等。而这些特殊政策、优惠政策、单项政策亟待与基本政策衔接，只有这样，才能充分发挥特殊政策的导向作用、优惠政策的人才效益、单项政策的调控作用。但政策在现实执行中未得到良好的协同配合。对此，李锋建议加强监督与协调，根据工作实践和各地反映情况完善有关政策的规定；同时，要统筹规划，督促和组织做好各项后续工作。陈仓则建议要形成制度性保障，即国家制定行政法规，规范大学生下基层服务管理程序和调控事项，制定长期规划，保证大学生按正规渠道下基层并有序流动，建设大学生下基层服务基地，把一些条件较好的基层单位建设成大学生创业训练基地、从业实践基地、实用技能培训基地，使基层成为大学生成就事业的起点站。

（3）期满就业服务工作有待加强。李锋（2006）、王晓初（2010）均认为，做好服务期满“三支一扶”大学生的就业服务工作对于该计划的科学发展很重要。李锋提出，对于大学生终止服务的问题，应该履行什么样的手续问题，国家政策应该出台统一明确的规定。王晓初则提出，要做好“三支一扶”大学生的期满就业服务工作，需要多措并举、全力以赴。首先，要积极拓宽就业渠道；其次，要不折不扣地落实就业优惠政策，对已经出台的各项优惠政策要全部保证落实；最后，就业服务要跟上，对服务期满选择自主择业的人员要实行“一条龙”的就业推荐服务。

（4）毕业生志愿者参加“三支一扶”的动机存在多元化和功利化。骆文伟（2010）指出，部分大学生就业动机不纯，职业观念存在问题。就自身素质而言，部分“三支一扶”大学生缺乏奉献精神和使命感，把支扶工作当作跳板，参与“三支一扶”计划的动机也比较现实。为此，他提出大学毕业生要走出就业观念的误区，正确看待当前的就业形势。面向基层就业既能实现就业，又能得到锻炼，是大学毕业生就业的大方向。所以大学毕业生要找准自己的定位，树立全新的学习理念。要主动学习、全面学习，向基层同志学习，向实践学习，锤炼扎根基层的作风。

（二）第二轮“三支一扶”计划（2011—2015年）

1. 政策目标及内容

在国家层面上，第二轮“三支一扶”计划出台的相关政策，较好地回应了第一轮计划政策实施过程中存在的问题，并将部分学者和专家的建议纳入政策中来，使“三支一扶”计划得到进一步的完善和发展。

在政策目标上，2011—2015年国家层面的总体目标是：鼓励高校毕业生到基层一线、到中西部地区就业，落实高校毕业生就业政策、全方位促进就业；加强基层公共服务体系建设；培养心向基层、服务基层、扎根基层的青年人才队伍。与第一轮计划不同的是，不再局限于新农村建设，而是鼓励到“基层一线”“中西部地区”就业，以及“加强基层公共服务体系建设”，拓展了岗位范围；在人才培养目标上，从宽泛的“促进青年人才健康成长”具体为“培养心向基层、服务基层、扎根基层的青年人才队伍”，凸显政策下沉基层的目标。

在政策内容上，变化主要表现在：一是从基层岗位需求出发，制订具体的招募要求，招募更加规范化、系统化，注重提高人岗适配度；二是从 2012 年起，中央财政补助西部、中部和东部地区的专项经费标准提高，志愿者待遇水平提高，表现在工作、生活补贴标准不断提高以及社会保险政策切实落实等；三是加强组织领导，切实做好考核工作；四是不断加大宣传力度，搭建灵活多样的“三支一扶”大学生服务和交流平台，加强信息化建设等；五是多方位拓展服务期满出路，畅通流动渠道，切实做好期满就业、升学等服务工作（详见表 2）。

表 2　2011—2015 年“三支一扶”计划的内容（国家层面）

政策目标	鼓励高校毕业生到基层一线、到中西部地区就业，落实高校毕业生就业政策、全方位促进就业；加强基层公共服务体系建设；培养心向基层、服务基层、扎根基层的青年人才队伍	
政策内容	服务期前	**招募：**统筹开展选拔招募工作，信息化管理人员信息；做好基层岗位需求统计，细化岗位分类，拓展服务岗位。加大基层水利岗位的招募力度，将水利岗位从支农项目中单独列出
	服务期间	**待遇：**加强经费保障，做好经费申请和拨付工作，严格做好经费管理，确保专款专用。从 2012 年起，中央财政补助西部、中部和东部地区分别每年人均 2 万元、1.5 万元和 0.8 万元；生活补贴按月足额发放，不得出现拖欠现象；落实社会保险政策，力争实现全员参保，有条件的地方可办理重大疾病、人身意外伤害等商业保险以及住房公积金，不断完善工作生活保障机制，提高保障水平 **管理：**建立健全工作机制，加强组织领导；加强日常管理服务，基层服务单位实行结对帮扶，定期谈心谈话，注重政治教育和心理辅导，引导其乐于投身基层，积极发挥作用；建立跟踪了解机制，做好年度考核和期满考核工作；加大宣传力度，采取多种形式发挥“三支一扶”计划的引领示范作用；充分利用信息化手段，搭建灵活多样的“三支一扶”大学生服务和交流平台，加强信息化建设
	服务期满	**就业：**畅通流动渠道。落实相关政策，切实把公务员定向招录、事业单位优先招聘、继续深造、享受学费补偿和助学贷款代偿等政策落到实处；举办专场人才招聘活动，向区域内国有企业等用人单位推荐期满大学生，有条件的可组织专门的岗位对接活动，形成有序流动、多渠道发展的长效机制等；实名登记期满未就业人员，提供有针对性的就业服务；将想创业的纳入本地“大学生创业引领计划”“现代青年农场主培育计划”，提供创业培训和创业服务，按规定落实创业扶持政策；有针对性地开展在岗培训。鼓励期满的大学生参加就业创业培训，对符合条件的按规定落实职业培训补贴，切实提高其就业创业能力 **升学：**做好“三支一扶”与升学考研、学费补偿和助学贷款代偿等相关政策的衔接

注：根据中国政府网和人力资源和社会保障部网站相关资料整理。

在地方层面，各地以国家政策为基础，结合本省或本地区的实际情况，创新具体的计划实施方案。例如，河南省 2011 年“三支一扶”计划实施方案中，针对本省实际情况提出，往年相比，今年的招募对象范围拓宽，选拔方式创新，岗位范围拓展，以及除 2011 年应届高校毕业生之外，2010 年离校未就业的高校毕业生，也可报名参加“三支一扶”计划。招募时，采用笔试加面试的办法择优选拔。通过选拔的大学生除了像往年一样到农村基层任职以外，还可进入城市基层公共服务平台工作。此外，还提出服务期满、考核优秀的“三支一扶”大学生，如果本人愿意留下工作，要求所在服务单位直接聘用，服务单位无职位空缺或相对应的自然减员空岗的，在本县（市、区）其他事业单位调剂聘用。相对于国家政策，地方政策有了一定的创新和拓展。

同样，各省区市之间具体实施细节也存在不同之处。例如，吉林省 2011 年对“三支一扶”在岗大学生实行考核，考核的内容以“三支一扶”大学生所在服务岗位承担的工作任务为依据，年度考核和服务期满考核结论分为优秀、合格和不合格三个等次，优秀等次的比例不能超过该县（市、区）在岗人数的 15%。而宁夏回族自治区则在 2012 年将考核结果分为优秀、称职、基本称职、不称职四个等次；期满考核结果分为优秀、合格和不合格三个等次。优秀等次比例原则上不得超过参加本地区考核总人数的 10%。

2. 实施情况

（1）建立了基层高素质人才长期输送渠道。计划的延续实施为基层长期、稳定地输入人才，逐步改善了部分农村地区基层公共服务专业人才“招不来、用不上、留不住”的状况。2011—2015 年，每年全国招募的总量基本保持稳定，五年全国共招募 13.3 万人；本科及以上学历人员占比逐年提高；艰苦边远地区农村基层公共服务人才洼地现象明显改善；同时，岗位领域拓展和细分并重，农村基层公共服务紧缺的新兴专业人才得到及时补充。

（2）培育了人才发展的新平台。经过了近十年发展，计划的人才培养功能得到充分显现。人社部“三支一扶”计划实施效果评估研究课题组（2017）调查显示，2/3 左右的志愿者认为“三支一扶”经历对工作作风与工作态度、沟通协调能力有较大提升；大部分服务期满的人认为，该经历能帮助自己胜任新的岗位工作。由此可见，“三支一扶”培养了大学生素质能力，使大学生成为基层公共服务骨干力量的重要后备人选，以及党政干部的一个重要来源。

（3）突显人才带动作用，促进农村基层发展，并鼓励和引导大学生到基层发展。实践证明，经过多年发展，“三支一扶”岗位覆盖了基层经济和社会发展的多个领域。“三支一扶”大学生已经成为促进农村基层经济社会发展的重要力量。“三支一扶”计划拓展了大学生就业渠道，改进了大学生就业观念，培育了大学生到基层发展的政策品牌，具有较强的人才聚集能力。

（4）健全政策体系，完善制度环境。第二轮计划实施期间，中央和地方均注重政策制度保障，形成了比较全面系统有效的政策规范体系，创新了体制机制，保障了计划的规范有序实施，营造了“下得去、干得好、留得住、流得动”的制度环境。

3. 问题及对策建议

（1）政策设计有待改进。一是志愿者的“编外”身份影响政策效果，使其在实际工作中易处于尴尬地位。李抗（2012）指出，由于多重目标的培养计划致使目前参加“三支一扶”的大学生身份难以界定。参加“三支一扶”的大学生的身份既不是事业单位职员，也不是公务员，工龄计算不连续，未来工作中的社会保险政策不确定，不利于大学生后续发展。对此，他认为应找准“三支一扶”就业政策的定位，政策目标的取向需要进一步的明晰。二是计划招募人数与现实需求人数存在差距，人岗适配度不够高。于克晓（2013）认为，政府政策制定中存在政策过程缺乏监管、决策内容存在矛盾、招录人数少、服务时间短等问题。山西专员办（2015）提出，政策实施以来，每年招募的人数相对较少，而且由于服务期满后出路不清晰，导致大批招募服务者在服务期间退职。对此，唐炎军和江国华（2014）提出，要按岗设置招聘要求，扩大招聘范围，实现优中选优，按需引才，优化招聘结构等措施。陈尧和鲍荣娟（2013）则提出，要明确政策主体，完善监察机制，为确保“三支一扶”优惠政策的连贯性和落实的有效性，要设计更科学的制度来确保政策的落实。

（2）政策执行中存在问题，主要包括基层就业政策落实不到位、工作待遇有待提高、政策宣传不足、动员不够等问题。曾武煌（2011）、隋丽丽和解晓亮（2011）、陈尧和鲍荣娟（2013）均指出，目前“三支一扶”实施中存在优惠政策落实差异巨大、服务期间待遇落实不一、工作待遇有待提高等问题。王瑞雪（2013）指出，“三支一扶”的宣传力度不够，导致社会对志愿者的认可度低。高校和用人单位未能形成“一条龙”服务，66.7%的毕业生认为他们的老师没有向他们介绍“三支一扶”的优惠政策。由于校内的宣传力度不够，大学生对“三支一扶”政策的知晓度低。当被问及是否了解国家、省颁布的“三支一扶”的计划优惠政策时，分别有11.18%和51.62%的学生表示不了解、不太了解。与此同时，因为志愿者下基层的工作时间一般只有2年，很多用人单位不敢放手将重要的工作交由志愿者处理，所得到的锻炼和教导并没有预想中多。据此，王瑞雪提出，要积极开展交流会，请参加过“三支一扶”的学长和学姐来分享经验，研讨政策的好处和优势；同时，地方政府要积极组织到校宣传，积极调动学生的参与热情，让学生更加了解农村基层的情况和发展空间等，以此达到宣传的效果，吸引更多的高校毕业生加入“三支一扶”。

（3）大学生自身带来的问题。其中既有大学生实践经验缺乏而不能胜任基层工作的现实问题，也有理想信念缺乏、择业观念不正确、职业期望较高与现实差距较大等带来的问题。郑江平和许长荣等（2012）、王瑞雪（2013）认为，部分大学生参加“三支一扶”工作的动机多元化，甚至是功利化，职业观念不正确。陈尧、鲍荣娟（2013）认为，“三支一扶”志愿者服务能力亟待加强。一方面，因其多是应届毕业生，缺乏农村工作经验；另一方面，存在部分“三支一扶”大学生自我优越感比较强，认为农民的文化素质相对较低，没有与农民打成一片以及向农民学习、扎根农村基层的想法。对此，陈尧等（2013）认为，要开展职业培训，提升录用人员的服务能力。高校毕业生拥有一定理论水平，但缺乏足够的动手能力。所以，对“三支一扶”大学生上岗前进行实训式指导，能提高他们的实践技能。同时，在高校开展教育过程中，要以培养大学生实践能力为根本，培养其综合求职能力。何勇（2015）认为，要完善大学生扎根基层的培养规划，充分重视对学生服务期间的系统规划与统一规划。同时，要引导大学生积极参与基层建设，鼓励他们到基层开展社会调查，了解农村基层的真实情况，通过大学生的独特视角，深入农村、理解农村、热爱农村、服务农村。

（三）第三轮“三支一扶”计划（2016—2020年）

1. 政策目标及内容

针对第二轮计划实施过程中存在的问题（例如，招募人数无法满足现实需要、人岗适配度不够高、政策落实不到位、工资待遇不够高、宣传不足等），在国家层面上，第三轮计划提出了相应的解决措施（例如，招聘人数逐年增长、依据农村基层需要制定岗位要求、统筹管理、建立监督机制、国家财政补助标准逐渐提高等）。同时，由于我国进入新时代，为实现全面建成小康社会的奋斗目标，完成乡村振兴战略和打赢脱贫攻坚战的历史任务，第三轮计划的招募侧重向扶贫、支农类岗位倾斜，以及向贫困家庭、零就业家庭倾斜；同时加大对贫困地区、贫困人口的中央财政补助力度，免收其参加“三支一扶”考试的报名费、体检费等。经过这些年的发展，“三支一扶”计划制度化运行日趋成熟，相关措施逐渐稳定化、常态化（详见表3）。

表3　2016—2020年“三支一扶”计划的内容（国家层面）

政策目标	围绕全面建成小康社会奋斗目标，实施乡村振兴战略和打赢脱贫攻坚战的战略部署，坚持立足教育、农业、卫生、水利和扶贫等事业发展对人才的需求，坚持为基层输送和培养青年人才，引导高校毕业生到基层就业创业	
政策内容	服务期前	**招募：**招募人数发生变化，2016—2020年分别每年全国招募2.5万名、2.5万名、2.6万名、2.7万名、3.2万名高校毕业生；聚焦脱贫攻坚，优化选拔招募结构，着重加强对当前或未来2~3年有空编的基层服务单位岗位征集，招募岗位继续向扶贫和支农类岗位倾斜，结合开展精准扶贫、实施乡村振兴等实际需求，合理编制招募方案，加强招募宣传，提高招募质量；优先招募建档立卡贫困家庭、零就业家庭高校毕业生
	服务期间	**待遇：**不断提高补助标准，完善服务保障机制。自2018年9月1日起，中央财政补助西部地区每人每年3万元（新疆南疆四地州、西藏自治区每人每年4万元）；中部和东部地区分别按每人每年2.4万元和1.2万元给予补助等；深入“三支一扶”人员工作的基层服务单位，了解工作生活情况，听取他们的意见建议；创造良好干事创业环境等 **培训：**认真组织实施“三支一扶”人员能力提升专项计划和岗位成长培养计划，组织做好岗前、在岗和离岗的一般培训，组织开展相关专业技术和技能培训，强化理想信念教育，丰富培训形式和内容 **管理：**加强组织领导，强化部门沟通协调，通力合作；深入开展宣传，传递“三支一扶”精神，讲好“三支一扶”故事
	服务期满	**就业：**强化期满服务，推动期满人员扎根基层成长成才。各地要以鼓励“三支一扶”人员留在基层为重点，完善“三支一扶”人员期满流动政策，畅通流动渠道，加强流动服务

注：根据中国政府网和人力资源和社会保障部网站相关资料整理。

在地方层面上，为积极响应国家脱贫攻坚的整体部署，各地将国家"三支一扶"计划政策具体化为符合自身发展特点的政策，在促进基层人员结构改善、推动农村发展、缓解高校毕业生就业压力等方面发挥了较大作用。例如，重庆市在2017年面向全国公开招募498名"三支一扶"大学生，到乡镇事业单位从事支农、支教、支医和扶贫工作。其中，医疗卫生机构岗位占比将近一半。黑龙江省2017年则招募411个基层服务岗位，拟招募"三支一扶"大学生497人，以乡镇中小学、农技推广服务站、卫生院、水利站等为主，有效缓解了基层教师、医疗和农业科技队伍人员短缺的压力，为大学生了解社会、服务社会、积累经验、增长才干提供了支持和平台。内蒙古自治区2019年招募"三支一扶"和社区民生志愿者共7000人，其中，不低于招募总数40%的服务人员被安排到基层一线，专门从事扶贫攻坚工作。2500名"三支一扶"人员被安排到苏木乡镇从事支教、支农（支牧）、支医和扶贫工作，这不仅为基层单位提供了强有力的人才支撑，也促进了高校毕业生到基层就业，缓解了就业压力。

2. 实施情况

（1）优化治理格局，健全运行管理机制。主要包括完善管理工作机制，优化管理工作格局；完善招募机制，提高人岗适配度；完善培养机制，提高人才成长效率；完善履职管理机制，提高人员工作质量；完善服务保障机制，提高人员待遇合理性；完善期满就业机制，培育人员职业发展的制度优势等。

（2）注重以人为本的发展理念，促进人的全面发展。近年来，政策逐渐将推进"三支一扶"计划落实到细节，注重促进"三支一扶"人员的全面发展。例如，注重创设关心关爱、有利于干事创业的环境。各地多渠道、多形式搭建"三支一扶"人员交流平台，组织开展节日慰问座谈等活动，思想上加强沟通，生活上加强关心，工作上加强指导，激发"三支一扶"人员投身基层干事创业热情，用事业留人、感情留人。

（3）注重组织领导，加强各部门间的密切协作。开展"三支一扶"计划是一项系统工程，各地高度重视，加强组织领导，健全完善"三支一扶"工作领导小组的工作机制，强化部门沟通协调、通力合作，围绕打赢脱贫攻坚战和推进基层人才队伍建设，深入推进计划实施，务求取得实效。

（4）运行管理的信息化和系统化。运用全国高校毕业生"三支一扶"工作管理信息系统，有利于“三支一扶”人员信息的统一管理和及时更新。由地方各级“三支一扶”办公室指定专人负责系统运行管理，按照系统“使用手册”规定，认真及时做好信息采集、数据报送、进度管理、统计分析等工作，切实提高数据质量，提升“三支一扶”工作科学化、规范化水平。

3. 问题及对策建议

（1）现实需求人数与计划招募人数、期满存量人数与分流人数存在矛盾。虽然“三支一扶”计划是改善基层人才结构、促进大学生就业的重要举措，且经过三轮的发展得到一定的改善，但现实需求人数与计划招募人数、期满存量人数与分流人数之间的矛盾一直存在。尽管从2006年起每年招聘2万名的计划安排，发展至2020年招聘3.2万名，但无论是促进新农村建设，还是扶贫攻坚，或是解决大学生就业问题，都是杯水车薪。张炳兴（2016）指出，“三支一扶”大学生期满主要以参加公务员、事业单位招录考试为主，但是每年岗位有限，又有部分新人加入，分流不足的现象比较突出。

（2）政策宣传不足，学生对其了解有限。黄丽萍（2017）调查352名在校大学生对“三支一扶”计划的了解情况发现，“从没听说过”的人数超过了一半，“了解”的不足2%。李福洲（2018）也认为，“三支一扶”发展过程中存在政策宣传力度不够的问题。他调查发现，在每年“三支一扶”招募过程中，80%以上的学生及家长根本不知道“三支一扶”的确切概念，更有部分学生及家长反复询问扶贫是不是要到贫困村去等基本问题。徐雪燕（2019）认为，“三支一扶”宣传不够，部分原因是学校方面不重视“三支一扶”项目，学校服务意识不强，宣传力度不够。对此，张炳兴（2016）提出，要加大“三支一扶”计划宣传力度，即省、市主管部门制订工作方案，加大对“三支一扶”的宣传力度；扩大宣传范围，在省、市人事人才网站和高校毕业生就业信息网等宣传“三支一扶”计划的相关政策；在高校毕业生就业创业政策宣讲活动中重点对“三支一扶”计划进行宣传；在优秀高校毕业生中开展“三支一扶”评选表彰工作。黄丽萍也提出，要加大宣传力度，提高各方重视，主要是要做好“三支一扶”计划在政府部门、服务单位的宣传工作；做好“三支一扶”计划在高校、老师及学生中的宣传工作和做好社会宣传工作。

（3）学生就业观念有待提高，职业认同感不强。毕业生对基层就业存在的认识误区，是阻碍“三支一扶”计划有效落实的一个重要因素。王珠凡（2019）指出，学生就业价值取向存在问题，没能正确认识当前的就业形势，不能及时转变就业观念。一些志愿者认为“三支一扶”过于辛苦，工作环境不好，向往大城市的高薪酬，对政策理解存在误区；还存在一些志愿者寄希望于政府帮助，缺乏目标，依赖保障，对未来没有打算等。对此，樊育红（2018）提出，从精神激励、物质激励和制度激励三个方面来提高其职业认同。精神激励主要包括加强职业认同培训，激发大学生基层工作的精神动力；开展职业能力竞赛，提升大学生工作激情；实施人才培养选拔计划，打造青年后备人才队伍；加大支扶工作的宣传，提升“三支一扶”职业声望。物质激励主要包括关心大学生的福利待遇，加大资金扶持力度；探索对大学生创新创业扶持，给予创业补贴；完善生活安居服务，提高工作环境的满意度。制度激励则主要包括建立职业发展规划长效机制；制定“三支一扶”大学生创新创业激励政策；对合作社类大学生，出台综合激励制度。李湘婷和张哲（2018）提出，要引导毕业生转变就业观念，包括要引导毕业生对“三支一扶”计划的本质内涵形成认识，以及引导毕业生形成农村不比城市差的理念。徐雪燕（2019）提出，要让学校引导大学生树立正确的就业观。让大学生树立“行行能建功，处处能立业”的就业观念，将职业理想融入国家发展社会需求，响应乡村振兴号召，成为实现建设全面小康社会的主力军。

三、总结

“三支一扶”计划是我国为缓解大学生就业压力，引导和鼓励高校大学生面向基层就业的一项重要举措。自2006年“三支一扶”计划开始实施后，该计划在缓解大学生就业压力、引导大学生向基层就业、促进基层公共服务事业发展等方面发挥了重要的推动作用。

总体来看，“三支一扶”计划已逐渐走向成熟，其服务范围不断扩展，社会评价良好。具体体现在：人才基层培养与人才服务基层并重；以基层需求为导向，不断创新服务岗位；人员地区分布日趋合理，中西部聚集加速；人员综合素质不断提高，队伍结构不断优化；服务待遇不断提高，保障力度持续加大；期满出路更趋多元化、精细化。该计划有助于实现我国人才培养的多元化，使高校毕业生深入基层，参与西部建设、乡村振兴战略和脱贫攻坚。在推动农村发展的同时，更为个人的发展积累丰富的实践经验，提高工作能力。

（一）缓解大学生就业压力，引导其投身不同时期的国家建设

一方面，“三支一扶”计划的实施缓解了大学生的就业压力。李抗（2012）指出，随着我国经济体制改革的深化和经济结构的战略性调整，大学生就业面临着越来越多的问题和困难，而“三支一扶”政策可缓解就业压力，分流就业岗位。

另一方面，“三支一扶”计划引导和鼓励广大高校毕业生面向基层就业，有利于优化人才在城乡和东、西部的配置，优化了农村人才队伍结构，促进了农村经济社会发展。在不同时期，引导和鼓励青年人才或参与新农村建设，或助力西部建设，或参与实施乡村振兴战略和打赢脱贫攻坚战，为国家建设注入新的生机和活力，对于中国梦的实现具有重要的现实价值。

张炳兴（2016）认为，基层发展是国家整体发展进步的基础，只有实现广大基层的跨越发展，才能逐步实现国家的长治久安，才能真正建立起小康社会。当前，我国各地区经济发展不平衡，城乡之间尤为明显，而鼓励和引导高校毕业生参加“三支一扶”计划，是国家从利国利民的角度出发，实现推动基层发展与实现高校毕业生就业采取的有益探索，是推进新农村建设和社会主义和谐社会建设的重要举措。王洋（2011）认为，选派高校毕业生支教、支医、支农和扶贫，将为农村输送一大批高素质人才，有利于改善农村人才队伍结构，促进农村经济社会事业的发展。李抗（2012）、张炳兴认为，“三支一扶”计划每年安排2万名左右的大学毕业生前往基层，这为农村提供了持久、稳定的人才供应，能够为基层农村提供智力支持，有效改善农村基层人才匮乏的状况，为农村的稳定发展和建设做出了贡献。

（二）为大学生提供服务基层的实践和锻炼平台，有助于青年人才的培养

“三支一扶”计划的实施，让广大高校毕业生在农村丰富的实践中，锻炼了意志，增长了才干，密切了同人民群众的感情，这对于青年的未来发展是极为有利的。王洋（2011）、李抗（2012）认为，高校毕业生作为国家的宝贵人力资源，积

极参加“三支一扶”计划，能深入基层进行社会工作实践，将所学专业知识有效转化为实践能力，为其自身发展搭建了平台；同时，有助于他们了解国情、了解民情，进一步增强报效祖国的使命感和责任感。王瑞雪（2013）认为，在“三支一扶”计划中，大学生为建设新农村带来了新鲜血液，他们这些自愿报名的志愿者，将造就一支新的农村基层人才队伍，为建设社会主义新农村，为促进农村经济社会事业的发展奉献出自己的力量。孙川夏（2014）、张炳兴（2016）等也认为，“三支一扶”计划的实施有助于拓宽高校毕业生就业渠道，有助于培养青年人才。

叶琼　李思瑶　张鑫成　执笔

主要参考文献

[1] 李锋 . 做好三支一扶工作，为新农村建设提供人力智力支持 [J]. 中国大学生就业，2006（24）.

[2] 王晓初 . 总结经验凝聚共识进一步做好“三支一扶”计划实施工作——在全国高校毕业生“三支一扶”计划实施工作研讨会上的讲话（摘要）[J]. 中国人才，2010（7）.

[3] 陈仓 . 让基层成为大学生的起站点 [J]. 中国社会保障，2009（4）.

[4] 骆文伟 .“三支一扶”计划大学生个体障碍因素研究 [J]. 扬州大学学报，2010（4）.

[5] 人社部“三支一扶”计划实施效果评估研究课题组 . 第二轮“三支一扶”计划实施成效研究 [J]. 中国人力资源社会保障，2017（6）.

[6] 李抗 .“三支一扶”高校大学生就业政策调查研究 [J]. 学术视点，2012（9）.

[7] 于克晓 .“三支一扶”计划的长效机制研究——基于福建省八所高校的实证研究 [D] 华侨大学，2013.3.23.

[8] 山西专员办 . 完善高校毕业生“三支一扶”政策 [J]. 中国财经报，2015.11.3.

[9] 唐炎军，江国华 . 人才如何流向洼地 [J]. 中国人力资源社会保障，2014（1）.

[10] 陈尧，鲍荣娟 . 实施大学生“三支一扶”计划过程中的制约因素及对策 [J]. 教书育人（高教论坛），2013（24）.

[11] 曾武煌 . 泉州市三支一扶高校毕业生作用发挥的对策研究 [D] 福建农林大学，2011.10.

[12] 隋丽丽，解晓亮 .“三支一扶”计划实施中存在的问题及有关建议——基于对山东省 16 地级市县的调查 [J]. 学理论，2011（7）.

[13] 王瑞雪 . 大学生“三支一扶”计划的实施效果及制约因素研究 [J] 教育教学论坛，2013（45）.

[14] 郑江平，许长荣，张哲 . 影响上海市“三支一扶”工作的高校毕业生在新农村建设中发挥作用的因素 [J]. 上海农业学报，2012（4）.

[15] 何勇 . 高校毕业生基层服务项目实施效果研究——基于上海市三支一扶计划的分析 [D]. 上海师范大学，2015.12.6.

[16] 王晓辉 .“三支一扶”计划走向成熟 [J]. 中国人力资源社会保障，2016（8）.

[17] 张炳兴 . 山东省“三支一扶”计划实施的长效机制研究——以莱芜市为例 [D]. 南昌大学公共管理学院，2016.12.

[18] 黄丽萍 . 湖北省“三支一扶”计划实施现状、问题与对策分析 [D] 湖北大学，2017.5.

[19] 李福洲 . 安阳市“三支一扶”工作成效及建议 [J]. 人才资源开发，2018（13）.

[20] 徐雪燕 . 高校毕业生“三支一扶”基层就业工作存在问题及对策研究 [J]. 锦州医科大学学报（社会科学版），2019（5）.

[21] 王珠凡 .“三支一扶”计划实施效果及对策探讨——基于 JC 学院英语教育专业近十届毕业生参与者的调查 [J]. 黑龙江生态工程职业学院学报，2019（6）.

[22] 樊育红 . 职业认同下的“三支一扶”大学生激励政策研究——以上海市 F 区为例 [D] 华东政法大学，2018.5.19.

[23] 李湘婷，张哲 . 对“三支一扶”计划长效机制的探究 [J]. 价值工程，2018（14）.

[24] 王洋 . 2011 年就业政策盘点 [J]. 特别策划，2011.

[25] 孙川夏 . 三支一扶中大学生实践能力的研探——以上海市崇明县为例 [D]. 东华大学，2014.1.

西部计划项目的发展状况及研究综述

大学生志愿服务西部计划（简称西部计划）是2003年经国务院常务会议决定，由共青团中央、教育部、财政部、人力资源和社会保障部共同组织实施的一项支持西部开发、推进大学生基层就业的重大人才工程。此后，按照公开招募、自愿报名、组织选拔、集中派遣的方式，每年招募一定数量的普通高等学校应届毕业生或在读研究生，到西部基层开展为期1~3年的志愿服务。

一、西部计划的发展历程

西部计划提出的背景包括西部大开发战略的实施、东西部地区人才分布失衡和高校毕业生就业形势日益严峻。其一，国务院2000年印发的《关于实施西部大开发若干政策措施的通知》，为西部计划志愿者的政策保障提供了依据。具体为鼓励人才向西部流动，对到西部工作的各类人才实行来去自由的政策，以人才意愿为首要，从档案和户口管理提供便利，生活补贴、职称评定等方面进行政策保障。其二，人才分布失衡与就业形势严峻是西部计划提出的客观需求。东西部地区人才分布失衡，人才流出严重，亟须做出调整。1999年，西部地区人才总量为1148万人，约占人才总量的19%[①]；2000—2003年，青海省外流各类人才2646人，而同期引进的人才只有671人，流出和流入比为4∶1[②]。其三，高校毕业生规模每年不断扩大，1995年全国高校本专科毕业生人数为80.5万人，

① 唐志敏主编. 人才强国研究出版工程・人才战略实施丛书：人才配置与人才市场[M]. 党建读物出版社，2017。

② 黄欢. 人才流失：西部不可承受之痛[J]. 中国人才（上半月）.2005，（8）：11-14。

2003 年增至 187.7 万人[①]，就业形势不容乐观。同时，2003 年的非典型肺炎疫情使得做好高校毕业生就业工作迫在眉睫，《国务院办公厅关于做好 2003 年普通高等学校毕业生就业工作通知》明确指出：由于高校毕业生总量增加，再加上受到非典型肺炎疫情的影响，今年高校毕业生就业形势比较严峻……国家支持共青团中央、教育部组织实施“大学生志愿服务西部计划”。

以《关于统筹实施引导高校毕业生到农村基层服务项目工作的通知》和《关于进一步加强大学生志愿服务西部计划工作的意见》两个文件作为关键分水岭，可以将西部计划的实施划分为初步发展、逐步完善和进一步深化三个阶段。

（一）初步发展（2003—2008 年）

方案实施主要以 2003 年共青团中央、教育部、财政部、人力资源和社会保障部联合印发的《关于实施大学生志愿服务西部计划的通知》（以下简称《通知》）为指导，服务期为 1~2 年，每年新增的志愿者在 7000 名以下，服务规模较小。

1. 政策目标

政策目标主要有四个方面的内容：一是鼓励青年知识分子到基层和艰苦地区磨炼成长；二是促进西部贫困地区各方面社会事业的发展；三是拓展大学生就业、创业的渠道；四是弘扬志愿精神，推动经济社会的全面发展。

2. 组织领导

西部计划由中央直接领导，共青团中央和教育部组成的全国大学生志愿服务西部计划领导小组和项目管理办公室负责总体规划、协调和指导。各级领导小组和项目管理办公室在中央部门组织协调下负责志愿者管理工作。

3. 志愿服务工作

在西部计划实施的第一年并未明确提出专项行动，统称为教育、卫生、农技、扶贫以及青年中心建设和管理等方面的志愿服务工作。第二年在志愿服务工作的基础上引入“专项行动”这一概念，对志愿者工作进行细致的划分，2004—2008 年的专项行动内容涉及教育、农业、医疗、管理、法律、金融等领域的内容，并随着地区发展的需求做出一定调整，每年的专项行动都有所不同（见表 1）。

---

① 中华人民共和国国家统计局编. 中国统计年鉴1998—2016[M]. 北京：中国统计出版社，2016.

表 1　　2004—2008 西部计划项目实施方案专项行动内容变化

年份	专项行动	
	新增	取消
2004	“全国农村党员干部现代远程教育试点工作”、“百县千乡宣传文化工程”、西部基层检察院支援服务行动	无
2005	支教、支农、支医、全国农村党员干部现代远程教育扩大试点工作暨农村中小学现代远程教育工程志愿服务行动、西部基层法律援助	教育、卫生、农技、全国农村党员干部现代远程教育试点工作
2006	农村文化建设、西部基层人民法院和开发性金融	百县千乡宣传文化工程
2007	全国农村党员干部现代远程教育扩大试点工作、西部农村平安建设	现代远程教育扩大试点工作暨农村中小学现代远程教育工程
2008	区域化推进农村共青团工作和建设、全国农村党员干部现代远程教育	青年中心建设和管理、全国农村党员干部现代远程教育扩大试点工作

4. 政策保障

政策保障主要以 2003 年共青团中央等部门联合印发的《通知》中对大学生西部志愿者给予的八项政策支持为依据，从服务期间与服务期满两个方面保障志愿者的权益（见表 2）。

表 2　　《通知》中政策支持内容①

政策支持	
服务期间	服务期满
中央财政给予必要生活补贴	考核合格，研究生考试给予加分，同等情况，优先录取
计算工龄，党团关系转至服务单位。户口和档案管理提供便利	考核合格，公务员考试适当加分，同等条件下，优先录用
可兼职或专职服务单位管理职务	做出鉴定存入档案；考核合格，颁发证书作为证明
服务单位提供住宿等必要生活条件；在录用党政机关公务员和新增国有企事业单位专业技术人员、管理人员时优先录用、招聘志愿者	考核合格者，可授予奖章，参与奖项评选

① 共青团中央、教育部、财政部、人力资源和社会保障部.《关于实施大学生志愿服务西部计划的通知》（中青联发〔2003〕26号），2003。

5. 资金保障

相关经费主要由中央财政支持，由志愿者生活补贴经费、志愿者体检费、志愿者社会保险经费和项目管理经费四个部分构成。2003—2004 年，中央财政几乎承担所有经费；2005—2008 年，中央财政承担志愿者生活补贴经费、志愿者体检费和志愿者社会保险经费，其余经费由地方项目办向地方财政争取支持。

6. 问题分析

问题主要集中于宣传不足、部门协调滞后和人力资源分配不合理三个方面。

一是宣传不足。易玉梅（2005）指出，虽然各有关部门都不同程度地进行了相关宣传报道，但宣传力度总体不够，且宣传途径和方式单一，所形成的舆论声势不大，社会氛围不浓。部分高校在指导时对西部计划的宣传不足，没有充分认识到西部计划对加强大学生的思想政治教育和缓解毕业生就业压力等方面的重要意义，因而宣传工作很不到位，只是例行地完成任务，导致应届生对西部计划的了解不足，参与积极性不高。高校方面应加强宣传方面的引导，要继续深入开展大学生思想教育，完善激励机制，唱响毕业生到西部去、到基层去、到祖国和人民最需要的地方去建功立业的主旋律。

二是部门协调滞后。西部计划是由共青团中央、教育部、财政部、人力资源和社会保障部共同组织实施的一项计划，需要各个部门相互配合，共同发力。然而在具体实施过程中，部分地区对西部计划的重视程度不足，相关部门对西部计划的具体内容了解甚少，职责不明确，部门间协调滞后，政策落实效率极低。对此，杜国羽（2006）认为，在已有政策的基础上，要抓好各项政策措施的落实。各有关职能部门要高度重视，密切配合，通力合作，共同研究，狠抓落实，确保各项工作顺利完成。

三是人力资源分配不合理。一方面是人力资源浪费。李树梅（2008）研究发现，志愿者从事的工作与自己所学专业不符的情况，岗位安排不合理，使得志愿者无“用武之地”，导致一些志愿者有消极情绪。志愿者按照所属专项行动进行志愿服务工作，然而部分地区在分配时，未充分考虑志愿者的志愿和实际能力，导致志愿者能力与志愿服务工作脱节，志愿者没能真正发挥所长，造成人力资源浪费的同时也挫伤了志愿者的积极性。另一方面是志愿者分配不合理。王处辉和张倩颖（2008）指出，志愿者服务期为 1~2 年，部分地区对志愿者的作用不以为然。

不少志愿者被分配到县级各政府机关，想下基层锻炼却下不到基层，工作上无法大展拳脚。学者们认为，可通过用人制度的完善，综合考量志愿者意见与实际情况，合理分配岗位，避免资源的浪费。

（二）逐步完善（2009—2015 年）

志愿服务期调整为 1~3 年。这一阶段对志愿者的需求逐年增加，计划招募数从 2009 年 1 万人左右上升至 2015 年的 1.83 万人。

1. 政策目标

主要为鼓励和引导高校毕业生到西部去、到基层去、到祖国最需要的地方，促进区域协调发展，促进高校毕业生健康成长。

2. 组织领导

无明显变化，仍由全国领导小组和项目管理办公室负责总体规划、协调和指导。各级领导小组和项目办公室依据地方特点开展。

3. 志愿服务工作

趋于稳定。2011 年开始，固定为“基础教育、农业科技、医疗卫生、基层青年工作、基层社会服务、服务新疆、服务西藏”七个全国专项行动。中央统筹的同时，鼓励各地积极开展地方项目作为补充，所需经费由地方承担。

4. 政策保障

2009 年，受金融危机的影响，高校毕业生就业压力进一步加大。结合《国务院办公厅关于加强普通高等学校毕业生就业工作的通知》和《关于统筹实施引导高校毕业生到农村基层服务项目工作的通知》文件精神，此阶段的实施方案在《通知》的基础上对西部志愿者的政策支持进行了如下补充。

一是学费和助学贷款代偿。按照国家有关规定，从 2009 年开始，对参加西部计划并到西部地区县以下农村基层单位履行 3 年服务期限的应届毕业生，实施相应的学费和助学贷款代偿。首次签约 1 年而后延长至 3 年服务期的，不享受学费和助学贷款代偿政策。

二是公务员加分，优先录取。志愿者服务期满 1 年考核合格，可以应届高校毕业生身份报考公务员。报考中央机关和东、中部地区公务员的，同等条件下，优先录取；报考西部地区公务员的，笔试总分加 5 分。志愿者服务期未满 1 年的，可以社会在职人员身份报考公务员，但不享受相关优惠政策。

三是研究生加分，优先录取。志愿者服务期满 1 年考核合格的，3 年内报考研究生，初试总分加 10 分；同等条件下，优先录取。

四是服务单位优先接受服务期满考核合格志愿者。原服务单位和服务地国有企事业单位有职位空缺需补充人员时，应优先考虑接收服务期满考核合格的志愿者。参加支教服务的志愿者，并符合农村义务教育阶段学校教师特设岗位相关要求的可报名参加农村义务教育阶段学校教师特设岗位招聘，同等条件下优先录用。服务期满自主创业的，可享受行政事业性收费减免、小额贷款担保和贴息等有关政策。

5. 资金保障

基本与上一阶段保持一致，具体变化体现为对补贴金额的适当提高。例如，生活补贴金额由 2009 年的每人每月 680 元提升为 2015 年的每人每月 1000 元，志愿者保险金额由 200 元增至 350 元。

6. 问题分析

针对宣传方面的问题，《2009 年大学生志愿服务西部计划实施方案》中强调项目办公室与高校要加强宣传力度，注重善于运用当代青年所接受和喜爱的网络、移动传媒等新媒体，充分运用多种形式，力争让每一个愿意参加西部计划的高校毕业生都能够获得全面、准确、及时的西部计划信息。针对人力资源分配方面的问题，明确应严格按照全国项目办公室确认的志愿者录用岗位安排上岗，对于随意调换志愿者岗位和服务地的情况予以惩处。部门间协调的问题则并无明显的体现，只提及各省项目办公室也要与省有关部门积极沟通，争取党政大力支持，为西部计划志愿者提供良好的政策保障。总体而言，此阶段的问题主要集中于政策落实不足、志愿者实际需求没得到重视和就业保障不足三个方面。

一是政策落实不足。林华、朱火云（2014）发现，志愿者优惠政策实际效果不明显。中央没有统一的优惠政策落实制度和规定，导致地方在落实志愿者优惠政策方面存在很大的可调节空间，例如，服务期满 1 年考核合格的志愿者参加公务员考试有加分和同等条件下优先录取的政策支持，但是“同等条件”没有明确说明是什么条件，不能真正惠及志愿者。董雨鑫、肖森、许英仕（2015）发现，优惠政策认定烦琐，各地标准不一，部门间针对西部计划的优惠政策缺乏有效沟通机制，志愿者往往需要多方奔走才能成功落实。对此，林华、朱火云认为，应细化优惠内容，制定优惠政策实施细则，特别是对“同等条件下优先”这一含糊其词的政策予以量化、明确。

二是志愿者实际需求没得到重视。余辉、马燕萍（2010）通过问卷调查发现，志愿者大多出于“锻炼自己，增加阅历”的动机参加西部计划，然而烦琐的工作与预期不相吻合的时候，巨大的落差会使志愿者情绪消极，影响志愿服务工作的效果。彭瑾、刘子金、李同果等（2013）指出，志愿者的心理状况不乐观，自我调节能力弱，缺乏有效疏导。志愿者普遍为刚毕业的大学生，社会经验不足，各项工作的协调能力较为缺乏，需要服务地提供相应的培训，提高业务水平。对此，学者们认为，各地项目办公室和服务单位应关注志愿者的实际需求，提高服务质量，与志愿者建立有效的沟通机制。

三是就业保障不足。苟萍和谢华（2009）认为，西部计划在长效就业机制建设方面存在很多不足，大部分服务期满志愿者仍然需要面对日益严峻的就业形势。首先，虽然从制度层面给予了政策支持，但优惠力度小，竞争力弱；其次，留在西部的志愿者是极少部分，推动人才引入却不能留下人才；最后，在西部计划中，国家还没有考虑到志愿者岗位的稳定性和长期性，政策上还缺乏对志愿者常驻机制的思考。对此，建议从优惠政策落实、转变就业观念和发挥平台作用三个方面提出对策。

（三）进一步深化（2016 年至今）

由以往的中央总体规划转变为在中央统筹之下分级负责，实施规模进一步扩大，2019 年计划招募人数达到 2 万人。

1. 政策目标

政策目标主要为进一步引导和鼓励高校大学生到基层工作，促进大学生基层成长。

2. 组织领导

2015 年，共青团中央、教育部、财政部、人力资源和社会保障部印发《关于进一步加强大学生志愿服务西部计划工作的意见》，其中将西部计划项目由中央部门直接组织实施调整为中央部门和地方政府共同组织实施。从 2016 年开始，西部计划工作建立各级统筹管理机制，进一步完善项目管理，合理配置志愿者资源，确保西部计划项目各项工作顺利开展，提升效能。

3. 志愿服务工作

2018 年将“农业科技”专项行动更名为“服务三农”，而后固定为“基础教育、服务三农、医疗卫生、基层青年工作、基层社会服务、服务新疆、服务西藏”七个全国专项行动，地方项目作为补充，地方项目所需经费由地方承担。

4. 政策保障

与之前相比无明显变化，实施方案中额外增加对参加西部计划前无工作经历的服务期满且考核合格的志愿者就业扶持，2 年内保留应届生资格参加就业。

5. 资金保障

2016 年之后，中央同地方共同承担所有经费，中央统一按当年标准拨付一定金额经费至地方省财政，地方结合当地财力统筹负责志愿者的各项保障工作。拨付金额由 2016 年按西部地区每人每年 2.5 万元、中部地区每人每年 1.8 万元增至 2019 年西部地区每人每年 3 万元（新疆南疆四地州、西藏自治区每人每年 4 万元）、中部地区每人每年 2.4 万元。

6. 问题分析

针对初步发展阶段出现的部门协调滞后的问题，《2016—2017 年度大学生志愿服务西部实施方案》指出各级项目办要健全机制，加强与财政、人力资源和社会保障、教育等部门之间协商，进一步完善西部计划运行机制。在第二阶段出现的政策落实问题仍没有得到细化；而就业问题方面，为更好地完善就业保障机制，促进大学生就业，政策中增加高校应届毕业生身份保留 2 年。对于志愿者实际需求没得到重视的问题，强调要强化志愿者的日常管理，加强志愿者保障力度和管理服务工作，而对于志愿者的心理关怀则无明确规定。这一阶段问题主要为政策制定规划未考虑现实需求、激励机制不足和志愿者队伍管理不足三个方面。

一是政策制定规划未考虑现实需求。张蓓蓓、韩靖然（2017）从“三圈理论”视角对西部计划进行分析发现，在制定政策过程中，部分地方政府未充分考虑到现实情况和实际需求，致使西部计划服务效果大打折扣。一方面，虽然西部基层等艰苦边远地区需要大学生志愿者，但各地对志愿者数量、志愿者专业要求有差异，这些现实细节问题未纳入政策考虑当中。另一方面，相关配套政策不完善。

多是大学生志愿服务期间的优惠政策，缺少鼓励大学生长期服务艰苦边远地区的政策，难以吸引高校大学生扎根西部基层。对此，应改善增强政策规划的能力，通过制定长期的激励政策，简化优惠政策认定程序，规范落实优惠政策，使志愿者切实享受优惠政策。

二是激励机制不足。李姣（2018）通过对志愿者进行问卷调查发现，大多数志愿者都抱有强烈的时代使命感，但在具体工作中及实际工作环境里，志愿者们反映因为身份问题，工作中上升空间和工作业绩评估机制都略显不足。生活补贴金额停留在仅够生活所需的层次，在志愿期满后，仅有少数人选择继续扎根西部。对此，应完善激励机制，建立沟通平台，增加就业创业培训指导。

三是志愿者队伍管理不足。李思晨、陆宣（2019）发现，志愿者队伍管理在选拔招募和中期培训两个方面存在不足。首先，选拔招募重量不重质，历年的实施方案逐步放松对学历的限制，对高学历的毕业生吸引力较低，服务工作质量一般；同时，在初步发展阶段中出现的分配岗位时忽视志愿者意愿、志愿者专业与岗位不相匹配的问题在此阶段仍然存在。其次，缺乏中期培训，部分地区重视志愿者的前期培训，忽视中期培训，日常管理工作不够深入。对此，认为可从强化管理理念引导和科学评估健全管理机制两个方面进行完善。

另外，在政策文本分析中也发现，资金保障方面存在部分保障落实不明确的问题。2016 年以后，地方统筹中央补助和自身财力给志愿者提供各方面的资金保障。但是除了生活补贴和社会保险有明确的说明规定外，交通、伙食、住宿等方面的保障用的是“鼓励”一词，志愿者的具体生活保障并没有明确的规定。

在搜索相关数据的过程中，还发现存在数据公布不足的问题。首先是数据获得的途径曲折。例如，要查找历年大学生志愿者的实际招募人数，只能通过检索部分关键词，从报道或文件中得到零星的数据。其次是数据披露的指标有待完善。例如，只披露志愿者的总人数，而各专项人数、志愿者的学历结构、志愿者就业具体去向缺乏进一步的完善披露。最后是缺乏统一完备的数据库。志愿者的人数、去向各地区有所统计，但仅存于地方，没有一个全国性的数据库进行数据的有效共享并为相关研究提供有力的数据支撑。

综上，2003—2019 年西部计划实施方案中的政策目标、专项行动和资金保障内容变化情况如表 3 所示。

表 3　　2003—2019 年实施方案政策目标、专项行动、资金保障内容变化

<table>
<tr><th rowspan="2">年份</th><th rowspan="2">政策目标</th><th colspan="2">专项行动</th><th rowspan="2">资金保障</th></tr>
<tr><th>新增</th><th>取消</th></tr>
<tr><td>2003</td><td rowspan="4">1. 鼓励青年知识分子到基层和艰苦地区磨炼成长
2. 促进西部贫困地区各方面社会事业的发展
3. 拓展大学生就业、创业的渠道
4. 培养优秀青年人才
5. 弘扬志愿精神，推动经济社会的全面发展</td><td colspan="2">统称为教育、卫生、农技、扶贫以及青年中心建设和管理等方面的志愿服务工作</td><td>中央财政：
1. 生活补贴：每人每月 600 元（西藏 800 元）生活补助、每年 1000 元 / 人交通补贴（在西藏、新疆服务的，另行确定）
2. 全国项目办统一办理人身意外伤害保险和住院医疗保险
3. 拨付承担培训任务的服务省项目办公室培训补贴志愿者每人 40 元一天，5 天每人 200 元，志愿者体检费人均 50 元
4. 划拨省项目办公室志愿者招募经费按人均 50 元，服务地项目管理经费按人均 200 元 / 年</td></tr>
<tr><td>2004</td><td>“全国农村党员干部现代远程教育试点工作”、“百县千乡宣传文化工程”、西部基层检察院支援服务行动</td><td>无</td><td>1. 交通补贴的发放改为按距离确定金额
2. 志愿者体检费改为人均 100 元，服务地项目管理经费改为由团中央面向社会筹集
3. 志愿者培训经费改为由地方项目办公室争取地方财政支持</td></tr>
<tr><td>2005</td><td>支教、支农、支医、全国农村党员干部现代远程教育扩大试点工作暨农村中小学现代远程教育工程志愿服务行动、西部基层法律援助</td><td>教育、卫生、农技、全国农村党员干部现代远程教育试点工作</td><td>除生活补贴、志愿者保险和志愿者体检费外，其余经费由地方项目办公室向地方财政争取</td></tr>
<tr><td>2006</td><td>农村文化建设、西部基层人民法院和开发性金融</td><td>百县千乡宣传文化工程</td><td>生活补贴每人每月 600 元（西藏以及四川甘孜州、阿坝州、凉山州，青海海南州、海西州、海北州、黄南州，云南迪庆州 800 元）志愿者保险费明确为每人 200 元（包括人身意外伤害保险和住院医疗保险）</td></tr>
</table>

续表

<table>
<tr><th rowspan="2">年份</th><th rowspan="2">政策目标</th><th colspan="2">专项行动</th><th rowspan="2">资金保障</th></tr>
<tr><th>新增</th><th>取消</th></tr>
<tr><td>2007</td><td rowspan="2">引导高校毕业生在社会主义新农村建设和促进区域经济协调发展中发挥积极作用，为构建社会主义和谐社会贡献力量</td><td>全国农村党员干部现代远程教育扩大试点工作、西部农村平安建设</td><td>现代远程教育扩大作试点工暨农村中小学现代远程教育工程</td><td>1. 交通补贴发放改为每年两次
2. 志愿者保险金额不变，险种改为大学生志愿服务西部计划团体一年寿险（人身意外险、住院医疗险、基本医疗险）
3. 志愿者体检费改为人均 200 元</td></tr>
<tr><td>2008</td><td>区域化推进农村共青团工作和建设、全国农村党员干部现代远程教育</td><td>青年中心建设和管理、全国农村党员干部现代远程教育扩大试点工作</td><td rowspan="3">1. 生活补贴改为每人每月 680 元，服务地在艰苦边远地区按标准按月发放津贴
2. 志愿者保险金额不变，险种改为大学生志愿服务西部计划志愿者综合保障险</td></tr>
<tr><td>2009</td><td>1. 引导高校毕业生在社会主义新农村建设和促进区域经济协调发展中发挥积极作用
2. 促进高校毕业生就业创业</td><td>灾后重建、基层青年工作</td><td>区域化推进农村共青团工作和建设</td></tr>
<tr><td>2010</td><td>1. 鼓励和引导高校毕业生到西部基层锻炼成长
2. 形成西部计划品牌的认同感和影响力
3. 扩大团组织社会影响力</td><td>新疆双语教学</td><td>无</td></tr>
</table>

续表

<table>
<tr><th rowspan="2">年份</th><th rowspan="2">政策目标</th><th colspan="2">专项行动</th><th rowspan="2">资金保障</th></tr>
<tr><th>新增</th><th>取消</th></tr>
<tr><td>2011</td><td>鼓励和引导高校毕业生到基层锻炼成才、贡献力量，促进区域协调发展，促进高校毕业生健康成长</td><td rowspan="7">基础教育、农业科技、医疗卫生、基层青年工作、基层社会服务、服务新疆、服务西藏</td><td rowspan="7">支教、支医、支农、基层青年工作、新疆双语教学、灾后重建、全国农村党员干部现代远程教育、西部基层检察院支援服务行动、西部基层法律援助、西部基层人民法院、西部农村平安建设和开发性金融</td><td>生活补贴改为每人每月 760 元</td></tr>
<tr><td>2012</td><td>引导青年学生“实践学习，向人民群众学习”，到西部基层锻炼成长、建功立业</td><td rowspan="2">1. 生活补贴改为每人每月 1000 元
2. 志愿者保险金额增为每人 350 元</td></tr>
<tr><td>2013</td><td>1. 推动西部计划各项工作实现新发展
2. 引导西部计划志愿者为全面建成小康社会建功立业</td></tr>
<tr><td>2014</td><td>引导广大青年到祖国最需要的地方实现青春梦想，为实现中华民族伟大复兴的中国梦作出新的贡献</td><td>志愿者体检费中服务西藏专项每人 500 元</td></tr>
<tr><td>2015</td><td>引导广大青年到祖国最需要的地方奉献青春、建功立业，为实现中华民族伟大复兴的中国梦作出新贡献</td><td>生活补贴改为每人每月 1000 元</td></tr>
<tr><td>2016</td><td>1. 鼓励和引导高校毕业生到基层创新创业创优
2. 引导广大青年到祖国最需要的地方奉献青春、建功立业，为实现中华民族伟大复兴的中国梦作出新贡献</td><td>中央财政按西部地区每人每年 2.5 万元，中部地区每人每年 1.8 万元拨付地方，地方统筹中央补助和自身财力按月发放补贴，缴纳志愿者社会保险、开展培训管理工作，鼓励基层服务单位积极为志愿者提供交通、住宿和伙食等方面的便利</td></tr>
<tr><td>2017</td><td>引导和鼓励高校毕业生到基层工作</td><td>鼓励地方为志愿者办理补充医疗保险、重大疾病、人身意外伤害等商业保险和建立年度考核奖励机制</td></tr>
</table>

续表

年份	政策目标	专项行动		资金保障
		新增	取消	
2018	1. 引导和鼓励高校毕业生到基层工作 2. 弘扬“奉献、友爱、互助、进步”的志愿精神 3. 培育和践行社会主义核心价值观	服务“三农”	农业科技	志愿者的重大疾病、人身意外伤害等商业保险由鼓励性改为按全国项目办公室要求购买
2019				中央财政拨付西部地区金额增为每人每年 3 万元（南疆四地州，西藏每人每年 4 万元），中部地区增为每人每年 2.4 万元

二、地方落实具体举措

通过比较中央与地方西部计划实施方案可以发现，地方积极响应中央号召，出台的政策与中央保持一致，凸显研究生加分优先录取、工龄计算、应届毕业生身份保留、学费补偿和助学贷款代偿等优惠政策；同时，考虑到志愿者的跨省流动性，因地制宜，设计了相关保障性政策。

资金保障方面，地方结合当地发展实际，对志愿者的资金保障不断加强。例如，宁夏回族自治区自 2017 年起，补贴标准参照当地事业单位新录取大学本科毕业生转正定级后工资标准，年均 5.7 万元，人均生活补贴提高至 3600 元左右，成为全国首个按照初录用大学生转正定级工资标准和定制原则确定西部计划志愿者生活补贴水平的省份①。2019 年，贵州省明确志愿者生活补贴为 2200 元 / 人 / 月，交通补贴为 800 元 / 人 / 年，对新到岗志愿者发放一次性安置费 2000 元②。2019 年，新疆生产建设兵团财政按照同城同待、同工同酬的原则，依据服务地团场机关从高校毕业生中新录用工作人员试用期满后的工资收入水平，统一确定志愿者工作生活补贴标准；同时，对“双一流”高校（石河子大学和塔里木大学参照执行）的毕业生每月增加 100 元工作生活补贴③。从地方资金保障实施来看，各地的

① 宁夏项目办多措并举提升西部计划志愿者保障水平-新闻报道-中国青年网，http：//xibu.youth.cn/jyjl/jzjb/201708/t20170828_10602132.htm。

② 关于印发《贵州省万名大学生志愿服务基层项目（2019—2020年）实施方案》的通知-新闻报道-贵州志愿服务网，http：//www.gzqnzyz.org.cn/a-13530.html。

③ 2019年新疆生产建设兵团西部计划志愿者招募启动-新闻报道-中国青年网，https：//news.sina.com.cn/c/2019-04-06/doc-ihvhiewr3581336.shtml。

生活补贴标准并不一致，有的地区更是专门增加对“双一流”高校的生活补贴以激励人才的流动，但整体上对志愿者的资金保障力度在不断加强之中。

三、西部计划实施现状及效果

（一）西部计划实施现状

志愿者参与方面，西部计划实施至今，吸引了大量高校学生广泛参与。2019年，西部志愿者招募中，有近12万名应届大学毕业生和研究生申请加入西部计划。截至2019年7月，累计有29万多名青年志愿者投身西部地区的建设之中①。服务内容方面，七个专项行动与地方专项行动互为补充，服务内容翔实，切合地方发展实际，同时根据志愿者专业方向和自身能力，为志愿者合理分配服务岗位，尽量避免了人力资源的浪费。政策支持方面，形成一套较为完善可行的志愿者保障机制，从落户、升学、就业和职业发展等方面为志愿者提供了便利。

西部计划的实施范围也呈现不断深入扩大趋势，地方普遍积极参与。截至2018年5月，参与计划的地区范围由2003年的西部贫困县的乡镇扩大至中西部22个省区市及新疆生产建设兵团的2100多个县市区旗基层②。同时，地区的参与重视程度逐年提高。自2016年开始，西部计划改由中央部门和地方政府共同组织实施，在中央部门指导下，地方政府积极响应，地方项目办公室积极作为。2019—2020年，根据地区发展实际需求开展实施的地方项目共计23项。

（二）西部计划实施效果

1. 国家层面

陶中著（2016）认为，通过西部计划的实施，有效缓解了我国东部、中部、西部人力资源和社会资源配置不合理的问题，大大改善了人才结构和需求布局；并且大学生通过到西部基层就业，有力缓解了转型时期严峻的就业形势和就业矛盾，以及西部地区人才和技术匮乏的局面，广大志愿者参与西部经济建设工作，

---

① 2019年西部计划实施规模达两万人–新闻报道–中国青年网，http：//xibu.youth.cn/gzdt/gddt/201907/t20190724_12019285.htm。

② 大学生志愿服务西部计划项目介绍–新闻报道–中国青年网，http：//xibu.youth.cn/xmjs/201510/t20151015_7212132.htm。

加快了西部地区经济转型升级的步伐。

2. 服务地区

人才的流动为西部地区的发展带来活力，促进了西部地区各项事业的发展，志愿者服务受到服务单位的广泛认可。结合大学生志愿服务西部计划官方网站所公布的各地区经验交流，以甘肃省为例，在2013年指出大学生志愿者积极努力的工作，得到了所在单位、所在地领导、群众的认可和赞誉，倡导和弘扬了“奉献、友爱、互助、进步”的志愿精神，扩大了共青团中央等四部委实施大学生志愿服务西部计划项目的社会影响力，促进了当地尤其是西部基层经济社会事业的全面发展，取得良好的社会效益[①]。广西壮族自治区在2016年指出，大学生志愿服务西部计划在自治区已开展13年，志愿者们扎根基层、扎根自治区，在服务大局、服务社会、服务群众等方面发挥了积极作用，取得了良好的社会效应[②]。

3. 志愿者

西部计划实施以来，有效缓解了大学生就业压力，帮助学生在服务社会中实现自我价值，培养了大学生的志愿服务精神和社会责任感。周立、金阿宁等（2014）在西部计划实施十周年之际，以实施西部计划的部分相关单位及志愿者为研究对象，通过问卷调研发现，西部计划培养了大学生的社会责任感和使命感。在知乎社区大学生西部志愿者话题下，从西部计划志愿者的回答中发现，多数志愿者受宣传标语“用一年的时间做一件影响一生的事”打动，出于建设服务地区、实现人生价值的满腔热情参与到西部计划中，也有部分志愿者是出于职业规划不明，解决就业问题。而依据个人的经历不同，对于西部计划的评价好坏兼有，大多数回答者认为西部计划获益良多，充实了自我，提高自身能力；少部分认为工作烦琐，自我价值无从实现，政策保护不足等。

（三）西部计划实施的现实意义

西部计划的提出是基于西部大开发战略的实施和高校毕业生就业形势日益严峻的背景。西部计划对国家战略部署、地区发展和大学生价值实现有重要的现实意义。

---

① 甘肃：加强引导注重服务培育人才扎根基层-新闻报道-中国青年网，http：//xibu.youth.cn/jyjl/dxzf/201508/t20150820_7028986.htm。

② 广西：加强经费保障解决志愿者后顾之忧-新闻报道-中国青年网，http：//xibu.youth.cn/jyjl/dxzf/201605/t20160505_7957062.htm。

1. 国家战略

从国家战略角度来看，西部计划是顺应西部大开发战略的重要举措。党的十五届四中全会和中央经济工作会议正式提出了实施西部大开发战略。2000 年，国务院召开西部地区开发会议，提出了实施西部大开发战略的初步设想，并确定当前和今后一个时期要抓好的几件大事：一是加快基础设施建设；二是加强生态环境保护和建设；三是积极调整产业结构；四是大力发展科技和教育；五是加大改革开放力度[①]。西部计划优化了人才资源配置，鼓励广大高校毕业生去往基层服务，从教育、医疗、农业、基层工作和基层服务等方面推动当地物质文明和精神文明的建设，提升了西部大开发的深度和广度。

2. 地区发展

从地区发展角度来看，一方面，志愿者结合地区实际，发挥自身优势，推动缩小地区间发展的差距；另一方面，中央财政与地方统筹，为志愿者提供资金保障，财政支出中志愿者的各种开销远低于地方公务员的薪资水平，极大缓解了地方财政压力。

3. 大学生价值实现

从大学生角度来看，西部计划为其在择业时提供了一条新的就业渠道，有利于其在基层服务中实现自我价值，培养不畏风雨、艰苦奋斗、服务人民的高尚情操，也促进了其各方面能力的提高。

四、小结

西部计划自 2003 年实施以来，顺应了西部大开发战略部署，有效调整了东部、西部人才流动失衡的局面；与此同时，青年志愿者在该计划中发挥自身所长，在实现社会价值中实现自我价值，推动了服务地各项事业的发展。但是，西部计划也存在不足之处，政策制定规划未考虑现实需求和激励机制不足等问题在现阶段尤为突出。当前正值推进国家治理体系和治理能力现代化的关键阶段，西部计划在此阶段的实施有长远意义。只有进一步落实和完善志愿者保障机制和工作机制，才能有效保障志愿者

---

① 中国政府网（2009年10月10日）. 共和国的足迹——1999年：西部大开发，http：//www.gov.cn/test/2009-10/10/content_1435029.htm。

的权益，激发大学生的参与积极性，以促使他们扎根西部，奉献自己的力量。

任莉莉　李瑞敏　陈辉　吴敏　执笔

主要参考文献

[1] 易玉梅 . 大学生志愿服务西部计划存在的问题分析 [J]. 理论月刊，2005，（6）.

[2] 杜国羽 . 关于引导和鼓励高校毕业生到基层服务的思考 [J]. 中国人才，2006，（12）.

[3] 李树梅 . 大学生志愿服务西部计划存在的问题及对策研究 [J]. 社会科学论坛，2008，（11）.

[4] 王处辉，张倩颖 ."大学生志愿服务西部计划"的实践效果与建议 [J]. 江苏高教,2008(7).

[5] 余辉，马燕萍 . 大学生西部计划实施效果调查与问题分析 [J]. 宁波大学学报（教育科学版），2010（7）.

[6] 林华，朱火云 ."西部计划"促进大学生就业的效果评估 [J]. 闽南师范大学学报（哲学社会科学版），2014（2）.

[7] 董雨鑫，肖淼，许英仕 . 浅谈新形势下"西部计划"的完善与升级——基于对大学生志愿服务西部计划的实证调研 [J]. 太原城市职业技术学院学报，2015（8）.

[8] 彭瑾，刘子金，李同果，罗国荣 . 大学生志愿服务西部计划实施现状与对策研究 ——以四川省乐山市为例 [J]. 四川职业技术学院学报，2013（2）.

[9] 苟萍，谢华 . 建设"西部计划"长效就业机制的思考 [J]. 现代教育科学，2009（4）.

[10] 周立，金阿宁，贾巍，张宏宇，梁钟艺 . 大学生志愿服务西部计划实施十周年研究报告 [J]. 广西中医药大学学报，2014（1）.

[11] 陶中著 . 中国转型时期大学生基层就业问题研究 [M]. 长春：吉林人民出版社 .2016.

[12] 张蓓蓓，韩靖然 ."三圈理论"视野下大学生志愿服务西部计划的实践分析 [J]. 广东青年职业学院学报 .2017，31（3）.

[13] 李姣 ."西部计划"大学生志愿者职业发展问题研究 ——以湖南农业大学为例 [J]. 教育教学论坛 .2018，（36）.

[14] 李思晨，陆宣 . 西部计划志愿者队伍管理创新研究以新疆专项为例 [J]. 甘肃科技，2019（9）.

陕西省大学生村官政策和研究综述

一、陕西省大学生村官政策的实施现状及特点

2008年，中共陕西省委办公厅、陕西省人民政府办公厅印发《关于选聘高校毕业生到村任职的实施意见》（以下简称《实施意见》）的通知，参照2008年中共中央组织部印发的《关于进一步加强大学生村官工作的意见》（下简称《意见》）的具体要求和全国选聘高校毕业生到村任职工作座谈会精神，对全省选聘高校毕业生担任大学生村官工作的具体实施办法作出了详细说明。文件紧跟中央精神，又根据西北尤其是陕西地区的特殊情况做了相应调整，充分显示了地方因地制宜落实和实践中央政策的灵活性和伸缩张力。《实施意见》明确了陕西省选聘高校毕业生到村任职的组织领导、选拔方案、对象条件、具体程序、待遇晋升和培养管理等具体细节，之后每年省委组织部根据当年各地市上报汇总的选聘岗位和人数需求，对实施方案进行调整。

陕西省大学生村官政策的出台和后续实施，也引起了国内研究者的关注。截至2020年6月1日，在中国知网（CNKI）中以“陕西大学生村官”为关键词进行主题检索可得到88篇文献，对这88篇文献标题进行词频分析可得到图1和表1。

图 1 CNKI“陕西大学生村官”主题检索结果文献词云图

表 1 中国知网（CNKI）“陕西大学生村官”主题检索结果文献标题词频表

序号	字词	频数	频率（%）	序号	字词	频数	频率（%）
1	大学生村官	68	12.4771	11	实施	5	0.9174
2	研究	40	7.3394	12	调查	5	0.9174
3	大学生	39	7.1560	13	现状	5	0.9174
4	问题	15	2.7523	14	形象	4	0.7339
5	对策	11	2.0183	15	执行	4	0.7339
6	政策	10	1.8349	16	地区	3	0.5505
7	工作	9	1.6514	17	管理	3	0.5505
8	创业	6	1.1009	18	激励机制	3	0.5505
9	机制	6	1.1009	19	计划	3	0.5505
10	农村	5	0.9174	20	培训	3	0.5505

不同学者从不同角度对大学生村官开展了研究，无论是对宏观政策的剖析，还是对微观主体的探讨，都离不开大学生村官政策实施过程中的几个阶段，即选聘和任职、培养和管理、组织和领导以及期满分流。丰富的政策资料和优秀的学术研究为大学生村官政策的完善和推进提供指导与参考。本报告以这些文献为基础，对陕西省大学生村官制度在以上几个阶段的实施情况进行总结和梳理。

比照陕西省的《实施意见》、历年公示与中组部《意见》等文件，不难发现陕西省的《实施意见》体现出以下几方面的特点。

（一）省委组织并协调领导，地方常委和协调工作机构具体负责

《实施意见》指出，全省选聘工作由省委组织部牵头，会同省农村工作领导小组办公室、省教育厅、省公安厅、省民政厅、省财政厅、省人事厅、省劳动和社会保障厅、省农业厅、省林业厅、省扶贫办、共青团省委成立选聘高校毕业生到村任职工作协调领导小组，负责协调全省选聘高校毕业生到村任职工作。县（市、区）党委要确定一名常委负责此项工作，并成立相关协调工作机构，加强对选聘工作的组织协调。各级教育、公安、民政、财政、人事、劳动和社会保障、农业、林业、扶贫、共青团等相关部门和单位要按照要求，各负其责，密切配合，积极做好相关工作。

从《实施意见》的具体组织流程中不难发现，围绕大学生村官的选聘和管理工作，陕西省委组织部形成了“统一管理，多头协调，基层负责”的工作方式，尽可能避免“多头行政”的政令不一和难以衔接等问题。统一招聘流程也尽可能满足了选聘高校毕业生服务基层的公平公正、因地制宜等诸多要求。但从政策实践来看，仍然存在“政令统一但实行有差”的现象。地方政府给予大学生村官的重视力度不够，使得大学生村官无论是在享有国家规定的各项政策方面，还是开展农村工作，总会受到很大阻力（于朋芬，2010）。虽然党中央对大学生村官政策高度重视，但地方干部没有真正理解和领会中央精神，导致执行错位，从县里的完全不重视到乡上认识不到大学生村官的重要性，是造成大学生村官工作难以展开的原因之一（汪莹，2015）。

（二）明确选聘目标和“五年计划”

《实施意见》明确了陕西省选聘高校毕业生到村任职的目的，即为加快建设西部强省和建设社会主义新农村提供坚强的组织和人才保证。《实施意见》提出选聘大学生村官的总体目标，要求在2008—2013年五年内，全省累计60%的行政村都有1名（累计总数约1.64万名）高校毕业生到村任职。每年分配到各县（市、区）的选聘名额，由省、市根据实际情况确定（见表2）。

表 2　　陕西省 2008—2013 年全省大学生村官选聘计划表　　单位：人

年度	选聘计划人数
2008	2000
2009	3000
2010	3800
2011	3800（含 2008 年选聘人员中续聘 294 人）
2012	1000（本科及以上学历 898 人，专科学历 102 人）
2013	1782（本科及以上学历 1585 人，专科学历 197 人）

从表 2 可见，2008—2013 年 5 年间，陕西全省实际选聘大学生共 15382 人。其中，2008 年选聘 2000 人，2009 年选聘 3000 人。2008 年选聘的 2000 人大学生村官中有 294 人完成工作任务，参加续聘。但目前缺乏 2008 年录取大学生村官的实际人数，因此无法进一步分析续聘人数占录取人数的比例，也无法进一步深入分析。从 2012 年开始，陕西省的选聘计划出现变化，首次对毕业学生的学历作出要求。以 2012 年为例，根据当年陕西省大学生村官拟录取人员名单公示可以进一步看出，实际录取的人数与学历背景等都远超出计划。由此也可以看出，在实际选聘阶段，大学生村官项目已经得到了高校毕业生的普遍认可（见表 3）。

表 3　　2012 年陕西省大学生村官拟录取人数及学历统计

计划 / 实际录取人数	本科学历	专科学历	研究生学历
1000/1083	898/928	102/122	0/33

结合表 2 与表 3 的数据不难发现，选聘人数随国家政策变化经历了一个逐渐增长、然后下降的变化过程。2008 年 3 月，全国开始全面启动选聘大学生到农村任职的工作；同年 5 月，陕西省委、省政府印发《实施意见》，陕西省大学生村官选聘人数连续 3 年保持增长；由于大学生村官相关财政开支负担沉重，2014 年，中组部提出大学生村官招聘规模需适度，陕西省当年选聘人数下降明显，可能是为了更好地开展大学生村官工作（方奕，2016）。

2015 年，陕西省进一步要求仅限本科以上学历的高校毕业生报名，实际上提升了选聘者的质量。但学者们的研究普遍认为，报考大学生村官的高校毕业生文化水平较高。大部分的陕西省大学生村官为本科学历，并且在一定时期内高学历的大学生村官的比例呈不断上升的趋势（于朋芬，2010）。但选聘门槛过高且缺乏法律依据和政策解释，选聘过程存在普遍就业歧视现象（郑明怀，2013）。在学历要求上，历年招聘公告显示，陕西省初期允许专科报名，重点选聘本科生、研究生，之后又将本科以上学历要求提升到80%以上，对于大学生村官计划以及新农村建设而言，大学生村官选聘对学历的要求越来越高而且存在一定程度上的不合理，人力资源浪费严重（方奕，2016）。

整体上看，陕西省大学生村官的选聘计划人数和实际录取人数都出现明显下滑，但实际录取人数均超过当年计划。2016年之后，受选调生、西部志愿者计划、“两选并轨”制度等其他毕业生基层就业政策影响，陕西省委组织部再没有对外发布专项的大学生村官选聘计划。

（三）“省定规划、市县选聘、乡镇管理、服务基层”的选聘模式

《实施意见》首次确定了陕西省选聘大学生村官的具体办法，即采取“省定规划、市县选聘、乡镇管理、服务基层”的模式，要求省内各地市建立健全选聘机制、管理机制和使用机制。

具体的选聘程序由省委规划，市县负责。每年各地市制订当年选聘计划并汇总至省委，由省委组织部统一对外发布选聘公告、对应岗位以及缺口人数。各市（区）委组织部在面试开始前进行资格复审。面试工作由省委组织部统一安排，面试试题由各市（区）自行命制，面试工作所需各项费用由各市（区）财政解决。各市（区）委组织部具体组织实施，按县（市、区）分组进行。对于面试人数少于计划选聘名额的县（市、区），由各市（区）委组织部在本市（区）范围内调剂。考察工作由各县（市、区）委组织部负责，形成书面考察意见，报市（区）委组织部初审。对体检、考察不合格的考生，由市（区）委组织部报省委组织部审核确认后，不予选聘。所出现的缺额，按面试成绩排序依次递补，随缺随补。全省面试工作结束后，所有考生的面试成绩由省委组织部在网上公布。

公示期满后，各市（区）委组织部根据省委组织部的审批意见，向决定聘用的人员发出书面通知。接到聘用通知的高校毕业生应在10日内到所应聘的县（市、区）委组织部报到，并签订聘用合同，由县（市、区）委组织部分配到村任职。凡在规定期限内未报到者，取消聘用资格。

（四）明确大学生村官身份和选聘要求

《实施意见》对于大学生村官的总体要求是18周岁以上、30周岁以下应届和往届毕业的全日制普通高校专科以上学历的毕业生，且身体健康，能适应农村工作需要，其中重点选聘应届毕业和毕业1~2年的本科生、研究生。对高校毕业生原则上要求为中共党员（含预备党员），非中共党员的优秀团干部、优秀学生干部和“三好学生”也可选聘。对于大学生村官的个体要求，《实施意见》只作了概括性的描述，在之后对应当年形势与实际需要，每年的实施方案也作了调整。

（五）对大学生村官的任职和待遇做了详细说明

《实施意见》明确说明了选聘到村任职的高校毕业生为“村级组织特设岗位”人员，系非公务员身份。选聘高校毕业生的任职，由各县（市、区）委组织部根据相关法律和规定统一提出意见，乡镇党委下发文件。是中共正式党员的，一般安排担任村党组织书记助理职务；是中共预备党员或非中共党员的，一般安排担任村委会主任助理职务；是共青团员的，可安排兼任村团组织书记、副书记职务；有条件的提倡交叉任职。受聘人员到村工作满一年，被大多数党员和群众认可的，经组织考察特别优秀、且所聘村没有合适人选的，可推荐参加选举担任村党组织书记、副书记等职务。

《实施意见》还明确要求村党组织和村委会要根据到村任职高校毕业生担任的职务明确分工，保证他们能够参加村党组织或村委会组织的会议，参与村里的领导工作和重要事务。要在农村党员现代远程教育、农民科普知识培训、农村基础设施建设、农业产业化发展、扶贫开发等方面，充分发挥到村任职高校毕业生的作用。

在待遇方面，比照《意见》中“从2011年起，中央财政补助西部地区大学生村官的标准提高到人均每年2万元，中部地区人均每年1.5万元，东部地区人均每年0.8万元，不足部分由地方财政承担”的要求，《实施意见》对到村任职的高校毕业生的补贴做了详细说明。除了每人每年补贴2.1万元，还发放一次性安置费2000元，另外，省财政为到国定的48个艰苦边远县（市、区）农村任职的高校毕业生再增加1000元津贴。中央计划指标由中央财政每人每年补贴1.5万元，并发放每人一次性安置费2000元，地方财政每人每年再补贴6000元（其中人均财力超过5万元的西安、延安、榆林三市由市、县财政全部承担6000元；其他市由省级财政和市、县财政各承担3000元）。省内增加指标每年每人2.1万元，由地方财政支出（其中西安、延安、榆林三市的市、县财政每人每年负担1万元，省级财政负担1.1万元；其他市的市、县财政每人每年负担3000元，省级财政负担1.8万元）。省内增加指标的每人一次性2000元的安置费由省级财政负担。补（津）贴通过财政部门下拨，由县（市、区）财政局根据组织部门提供的到村任职高校毕业生人数和名单按月发放。

《实施意见》对大学生村官的具体待遇只作了概括性的描述，在之后对应当年形势与实际需要进行调整。历年详细调整变化见表4。

表4 历年陕西省大学生村官选聘待遇变化明细表 单位：人

年度	计划人数	学历要求	待遇	
			1	2
2008	2000	应届和往届全日制普通高校专科以上学历的毕业生	到村任职高校毕业生每人每年领取工作、生活补贴2.1万元，其中，到48个艰苦边远县（市、区）农村任职的高校毕业生每人每年增发1000元津贴。每名到村任职高校毕业生领取一次性安置费2000元。县（市、区）按城镇企业职工基本养老和基本医疗保险的参保办法，为到村任职高校毕业生办理基本养老保险、基本医疗保险和大额医疗费用统筹保险，并根据本地实际为到村任职高校毕业生投保人身意外伤害商业保险和生育保险	符合国家助学贷款偿还政策规定的、聘期考核合格的，其在校期间的国家助学贷款本息由国家代为偿还
2009	3000	应届和往届全日制普通高校专科以上学历的毕业生	到村（社区）任职高校毕业生每人每年领取工作、生活补贴2.1万元，其中到48个艰苦边远县（市、区）农村任职的高校毕业生每人每年增发1000元津贴。每名到村（社区）任职高校毕业生领取一次性安置费2000元。县（市、区）按城镇企业职工基本养老和基本医疗保险的参保办法，为到村（社区）任职高校毕业生办理基本养老保险、基本医疗保险和大额医疗费用统筹保险，并根据本地实际为到村（社区）任职高校毕业生投保人身意外伤害商业保险和生育保险	符合国家助学贷款偿还政策规定的、聘期考核合格的，其在校期间的国家助学贷款本息由国家代为偿还

续表

年度	计划人数	学历要求	待遇	
			1	2
2010	3800	应届和往届全日制普通高校专科以上学历的毕业生	到村（社区）任职高校毕业生每人每年领取工作、生活补贴 2.1 万元，其中到 48 个艰苦边远县（市、区）农村任职的高校毕业生每人每年增发 1000 元津贴。每名到村（社区）任职高校毕业生领取一次性安置费 2000 元。县（市、区）按城镇企业职工基本养老和基本医疗保险的参保办法，为到村（社区）任职高校毕业生办理基本养老保险、基本医疗保险和大额医疗费用统筹保险，并根据本地实际为到村（社区）任职高校毕业生投保人身意外伤害商业保险和生育保险	符合国家助学贷款偿还政策规定的、聘期考核称职的，其在校期间的国家助学贷款本息由国家代为偿还
2011	3800（含 2008 年选聘人员中续聘 294 人）	应届和往届全日制普通高校专科以上学历毕业生	到村（社区）任职高校毕业生每人每年领取工作、生活补贴 2.1 万元，其中到 48 个艰苦边远县（市、区）农村任职的每人每年增发 1000 元津贴。每名到村（社区）任职的高校毕业生领取一次性安置费 2000 元。县（市、区）按城镇企业职工基本养老和基本医疗保险的参保办法，为到村（社区）任职高校毕业生办理基本养老保险、基本医疗保险和大额医疗费用统筹保险，并根据本地实际为其投保人身意外伤害商业保险和生育保险	符合国家助学贷款偿还政策规定且聘期考核称职的，其在校期间的国家助学贷款本息由国家代为偿还
2012	1000（本科以上学历 898 名专科学历 102 人）	应届和往届全日制普通高校专科以上学历的毕业生	到村（社区）任职高校毕业生工作、生活补贴为每人每年 2.2 万元（2011 年：2.1 万元），其中到 50 个（2011 年：48 个）艰苦边远县（市、区）农村任职的每人每年增发 1000 元津贴。每名到村（社区）任职的高校毕业生领取一次性安置费 2000 元。县（市、区）按城镇企业职工基本养老和基本医疗保险的参保办法，为到村（社区）任职高校毕业生办理基本养老保险、基本医疗保险和大额医疗费用统筹保险，并按照《关于办理大学生村官重大疾病和人身意外伤害综合保险的通知》（国寿人险陕党发〔2012〕16 号）文件要求办理重大疾病和人身意外伤害综合保险。同时，要根据本地实际为女大学生村官办理生育保险	符合国家助学贷款偿还政策规定且三年年度（2011 年：聘期）考核称职以上（含称职）的，其在校期间的国家助学贷款本息由国家代为偿还

续表

年度	计划人数	学历要求	待遇	
			1	2
2013	1782（本科以上学历1585人专科学历197人）	应届和往届全日制普通高校专科以上学历的毕业生	到村（社区）任职高校毕业生工作、生活补贴为每人每年2.2万元，其中到50个艰苦边远县（市、区）农村任职的每人每年增发1000元津贴。每名到村（社区）任职的高校毕业生领取一次性安置费2000元。县（市、区）按城镇企业职工基本养老和基本医疗保险的参保办法，为到村（社区）任职高校毕业生办理基本养老保险、基本医疗保险和大额医疗费用统筹保险，并按照《关于办理大学生村官重大疾病和人身意外伤害综合保险的通知》（国寿人险陕党发〔2012〕16号）文件要求办理重大疾病和人身意外伤害综合保险。同时，根据本地实际为女大学生村官办理生育保险	符合国家助学贷款偿还政策规定的，按照财政部、教育部关于印发《高等学校毕业生学费和国家助学贷款代偿暂行办法》的通知（财教〔2009〕15号），本人可向所在学校申请办理在校期间助学贷款本息由国家代为偿还事宜。陕西省属普通高等学校毕业生，在校期间助学贷款偿还政策向陕西省教育厅咨询
2014	1000（本科以上学历872人专科学历128人）	应届和往届全日制普通高校专科以上学历毕业生，重点是应届毕业和毕业1年到2年的本科生、研究生	到村（社区）任职高校毕业生工作、生活补贴为每人每年2.8万元（2014年：2.2万元），其中到50个艰苦边远县（市、区）农村任职的每人每年增发1000元津贴。每名到村（社区）任职的高校毕业生领取一次性安置费2000元。县（市、区）按城镇企业职工基本养老和基本医疗保险的参保办法，为到村（社区）任职高校毕业生办理基本养老保险、基本医疗保险和大额医疗费用统筹保险，并根据实际为到村（社区）任职高校毕业生办理人身意外伤害商业保险和女性生育保险	中央部门所属全日制普通高等学校应届毕业生，符合国家助学贷款偿还政策规定的，按照财政部、教育部关于印发《高等学校毕业生学费和国家助学贷款代偿暂行办法》的通知（财教〔2009〕15号），本人可向所在学校申请办理在校期间助学贷款本息由国家代为偿还事宜（删除“陕西省属普通高等学校毕业生，在校期间助学贷款偿还政策向陕西省教育厅咨询。”）

续表

年度	计划人数	学历要求	待遇	
			1	2
2015	792	全日制普通高等院校本科及以上学历的毕业生	到村（社区）任职高校毕业生工作、生活补贴为每人每年 2.8 万元，其中到（删除 50 个）艰苦边远县（区）农村任职的每人每年增发 1000 元津贴。每名到村（社区）任职的高校毕业生领取一次性安置费 2000 元。县（市、区）按城镇企业职工基本养老保险和基本医疗保险的参保办法，为到村（社区）任职高校毕业生办理基本养老保险、基本医疗保险和大额医疗费用统筹保险，并（删除“根据实际”）办理重大疾病、人身意外伤害综合保险和女性生育保险	
2016	627	全日制普通高等院校本科及以上学历的毕业生	到村（社区）任职高校毕业生工作、生活补贴为每人每年 3.3 万元（2015 年：2.8 万元），其中到艰苦边远县（区）任职的每人每年增发 1000 元津贴。每名到村（社区）任职的高校毕业生领取一次性安置费 2000 元。县（市、区）按城镇企业职工基本养老保险和基本医疗保险的参保办法，为到村（社区）任职高校毕业生办理基本养老保险、基本医疗保险和大额医疗费用统筹保险，并办理重大疾病、人身意外伤害综合保险和女性生育保险	

《实施意见》明确了县（市、区）按城镇企业职工基本养老和基本医疗保险的参保办法，为到村任职高校毕业生办理基本养老保险、基本医疗保险和大额医疗费用统筹保险。其中单位缴纳部分由县（市、区）财政按规定比例承担，个人缴纳部分由到村任职高校毕业生按规定比例承担。由县（市、区）财政根据本地实际为到村任职高校毕业生投保人身意外伤害商业保险和生育保险。省财政要加大对贫困地区转移支付补助力度。符合国家助学贷款偿还政策规定的、聘期考核称职的，其在校期间的国家助学贷款本息由国家代为偿还。

大学生村官的工资待遇也是学界关注的焦点之一。大学生村官工资水平基本能满足日常需要，但各地薪资待遇差异大，部分地区薪资落实存在问题。在对陕西省100个样本村的大学生村官的调查走访发现，工资水平整体上是符合大学生村官预期的，也基本能满足他们日常的工作和生活需要（王建康，2011）。对于大学生村官的薪资待遇，虽然陕西省统一按国家标准执行，但是各区县会根据各自经济发展状况在统一标准下做适当调整，因此不同区县薪资待遇差异较大。各地政府由于各种原因拖欠薪酬、克扣工资（陈俊，2011），相关物质保障政策没有完全落实（于朋芬，2010），这在一定程度上影响了大学生村官的实际薪酬和生活水平，打击了大学生村官的工作积极性。

（六）明确了大学生村官在职称晋升等方面的优势条件

《实施意见》明确了大学生村官在职称晋升、求学深造等方面具有一定的优势条件。例如，在村任职满2年以上，具备选调生条件和资格的，经组织推荐，可参加选调生统一招考；在村任职满2年且考核结果为称职以上等次的，报考省内公务员和事业单位的，可适当放宽报名条件并在笔试成绩总分中加7分，报考省内高校研究生的，在笔试成绩总分中加10分；被县（市、区）以上组织人事部门评为优秀或受到县（市、区）级以上党委、政府表彰的另加3分，并在同等条件下优先录用或录取。县（市、区）、乡（镇）党政机关、事业单位需要补充人员时，应重点从到村任职2年以上的高校毕业生中考录。

《实施意见》提出从2010年开始，每年拿出一定数量的公务员职位，定向招录到村任职满2年、考核合格的高校毕业生。在村任职满3年、工作实绩特别突出，当地群众普遍公认的，经组织考察研究，可破格提拔为乡（镇）领导。被党政机关或企事业单位正式录用（聘用）后，不再实行一年的见习期，在村任职工作时间可计算工龄和社会保险缴费年限。

当然，《实施意见》也只做了概括性的描述，在之后对应当年形势与实际需要进行调整。历年详细调整变化见表5。

表 5 历年陕西省大学生村官选聘职位晋升变化明细表

年度	待遇				
	1	2	3	4	5
2008	在村任职满 3 年、工作实绩特别突出，当地群众普遍公认的，经组织考察研究，可破格提拔为乡（镇）领导	在村任职满 2 年且考核结果为称职以上等次的，报考省内公务员和事业单位的，可适当放宽报名条件并在笔试成绩总分中加 7 分；报考省内高校研究生的，在笔试成绩总分中加 10 分，并在同等条件下优先录用或录取	在村任职满 2 年以上，具备选调生条件和资格的，经组织推荐，可参加选调生统一招考	被党政机关或企事业单位正式录用（聘用）后，不再实行一年的见习期，在村任职工作时间可计算工龄和社会保险缴费年限	
2009	在村（社区）任职满 3 年、工作实绩特别突出，当地群众普遍公认的，经组织考察研究，可破格提拔为乡（镇）领导	在村（社区）任职满 2 年且考核结果为称职以上等次的，报考省内公务员和事业单位的，可适当放宽报名条件并在笔试成绩总分中加 7 分；报考省内高校研究生的，在笔试成绩总分中加 10 分，并在同等条件下优先录用或录取	在村（社区）任职满 2 年以上，具备选调生条件和资格的，经组织推荐，可参加选调生统一招考	被党政机关或企事业单位正式录用（聘用）后，不再实行一年的见习期，在村（社区）任职工作时间可计算工龄和社会保险缴费年限	

续表

年度	待遇				
	1	2	3	4	5
2010	在村（社区）任职满3年、工作实绩特别突出，当地群众普遍公认的，经组织考察研究，可破格提拔为乡（镇）领导班子成员		在村（社区）任职满2年（2009年：2年以上），具备选调生、公务员招考条件和资格的，经县（市、区）委组织部推荐可参加定向招录选调生、公务员考试	在村（社区）任职期满，被党政机关或企事业单位正式录用（聘用）后，不再实行一年的见习期。在村（社区）任职工作时间可计算工龄和社会保险缴费年限	
2011	在村（社区）任职满3年、工作实绩特别突出、年度考核优秀、通过选举已担任村（社区）党组织书记或村（社区）委会主任、当地群众普遍公认的，经组织考察研究，可破格提拔为乡（镇）、团县（市、区）委、县（市、区）妇联副职	在村（社区）任职满2年，年度考核称职以上，具备县、乡事业单位和各级各类企业录用（聘用）条件的参加招录（应聘）的，同等条件下优先录取（聘用）	在村（社区）任职满2年，年度考核优秀或担任村（社区）党组织书记、副书记或村（社区）委会主任、副主任职务，具备选调生、公务员招考条件的，（2010年：经县（市、区）委组织部推荐）可参加定向招录选调生、公务员考试	在村（社区）任职期满1年，被党政机关或企事业单位正式录用（聘用）后，不再实行一年的见习期，在村（社区）任职工作时间可计算工龄和社会保险缴费年限	

续表

年度	待遇				
	1	2	3	4	5
2012	在村（社区）任职满3年、工作实绩特别突出、年度考核优秀、通过选举已担任村（社区）党组织书记或村（社区）委会主任、当地群众普遍公认的，经组织考察研究，可破格提拔为乡（镇）、团县（市、区）委、县（市、区）妇联副职	在村（社区）任职满2年，年度考核称职以上，具备县、乡事业单位和各级各类企业录用（聘用）条件并参加招录（应聘）的，同等条件下优先录取（聘用）	在村（社区）任职满2年、年度考核称职以上（2011年：优秀）的或担任村（社区）党组织书记、副书记或村（社区）委会主任、副主任职务，具备选调生、公务员招考条件的，可参加定向招录选调生、公务员考试	在村（社区）任职期满1年，被党政机关或企事业单位正式录用（聘用）后，（删除“不再实行一年的见习期”）在村（社区）任职工作时间可计算工龄和社会保险缴费年限	
2013	到村（社区）任职满1个聘期、当选并担任村（社区）“两委”副职以上职务、考核优秀、实绩突出、群众公认的大学生村官，可通过公开选拔担任乡科级领导干部，其中特别优秀的，可以破格提拔为乡科级正职领导干部；符合乡镇领导班子换届提名人选条件的，可按程序推荐作为换届提名人选	在村（社区）任职满2年，年度考核称职以上，具备各级事业单位和各类企业（2012年：县、乡事业单位和各级各类企业）录用（聘用）条件并参加招录（应聘）的，同等条件下优先录用（聘用）	在村（社区）任职满2年，年度考核称职以上，（删除“或担任村（社区）党组织书记、副书记或村（社区）委会主任、副主任职务”）具备选调生、公务员招考条件的，可参加定向招录选调生、公务员考试	在村（社区）任职期满1年，被党政机关或企事业单位正式录用（聘用）后，在村（社区）任职工作时间可计算工龄和社会保险缴费年限	任满1个聘期、考核称职、年龄未超过30周岁（截至每年9月底）的，可按有关程序续聘1期。当选并担任村（社区）“两委”委员及以上职务的，年龄可适当放宽。2任满2个聘期、未当选村（社区）“两委”副职及以上干部的，原则上不再续聘

续表

年度	待遇				
	1	2	3	4	5
2014	到村（社区）任职满1个聘期、当选并担任村（社区）“两委”副职以上职务、考核优秀、实绩突出、群众公认的大学生村官，可通过公开选拔担任乡科级领导干部，其中特别优秀的，可以破格提拔为乡科级正职领导干部；符合乡镇领导班子换届提名人选条件的，可按程序推荐作为换届提名人选	在村（社区）任职满2年，年度考核称职以上，具备各级事业单位和各类企业录用（聘用）条件并参加招录（应聘）的，同等条件下优先录用（聘用）	在村（社区）任职满2年，年度考核称职以上，具备选调生、公务员招考条件的，可参加定向招录选调生、公务员考试	在村（社区）任职期满1年，被党政机关或企事业单位正式录用（聘用）后，在村（社区）任职工作时间可计算工龄或社会保险缴费年限	任满1个聘期、考核称职、年龄未超过30周岁（删除“截至每年9月底”）的，可按有关程序续聘1期。当选并担任村（社区）“两委”委员及以上职务的，年龄可适当放宽。任满2个聘期、未当选村（社区）“两委”副职及以上干部的，原则上不再续聘
2015	到村（社区）任职满1个聘期、（删除“当选并”）担任村（社区）“两委”副职以上职务、考核优秀、实绩突出、群众公认的，可通过公开选拔担任乡科级领导干部，其中特别优秀的，可破格提拔为乡科级正职领导干部；符合乡镇领导班子换届提名人选条件的，可按程序推荐作为换届提名人选	服务期满、聘期内年度考核均为称职以上的，报考研究生可按有关规定享受初试加分政策	到村（社区）任职高校毕业生，符合报考选调生、公务员和企事业单位工作人员条件的，随时可以报考，被正式录用（聘用）后，在村（社区）任职时间计算工龄、社会保险缴费年限；在村（社区）任职满2年、年度考核称职以上，具备选调生、公务员招考条件的，可参加定向招录选调生、公务员考试		任满1个聘期、考核称职、年龄未超过30周岁的，可按有关程序续聘1期，（删除“当选并”）担任村（社区）“两委”委员及以上职务的，年龄可适当放宽。任满2个聘期、未担任（2014年：当选）村（社区）“两委”副职及以上职务的，原则上不再续聘

续表

年度	待遇				
	1	2	3	4	5
2016		服务期满、聘期内年度考核均为称职以上的，报考研究生可按有关规定享受初试加分政策	到村（社区）任职高校毕业生，符合报考选调生、公务员和企事业单位工作人员条件的，随时可以报考，被正式录用（聘用）后，在村（社区）任职时间可计算工龄、社会保险缴费年限。在村（社区）任职满2年、年度考核称职以上，具备选调生、公务员招考条件的，可参加定向招录选调生、公务员考试		到村（社区）任职满3年、年度考核均为称职以上的，统一组织聘期考核，考核合格的转聘为乡镇事业单位工作人员，考核不合格的予以解聘。年度考核不称职的，当年予以解聘

但2008年至今，只有较少大学生村官在任期内存在职位变动。一项对延安市安塞县沿河湾镇的大学生村官的调研发现，被访者中除一人于2009年9月到村后任党支部副书记，2011年被破格提拔为延河两河湾镇的副镇长，享受公务员级别待遇外，其余均留在原村，职务不变（汪莹，2015）。

（七）明确了各职能部门对大学生村官的培训和管理工作

《实施意见》明确了新选聘大学生村官的培训目的和培训内容，即高校毕业生到村任职前，县（市、区）要集中对他们进行岗前培训，培训时间为7天左右。培训内容主要是农村工作的基本知识和有关政策规定，也可组织他们到本地先进村进行短期考察见习，掌握做好农村基层工作的方法。培训的目的是帮助他们尽快了解农村情况、熟悉农村政策、掌握处理农村问题和矛盾的基本方法及技巧。

除了岗前培训之外，《实施意见》同时明确了各级部门对大学生村官展开提升培训的方式和内容。例如，省委组织部每年抽调一批工作成绩突出的到村任职高校毕业生进行重点培训；县（市、区）委组织部要把到村任职高校毕业生纳入乡镇后备干部进行培养，重视做好经常性教育培训工作。每年要组织到村任职高校毕业生参加一次集中培训，并将培训情况记入本人人事档案，作为年度考核的重要内容。各级农业部门要按照每人至少掌握一门农村实用技术的原则，对到村任职高校毕业生的技术培训做出规划安排，并具体实施。

在大学生村官的管理方面，《实施意见》明确了县（市、区）委组织部门全面负责指导乡（镇）党委对到村任职高校毕业生党员的教育管理、日常管理、合同签订、续签、终止和解除等具体工作，同时做好建立和执行严格的工作日志、考勤、重大事项报告等制度，确保他们人在岗、事到位，定期调阅到村任职高校毕业生的工作日志，了解掌握他们的工作动态。

《实施意见》同时明确要求选聘到村任职的高校毕业生要自觉坚守工作岗位，原则上要吃住在村。乡村两级要为他们提供基本的食宿、办公条件，不具备单独安排食宿的村，由乡（镇）根据实际情况在乡（镇）或条件好的村就近集中安排。要采取有力措施确保他们，特别是女学生的安全。各级机关及其他单位均不得以任何名义长期借调到村任职高校毕业生离开农村从事其他工作。要把到村任职高校毕业生在村工作时间作为考核的重要内容。每年年底前，各县（市、区）要将到村任职高校毕业生在岗情况报告省委组织部。

总体来看,《实施意见》在充分领会中央政策文件精神的基础上，结合地方实际情况做了相应的调整。同时，对大学生村官的选聘、培训管理、职称晋升以及后续个人发展等方面都做了详尽的指导。这有利于各地市、县、乡镇组织部门依照文件有的放矢开展工作。尤其是每年根据上年情况和实际问题，对当年政策进行相应调整，在一定程度上也确保了政策与实际情况能有效衔接。但比照《意见》,《实施意见》在部分环节仍存在一些问题，有进一步优化和调整的空间。

二、陕西省大学生村官政策的相应问题

（一）培养目标需要进一步明确并加强针对性

结合《意见》的相应目标和要求,《实施意见》对大学生村官人才培养的目的十分模糊，尚处于尝试探索阶段。在后续每年的具体实施方案中也没有对培养目标进行重新说明，尤其没有结合西部大开发等客观背景和西北地区基层治理和发展的实际问题，总结和提出对应的人才需求，以及培养的地方性目标和阶段性方案，各地市对大学生村官的任用、培养和管理没有对应准绳，大学生村官个人发展难以衔接和满足政府需求。

（二）选聘、培训方式和方法需要更有针对性

就选聘模式而言，陕西省的大学生村官的选聘严格遵循了省委统一领导、各地市负责的原则，满足了基层用人单位的实际工作要求和候选者条件的充分对应。“随缺随补”的聘用原则一定程度填补了基层单位的用人缺口，却客观上使用人单位被迫降低聘用标准和退出风险，加剧了大学生村官“难留”的现象。大学生村官如果在选聘阶段以及后续服务期内找到新的就业单位，可以提前解除服务协议，随时退出大学生村官岗位。同时，选拔方式缺乏农村需求导向。笔试和面试的选拔方式侧重考察大学生的文化知识和理论水平，而非实际工作能力，导致选拔出来的大学生无法保证完全适应农村的社会环境和工作需求（陈俊，2011）。通过文化考试选拔的高校毕业生往往缺乏实际工作经验，难以满足农村基层日常工作。

而对于大学生村官的岗前培训，《实施意见》的表述相对简单，缺乏多样性培训的方式、方法和内容，只是完成了日常工作的基本知识和有关政策规定的培训。在规定的时间内进行的相关文件培训往往脱离具体的工作实际，成为“为了培训而培训”的程式化操作。而培训提供的短期考察见习，也容易出现“瑜不掩暇”的问题，被分配到环境恶劣地区的大学生村官难免出现心理落差，从而影响实际工作。相关研究也指出，大学生村官培训次数不足。除岗前培训外，许多大学生村官在工作期间没有参加过其他培训，即使大学生村官自己所学的专业知识能偶尔对农民起到一定的作用，但在进行具体大学生村官工作时往往力不从心（于朋芬，2010）。

另外，大学生村官培训质量不佳，不能满足大学生自身需求和农村实际需求。有学者认为大学生村官培训的问题主要表现在：第一，有效的岗前培训不足，县或乡（镇）政府组织的短期岗前培训并不足以使他们具备应对农村复杂的工作和生活环境的能力；第二，专业的在职培训不足，很大一部分大学生村官缺乏农学专业背景和乡村治理经验；第三，大学生村官为事后招聘，缺乏在招聘之前、在高校之中的人才培养方式（王建康，2011）。一项对150名陕西大学生村官的调查显示，大学生村官群体对乡村治理相关知识和创新能力的培训需求最为急切（郭斌，2012）。

还有，大学生村官理论储备与实践经验不够，涉农专业较少。大部分通过选聘到村任职的大学生村官在高校中所学的专业与当前农村的实际需要之间未能实现有效对接，而且高校毕业生缺乏农村工作经验，因此在遇到问题时往往一筹莫展（王建康，2011）。作为职业的大学生村官在就业市场中竞争力有限，并表现为明显的内部劣势使大学生村官无法在众多的外部机会中获得发展的抑制性状况，一定程度上影响大学生村官的职业吸引力以及政策的实施和发展（李美丹，2014）。

（三）长期来看，现有的任职方式不利于大学生村官的工作开展和个人成长

《实施意见》明确提出高校毕业生依照其是否是党员身份可对应担任村（社区）“两委”书记（副书记）助理职务。结合《意见》对于大学生村官的定位，即“村级组织特设岗位”人员，系非公务员身份，助理职务在具体工作和与村民相处中的定位较为模糊，总体上出现了“似官非官，有职无职”的状况，不利于大学

生村官在村中的社会融合和工作开展。

相关研究也发现，大学生村官主要扮演了助理角色，无法进入村级领导岗位。一项对陕西省150名大学生村官的调查发现，大学生村官多集中在助理这一层次，52%的职位集中在主任助理，38%的职位集中在书记助理，村委副主任以及村支部副书记职位共占7%，团支书约占3%（郭斌，2012）。从“培养造就经过基层实践锻炼、对人民群众怀有深厚感情的党政干部后备人才”的政策宣传角度来说，大学生村官这一职业对于高校毕业生来说具有一定的吸引力，但是也在事实上造成了部分大学生村官在选聘前期期待过高、实际工作中自恃身份的现象，同时也加重了心理落差。一项对陕西省宝鸡市大学生村官的调查显示，很大部分的大学生村官对自身的定位很模糊，对从事大学生村官这个职位所应该担当的责任模糊（于朋芬，2010）。同时，有些村民不理解和看不起大学生村官，把大学生村官当作“临时工”（汪莹，2015）；有些村干部则不接纳大学生村官，不让其参与村里的重大事情决策，大学生村官所担任的职务都是一些虚职，使得大学生村官处在极其尴尬的境地，很多大学生村官在心理上有很大的落差（于朋芬，2010）。

此外，大学生村官合同到期后出路狭窄。陕西省大学生村官招聘公告规定，高校毕业生到农村任职，聘用期满后本人申请留任的，须经组织考核，考核结果为优秀的可以续聘，待遇不变；满足一定条件的大学生村官还可享受破格提拔为乡（镇）领导、省内行政机关和事业单位报考、省内高校研究生报考、参加选调生统一招考等方面的优惠政策。有关调查显示，88.2%的大学生村官认为合同到期后的出路是目前他们最担心的问题。虽然大学生村官在合同期满后有机会进入乡镇干部队伍，但这部分人毕竟是少数（王建康，2011）。绝大多数大学生村官合同期满后发现，留给自己的只有自谋出路，这一条道路才是“最可靠的出路”（陈俊，2011）。

诸如此类的问题实际上进一步强化了大学生村官的流失。相关研究指出，各种优惠政策促使大学生村官期满后回到城市。有关调查显示，只有47.1%的受访者表示愿意继续留在农村。另一项调查显示，75%的大学生村官的未来的发展方向都是定在了回城市找工作和考公务员，13.3%的大学生村官选择继续担任村干部，10%的大学生村官选择在当地找工作，不到1%的大学生村官选择在当地自主创业，还有大约10%的人对自己未来的发展方向处于迷茫状态（于朋芬，

2010）。驱使大学生村官离开的原因在于目前还缺少使他们留下来的政策和机制（王建康，2011），也有研究将流失的具体原因归纳为能力有限、待遇偏低、身份尴尬、前途不确定等大学生村官政策在政策设计和实施过程中的问题，并认为根本原因在于大学生村官政策的“临时”性质（陈俊，2013）。

（四）对大学生村官的管理缺乏规范和保障

《实施意见》提出大学生村官的日常管理等由市、县等基层单位负责。但相关研究也指出，基层的管理方面仍然存在一系列的问题，导致大学生村官的日常工作受到影响。

第一，大学生村官被乡镇机关频繁借调。目前，陕西省的大学生村官基本上是由县委组织部门选拔，然后分配到乡镇，由乡镇机关直接统一管理。很多大学生村官名义上到村任职，实际上却被频繁借调到当地经济条件相对较好、交通和生活比较便利的政府机关或相关部门，成了打字员、秘书、助理、调解员等，而经济条件最困难、最需要改革的地方，却少了大学生村官的身影（王文军，2011）。此类现象与大学生村官计划的初衷和有关规定相违背，却非常普遍。

第二，村民自治体系对大学生村官管理随意，缺乏有效监督。由于大学生村官的协助者角色，其职责分配权主要掌控在村“两委”负责人手中，个人因素对大学生村官的履职和作用发挥具有重要的影响。相关调查发现，大学生村官的工作杂乱，随意性强，大学生村官的作用难以真正发挥（黄金辉等，2012）。一项对西安市户县（鄠邑区）的大学生村官的调研发现，即使是在大学生村官已经做出一定农村管理成果的村里，大部分村民也完全不知道本村的大学生村官，对大学生村官工作的认可和支持有限（王文军，2011）。

第三，缺乏专职管理机构和管理人员。大学生村官管理工作容易流于形式，有些地方甚至对大学生村官采取放任自流的态度，因此出现了很多问题（王建康，2011）。

第四，大学生村官激励机制不健全，无法回应群体利益关切。激励机制的不健全造成大学生村官多干和少干结果都差不多，影响了大学生村官的工作积极性。有些地方存在这样的情况：管理严格的村，大学生村官经常加班；而管理不严格的村，大学生村官无所事事（王建康，2011）。而且，对于大学生村官这一群体最为关注的工作、生活、人生发展方面的利益问题，目前的大学生村官制度安排均未能很好地回应（黄金辉，2012）。

第五，大学生村官工作的考核制度不完善。目前，国家对大学生村官还没有一个系统的考核机制，陕西省、市县及基层政府也并未出台关于工作实绩的具体考核指标，现实考核工作过松也导致了一部分大学生村官逐渐变得懒散（王建康，2011）。而且，村干部与大学生村官的权力关系问题也会影响大学生村官工作效果，目前大学生村官的考核机制难以保证客观、理性（陈俊，2011）。

（五）对报考人员限制过于严格

从《实施意见》以及后续每年的工作方案中可见，在政治面貌上，陕西省大学生村官选聘过于强调政治身份，党员和优秀学生干部是成为大学生村官的必要条件，这对非中共党员大学生不公平，也不利于考察和发展大学生村官的能力。

在地域条件上，陕西省从 2014 年开始对户籍提出要求，选聘人员必须是常住户口在陕西省，或陕西生源，或陕西区域的全日制普通高等院校毕业生，一定的地域限制虽然有利于大学生村官计划实施和农村建设，帮助农村留住人才（方奕，2016）。但是，在实操阶段影响了大学生村官自身知识视野和生活经验的多样性，不利于大学生村官对于乡村发展效能的溢出。

（六）具体工作缺乏对省情、民情和学情的调查了解

在《实施意见》的整体方向引导下，每年陕西省会依照具体情况对政策实施做出细节调整。但整体上缺乏对新时代高校毕业生特点、认识情况、求职意愿的调查了解，缺乏对大学生村官任职满意度、个人发展等相关问题的跟踪研究，因此，政策的调整既不能与大学生村官从就业选择到基层实践的动态变迁情况充分对应，也难以满足大学生村官群体以及更多高校毕业生的现实诉求。相关研究发现，大学生村官报考动机多元，将自我与农村的双赢发展和过渡性就业作为报考动机的占主流。较多报考大学生村官的高校毕业生以在新农村中实现自我价值，得到锻炼为初衷，追求农村发展和自我发展的统一；部分大学生受严峻就业形势和优惠政策影响，将大学生村官看作过渡性职业，尤其是公务员的过渡性职业；部分大学生出身农村，以回报农村为目标；还有部分大学生看中农村发展潜力和

大学生村官良好待遇等（王建康，2011）。

有研究进一步指出，男性比女性在大学生村官职位上占优势。一项对陕西省150名大学生村官（女性占比约45%）的调查发现，在高职位之上（村级副书记或副主任），男性大学生比女性大学生拥有绝对优势，而在一般职位（助理职位或团支书职位）上，男女性别差异不大。任职安排上的性别劣势，使得女大学生村官积极性受挫，从而影响农村稳定与和谐发展（郭斌，2012）。相关政策文件无法区别和倾听男女毕业生的个体诉求和特殊需求，而是统一划线对大学生村官提出要求，导致政策的制定与基层实践出现脱嵌。

张龙　赖泽晴　王清如　王晓晓　执笔

主要参考文献

[1] 陈俊．当前大学生村官流失的特征、原因及解决对策——以陕西省H县为例[J]. 农村经济，2013（02）：126–129.

[2] 郑明怀．西部12省（市、自治区）2012年大学生村官选聘公告的歧视内容分析[J]. 中国青年研究，2013（05）：10–14.

[3] 汪莹．大学生村官任职情况调查与对策——以延安市安塞县沿河湾镇为例[J]. 现代企业，2013（04）：39–40.

[4] 于朋芬，魏浩华．大学生村官政策的实施现状及实证分析——以陕西省宝鸡市为例[J]. 当代经济，2012（17）：36–37.

[5] 黄金辉，杨富坤，韩冬梅．大学生村官计划运行现状与优化途径探析——基于中西部部分省市问卷调查的实证分析[J]. 社会科学研究，2012（06）：55–60.

[6] 陈俊．对大学生村官流失问题的调研——以陕西省周至县为例[J]. 中国人力资源开发，2012（09）：71–74.

[7] 王建康．大学生村官政策实施情况调查——以陕西省为例[J]. 管理学刊，2011，24（03）：82–86.

[8] 王文军，何文华，彭祝荣．大学生村官工程建设存在问题及对策研究——基于西安市户县的调查分析[J]. 安徽农业科学，2011，39（25）：15711–15713+15761.

[9] 方奕，程凤娇．大学生村官招募变迁分析——基于2008–2014年10省（市）选聘公告

[J]. 中国青年社会科学，2016，35（01）：95-103.

[10] 李美丹，王征兵 . 大学生村官职业竞争力分析——以陕西省某高校为例 [J]. 湖北农业科学，2014，53（09）：2229-2232.

[11] 吴继东，刘亦仓，毛连泽 . 陕西新农村建设对大学生村官的需求调查与分析 [J]. 中国大学生就业，2009（06）：54-55.

[12] 中共陕西省委办公厅、陕西省人民政府办公厅 . 关于选聘高校毕业生到村任职的实施意见 . [2008-5-29]. http：//m.offcn.com/cunguan/2008/0529/934.html.

[13] 陕西省选聘高校毕业生到村任职工作领导小组办公室 . 陕西省 2008 年选聘高校毕业生到村任职公告 . [2008-5-29]. http：//m.offcn.com/cunguan/2008/0529/620.html.

[14] 陕西省选聘高校毕业生到村任职工作协调领导小组办公室 . 陕西省 2009 年选聘高校毕业生到村（社区）任职公告 . [2009-5-5]. http：//www.yanchangxian.gov.cn/info/1004/22108.html.

[15] 中共陕西省委组织部 . 陕西省 2010 年选聘高校毕业生到村（社区）任职公告 . [2010-6-17]. http：//m.chinagwyw.org/shanxi2/dfckgg/chunguan/55556.html.

[16] 中共陕西省委组织部 . 陕西省 2011 年选聘高校毕业生到村（社区）任职公告 . [2011-6-20]. http：//www.hanzhong.gov.cn/xxgk/gkml/rsrmjzl/sydwzl/201410/t20141019_24686.html.

[17] 中共陕西省委组织部 . 陕西 2012 年选聘高校毕业生到村（社区）任职公告 . [2012-6-20]. http：//edu.china.com.cn/recruiment09/2012-06/25/content_25730779.htm.

[18] 陕西省选聘高校毕业生到村任职协调领导小组办公室 . 陕西省 2013 年选聘高校毕业生到村（社区）任职公告 . [2013-4-18]. http：//m.chinagwyw.org/shanxi2/dfckgg/chunguan/22694.html.

[19] 中共陕西省委组织部 . 陕西省 2014 年选聘高校毕业生到村（社区）任职公告 . [2014-4-28]. http：//www.snedu.gov.cn/wap/?itemid=41152&moduleid=23.

[20] 中共陕西省委组织部 . 陕西省 2015 年选聘高校毕业生到村（社区）任职公告 . [2015-4-8]. http：//www.2exam.com/fjgwy/shanxicunguan/1579000.shtml.

[21] 中共陕西省委组织部 . 陕西省 2016 年选聘高校毕业生到村（社区）任职公告 . [2016-6-3]. http：//wap.snedu.gov.cn/wap/?moduleid=21&itemid=10756.

湖北省大学生村官政策研究综述

一、湖北省大学生村官政策概述

大学生村官是为优化村级领导班子和增强农村经济发展活力，由政府选派或培养的到农村基层担任村干部的大学生。政府对大学生村官的一系列制度安排以及相关管理、培训考核等机制的总和，称为大学生村官政策[①]。

从全国来看，大学生村官政策虽然呈现出一定的地方性特征，但其作用机理基本相通。根据不同阶段大学生村官的特点，国内学术界一般将大学生村官政策归纳为萌芽、发展和普及三个阶段[②]。

其中，湖北省谷城县于 2004 年率先开始试点大学生村官政策。随后在 2008 年全省正式推行“一村一名大学生计划”，首批选派 826 名大学生村官[③]。直到 2017 年以后，湖北省委组织部不再统一选聘大学生到村任职，与选调生并轨，省内大学生村官政策成为“过去时”。

根据《湖北省大学生村官选聘管理办法》可以看出，地方政策制定是为了进一步加强大学生村官选聘、教育、培养、管理、考核和使用，确保大学生村官实现“下得去、待得住、干得好、流得动”四大目标，形成来自基层一线的党政干部培养链，并作用于乡村社会经济的全面发展和基层执政力量的夯实。

为了更好贯彻落实大学生村官政策，国家、地方政府投入大量资源。在组织上，湖北省大学生村官由省委组织部会同省教育厅、省财政厅、省人力资源和社

① 吕书良：《新农村视角下大学生村官及其政策考量》[J]，《中国农村观察》，2008（03）：53–59。

② 同上。

③ 吕洪良，吕书良：《新农村建设与大学生村官政策》[J]，《中州学刊》，2009（01）：21–24。

会保障厅等有关部门负责组织，由市（州）党委组织部门和教育、财政、人力资源和社会保障等职能部门负责实施，高等院校党委组织部参与配合。大学生村官的工作管理及考核比照公务员的有关规定进行，由县（市、区）党委组织部牵头负责、乡镇党委直接管理、村党委组织协助实施[①]。

在待遇上，湖北省在2008—2017年将大学生村官岗位性质设定为“村级组织特设岗位”，其工作、生活补助和保障待遇应缴纳的相关费用等由中央和地方财政共同承担。大学生村官工作报酬待遇比照相应县（市、区）乡（镇）从高校毕业生中新录用公务员试用期满后工资收入水平确定，并随之同步提高。例如，到恩施土家族苗族自治州（以下简称恩施州）任职的大学生村官人均每年2.5万元，到省内其他地区任职的大学生村官人均每年2万元[②]。对新选聘的大学生村官，中央财政按人均2000元发放一次性安置费，同时湖北省财政还按照人均每年5000元的标准对大学生村官进行额外的补助[③]。

在培养使用上，明确规划大学生村官的任职发展路线，从第一年的了解熟悉工作，实现角色转变，到第二年的担任村“两委”委员或以上职务并明确分工，提高能力素质。同时，全面实施大学生村官创业“扬帆计划”，为大学生村官创业提供资金和项目支持。最后还对部分政治素质好、发展潜力大、工作实绩明显、群众公认的大学生村官加大培养锻炼和选拔使用的力度[④]。

在人员流动上，湖北省给予大学生村官诸多优惠政策，如乡村事业单位公开招聘中，优先聘用大学生村官，逐步提高面向大学生村官考录公务员、招聘事业单位工作人员的比例。同时，也对大学生村官职业规划加强指导，努力实现有序流动。

---

① 中共湖北省委组织部：《湖北省大学生村官选聘管理办法》（鄂组通〔2013〕70号）[Z]，2013。

② 同上。

③ 姜涛：《当前大学生村官工作的难点和破解对策——基于湖北省1327份调查问卷》[J]，《中共成都市委党校学报》，2012（04）：92-96。

④ 中共湖北省委组织部：《湖北省大学生村官选聘管理办法》（鄂组通〔2013〕70号）[Z]，2013。

二、湖北省大学生村官政策的实践成效与问题

（一）实践成效

湖北省大学生村官政策成效主要体现在以下四个方面。

1. 增强基层乡村治理能力

湖北省大学生村官政策实施以来，高校毕业生参与度高，基层干部和广大群众对大学生村官满意度高。同时，各级政府协作建立起良好的管理服务机制，分为培养机制、考核机制、保障机制和帮扶机制。这不仅为大学生村官带来更好的工作环境和发展平台，也为构建强大的基层执政班子打下了基础①。而强大的基层执政班子与良好的干群关系有效增强了基层乡村的治理能力。

2. 储备有基层经验的人才

大学生村官们利用农村这个平台不断锻炼自我，提高自身综合素质，在最基层的地方，最贴近民生的地方，进行锻炼和实践。大学生村官将自己的志气与才华投入到基层建设第一线中，实地了解最真实的中国基层，针对性地解决最关乎民生的问题，历练自身，为党政部门储备人才。

3. 促进农村社会经济发展

研究表明，湖北省选聘的大学生村官对地方新农村建设发挥了积极作用。他们协助村干部开展工作，一定程度上减轻了村干部的工作负担；他们由市县党委组织部门任免，又直接受乡镇领导，这种“待遇”使其发挥上下沟通的桥梁作用；他们具有较强的学习能力和一定的专业能力，利用自己学习和掌握的新知识，引导农民科学种植和养殖，改变传统落后的生产方式，提高农业劳动生产率，促进农村经济的发展；他们在村里建立了法律援助服务站、留守儿童课外辅导点、农家书屋等，一定程度上提高了村民及村干部的整体素质②；他们年轻、思维活跃，用先进的思想理念、行为方式带动和影响了群众思想观念与行为方式的转变，为社会主义新农村建设注入新鲜活力。

---

① 姜涛：《当前大学生村官工作的难点和破解对策——基于湖北省1327份调查问卷》[J]，《中共成都市委党校学报》，2012（04）：92-96。

② 严海燕：《建立健全大学生“村官”工作长效机制探究——以湖北省黄石市大学生“村官”计划实施情况为例》[J]，《湖北师范学院学报（哲学社会科学版）》，2015，35（02）：143-145。

（二）主要问题

湖北省大学生村官政策存在的问题主要涉及以下五个方面。

1. 身份困境

根据中组部的相关文件规定，大学生村官是“村级组织特设岗位”人员，并非公务员身份，其工作管理和考核比照公务员的有关规定进行，并鼓励优秀大学生村官长期扎根基层[①]。然而，户口不在本村的大学生村官担任村委会职务却不被现行法律承认，也不能像公务员那样可以正常升迁、调动，因此大学生村官对前途感到迷茫，影响到其工作的积极性和成效[②]。

2. 融入困境

从大学生到大学生村官，这是一个巨大的转变，不仅是现实生活的，也是心理上的。少数大学生村官将到农村任职作为曲线就业的跳板，缺乏热爱农村、扎根农村的思想基础。部分大学生村官则在任职前，对大学生村官生活的期望值过高，将大学生村官生活想象得过于简单和完美，但在经过一段时间体验后，看到农村发展滞后、条件艰苦、工作难度大，思想开始出现动摇[③]。还有部分大学生村官与当地人沟通不畅，有的是语言不通，有的是习俗习惯存在过大差距。这些原因都导致融入困难[④]。

3. 匹配困境

很多大学生村官存在专业不对口的问题，无法为村民增收直接提供专业技术服务。与此同时，不论专业是否对口，刚踏入社会难免经验不足、处事能力有限，面对农村复杂的人际矛盾和利益纠纷，常常束手无策，高校里学到的知识无法落到实处，进而引发对大学生村官能力的质疑，长此以往会降低其影响力，工作难以开展。此外，一些村干部将大学生村官视为到基层“过水升天”之人，村里的财务等核心事务不让他们参与；部分乡镇政府随意借用大学生村官，使他们成为乡镇政府的长期“临时工”和免费劳动力，导致他们的工作境况更加苦难[⑤]。

---

① 童辉杰，刘轩：《“大学生‘村官’计划”实施中存在的问题及建议——对来自华中等6个地区550名大学生“村官”的调查与思考》[J]，《中州学刊》，2013（08）：11–15。

② 姜涛：《当前大学生村官工作的难点和破解对策——基于湖北省1327份调查问卷》[J]，《中共成都市委党校学报》，2012（04）：92–96。

③ 金莹：《十堰市张湾区大学生村官队伍建设研究》[D]，华中师范大学，2018。

④ 张慧：《大学生“村官”人际交往现状研究》[D]，华中农业大学，2011。

⑤ 姜涛：《当前大学生村官工作的难点和破解对策——基于湖北省1327份调查问卷》[J]，《中共成都市委党校学报》，2012（04）：92–96。

4. 生活困境

传统的满意度调查一般涉及收入、职业规划等问题。但在现阶段区域发展仍不平衡的背景下，大学生村官的许多困境并非上述传统问题。大学生村官在工作中还面临诸多生活问题，如婚恋问题无法解决[①]、生活不便、信息闭塞、缺乏与外界交流[②]等。

5. 退出困境

大学生村官的出路问题是他们最为关注的现实问题。中央文件已经指出了大学生村官聘期届满的出路包括留任村干部、考录公务员、自主创业、另行择业、继续学习深造。第一，从留任村干部的出路看，根据中央文件规定，只有担任村支部书记和村委主任的大学生村官才能继续享受之前的大学生村官工作生活补贴。第二，从考录公务员的出路看，问卷调查显示，接近90%的大学生村官将此作为期满后的首选。但从过去几年的公务员招录情况看，国家已取消了对大学生村官考录公务员的加分优惠政策，大学生村官被录用为公务员的比例也不高，这使得大学生村官对此也愈发感到迷茫。第三，从继续深造的出路看，虽然现行政策对于大学生村官报考研究生可享受加分和同等条件下优先录取的优惠政策，但由于他们长期在农村工作导致信息不畅，因而备考也缺乏优势。此外，由于缺乏有力的制度保障和政策支持，自主创业和另行择业的出路也并不平坦[③]。

三、已有研究评述

综上所述，已有的关于湖北省大学生村官的研究，从多个方面分析大学生村官的现状与问题，为之后的研究和实践作出了重要的贡献，但仍存在一定的局限。

现有研究大多从大学生村官个体出发，调查大学生村官个体的满意度、职业规划、就业现状等问题，并以此为基础提出对策[④]。需要注意的是，大学生村官政策涉及面广，不单单是大学生村官满意度的问题，地方发展状况、基层队伍建设

---

① 曾灵想：《大学生“村官”择偶困境研究》[D]，华中农业大学，2011。

② 姜涛：《当前大学生村官工作的难点和破解对策——基于湖北省1327份调查问卷》[J]，《中共成都市委党校学报》，2012（04）：92–96。

③ 同上。

④ 陈丹：《大学生“村官”工作满意度及其影响因素研究》[D]，华中农业大学，2011。

等维度都是需要考量的重点。同时，对策建议也不能单纯回应个体的需求，有求则应并非对策提出的方式，应更多分析问题存在的结构性原因，理解问题存在的背景条件。

例如，大学生村官的“缺乏实干”与“融入困境”应放在“空心化”乡村的背景下讨论。近年来，乡村“空心化”的严重，使大学生村官在工作中呈现有心无力的状态，而“空心化”所造成的乡村内部治理力量缺乏则进一步增加了大学生村官开展工作的难度。又如，关于把大学生村官当“跳板”的心理的讨论，则应放在这些年大学生群体在社会中身份变化的大框架下讨论。随着大学生村官政策逐渐淡出舞台，大学生也从政策制定初期（1995 年）的社会稀缺人才变为近年来“一抓一大把”的普通人。

在样本选取上，现有研究或以某一个县、市为例，或以全国或者中部多省份为例。研究在选取样本时也较少对样本进行分类，往往是将多个省份地区的大学生村官数据一起讨论，而对省内情况进行深度调研并对比的研究较少。

大学生村官政策的实施，不单是一个个体满意度的问题，更是一个受制于区域发展不平衡所带来的结构性问题。应当对同一政策在不同区域内实施的差异进行对比，探讨宏观政策在基层的落实情况。

湖北省现有的研究与其他地区的研究区别不大，较少反映湖北省内与其他地区的不同，研究要么同质性较高，要么就是被涵盖在一个更宏大的讨论框架下，较少比较湖北省内不同地区的政策落实情况差异，较少比较湖北省和其他省份在落实中组部文件上的差异①。

此外，还应观察到的一个误区就是多个研究都在探讨大学生村官“留下来”的问题②。大学生村官政策培育的是一批有基层经验的国家后备人才，地区振兴也不代表需要某一个干部一直驻守。四大目标最终是要实现“流得动”，即大学生村官的退出机制③，这是后续研究应该重点关注的问题。

刘永泽　执笔

---

① 施丹，孟素菊，陈典：《职业嵌入与大学生村官工作绩效关系的实证研究——以中部3省为例》[J]，《华中农业大学学报》（社会科学版），2014（05）：125-130。

② 尚凌：《薪酬激励制度与大学生村官留任意愿分析》[D]，华中科技大学，2018。

③ 吕洪良，吕书良：《新农村建设与大学生村官政策》[J]，《中州学刊》，2009（01）：21-24。

附件　大学生村官融入乡村的难点与解决方案

大学生村官政策是党中央为新农村建设培养和储备后备干部、加强基层组织建设和促进农村经济社会事业发展而实施的重要战略。自1995年大学生村官政策于江苏丰县初登历史舞台，至2020年大学生村官政策逐渐并入选调生政策，淡出历史舞台。大学生村官政策始终坚持四大目标，发挥了应有的作用。但客观来说，大学生村官作为乡村社会的“外来者”，始终面临“官民”间信任缺失的障碍，融入乡村成了大学生村官入村的第一要务。

（一）大学生村官难以融入乡村

任何一项制度产生的效果，都与制度“嵌入”的社会环境息息相关[①]。大学生村官政策基层实践的关键，在于这一群体能否真正“嵌入”农村社会，与农村社会环境相契合，真正融入当地。相关研究指出，大学生村官政策落实中出现的诸多问题，都与这一群体未能较好融入农村社会相关。很多大学生村官不愿意扎根乡村，把基层工作当作“跳板”，甚至出现“前半段适应，后半段跳槽”的情况。

当代中国的乡村社会仍表现出一定的“乡土性”特征。乡土人情形成的熟人力量往往排斥外人[②]。村民喜欢按照自己熟悉的方式行事，而不愿意接受外来力量做出的安排。如果大学生村官不是本村土生土长的人，那么他就很难得到村干部和村民发自内心的认可、理解和接纳。作为国家指派的外部力量，即使人“下乡”了，也没有真正融入农村社会，而是游离于村庄之外，游走在国家政策与农村社会之间[③]。

面对乡村的排斥，部分大学生村官往往急于证明自己的能力，试图在乡村中干出一番成果从而获得村民的认可，进而融入其中。而当工作受挫之后，村民愈发不信任这个“外来人”。由于缺乏对农村社会环境的适应，乡村不能接纳大学生村官，大学生村官也不能适应乡村社会。陌生的环境、较短的服务期、匮乏的

---

① 钱德洲，刘祖云：《从“嵌入”到“融合”：大学生村官制度的弱化与优化》[J]，《江苏社会科学》，2018（04）：107–113。

② 李建兴：《乡村变革与乡贤治理的回归》[J]，《浙江社会科学》，2015（07）：82–87+158。

③ 钱德洲，刘祖云：《从“嵌入”到“融合”：大学生村官制度的弱化与优化》[J]，《江苏社会科学》，2018（04）：107–113。

社会实践经验，使其难以真正融入乡村社会，继而缺乏信任。缺乏基层信任的社会环境使大学生村官在乡村很难真正发挥作用，从而成为“边缘人”，在任期内无法有效发挥作用。

（二）大学生村官与“能人返乡”的结合

乡村治理能力的提升重点在于构建内生的村庄秩序，而村庄内部秩序则依赖于村庄内部人与人之间的联系，这种联系因其性质、强度和广泛性，构成了联系中的人们的行动能力，这种行动能力为村庄内部社会提供了秩序基础，因此，乡村治理的关键是要强化乡村的社会关联。但是，目前乡村普遍面临着“失血”太多，人口大量外流，乡村“空心化”严重，再加上村落社区人际关系的“原子化”，使乡村内部人与人之间的联系减少，从而对村落社区人们的行动能力和秩序基础形成负面冲击。为应对这一负面冲击，激发乡村内部人员的活力，吸引乡村本地人回归充实乡村治理力量成了一条可行的道路。

在这方面，恩施州通过构建以本地人为主的大学生村官团队格局，探索出了较为可行的经验，也为大学生村官融入提供了一定的启示。调研发现，该州超过 90% 的大学生村官都来自本地，构成了大学生村官队伍的主体。“本地人”出身的大学生村官表示，在乡村工作中比较容易交流、理解和应对，其职业道路也较为稳定。

推动本地的优秀大学生以大学生村官的形式返乡，实际上就是一个对乡村“回血”的过程。它既可以填补乡村人口流失带来的空缺，增强乡村的治理力量，又可以借助其原有的广泛社会关系、家族威望和熟人间的信任整合乡村内外各种社会资源，加强乡村内外的联系，凝聚村民共识，还可以弥补乡村在经济、政治、文化等方面资源的不足，有利于恢复乡村的治理生态，强化乡村治理的内生基础。

当前，乡镇基层政府对乡村的管控能力往往取决于乡镇干部与村干部的熟悉程度，本地的大学生村官对上可以凭借他们在当地一定范围内“熟人社会”中的话语权，协助政府解决棘手问题，对下则可以在上级政府和村民之间充当沟通的桥梁和纽带，有利于调和双方分歧，增进双方的互信，缓解彼此的隔阂[①]。

---

① 李建兴：《乡村变革与乡贤治理的回归》[J]，《浙江社会科学》，2015（07）：82-87+158。

（三）助力大学生村官融入乡村

在大学生村官融入当地过程中，会遇到人际关系、地方文化、身份角色、工作内容、工资待遇等方面的问题[①]。应由政府、村民、高校和大学生村官团体多方共同促进大学生村官顺利融入村庄，推动大学生村官政策与乡村基层治理体系的结合[②]。

首先，从政府角度来说，江苏丰县提出的“选育管用”方案值得充分借鉴。该方案从四个方面出发，确保大学生村官政策的落实，为大学生村官们提供制度上的保障，让其更顺利的融入乡村。

“选”指的是从源头下手，省、市乃至区街道有关部门加强协调，加强选聘工作的规范，严把大学生村官入口关，逐步健全完善公开选聘、竞争择优的选拔机制。对当地农村情况进行深入的调查研究，摸清当地农村究竟需要什么样的人才，再按需求有针对性地选聘大学生充实村干部队伍，尽量做到专业对口、按需选人，选拔出一批适合本村情况、受村民欢迎的人才。对大学生村官进行全方面的考察，不单是学习成绩上的考量，更要关注大学生是否有心投身基层、投身乡村，避开一些动机不纯的应聘者。

“育”指的是重视大学生村官的融入与发展，把大学生村官放到第一线，根据其个性特点、知识结构、专业特长、人脉资源，有的放矢地予以使用，更多地发挥他们传播新思想理念、普及科学知识、帮助农民掌握致富本领的优势，用其长处，给予他们发挥和实践的舞台，让他们在工作中与村民们打成一片，让他们从点滴生活中融入乡村。

“管”指的是以实施严格的管理制度、建立和运作科学的考核评估机制为抓手，切实把大学生村官这支队伍管起来、管到位。把制度执行情况和考核评估结果同评先评优、培树典型、待遇升降、推荐任用、疏通出口紧密结合起来，以确保这支队伍始终保持奋发向上的热情、蓬勃的斗志、拼搏的精神和有为的追求。明确其身份和责任，督促与激励并行。

---

① 王鑫芳：《大学生“村官”的社会融入》[D]，《湖南师范大学》，2010。

② 钱德洲，刘祖云：《从“嵌入”到“融合”：大学生村官制度的弱化与优化》[J]，《江苏社会科学》，2018（04）：107–113。

“用”指的是充分发挥各方面力量，实现“流得动”的目标。大学生村官们任职期满后，不论是愿意继续留下来，还是希望到其他地方发展，或者是晋升公务员，地方都应予以相关的辅助。出路明确了，人心也就稳了，任期内才能充分发挥其才能为乡村服务。

其次，从村民角度来说，应积极扭转一些不利于大学生村官发展的传统观念，例如，对外乡人的排斥、对大学生群体“书呆子”的刻板印象、对年轻人“办事不牢”的固有观点和对大学生返乡的不解。社会融入作为一个客体融入主体的社会事实，良好的融入需要双方努力[①]，如果仅仅是大学生村官单方面渴望融入，村民群体不愿接纳，那短暂的 3 年任期一转眼就过去了，最终大家持有的是成见，失去的是发展的助力和时间。

再次，从高校角度来说，在加强基层公务员政策宣传的同时，更应着重对大学生村官进行多种形式的培训，提高大学生村官群体对乡村的了解，整合各种培训资源，强化培训，增强大学生村官做好农村工作的知识和本领。定期组织他们到实践培训基地现场观摩，到省、市集中培训，开阔视野，提高认知，从多方面让初入基层工作的大学生村官们从思想上接受乡村，懂得乡村。

最后，从大学生村官个体角度来说，应充分调动自己的积极性，认清自己所处的位置、所肩负的责任，努力融入乡村是一切的基础。面对陌生且艰苦的乡村工作环境，主动融入其中是保障其后续工作开展的必要条件。

---

① 徐晓军，邵占鹏：《失衡：主体预设对客体解释类型的依附——“社会融入研究”的路径分析》[J]，《学习与实践》，2012（04）：95-101。

附　　录

研究实施情况和技术路线实现过程说明

一、研究实施情况

（一）根据评审专家意见进一步完善研究计划

根据评审专家的意见，在现有研究框架基础上，加强对有利于人才长远发展相关因素的考量。与此同时，通过利益相关者的典型案例访谈和评估，反思当前高等教育培养体系，进一步充实大学生村官培养实践等内容。

（二）根据研究思路，充实和加强研究团队并明确各自分工

中国青年政治学院的何玲团队负责整理大学生村官计划、大学生志愿服务西部计划、“三支一扶”计划的文献综述，以及北京市大学生村官典型案例的访谈分析；西北农林科技大学的张龙团队负责整理陕西省大学生村官政策和研究综述，以及陕西省大学生村官典型案例调研；武汉大学的刘永泽博士负责湖北省大学生村官政策研究文献综述，以及湖北地区大学生村官计划实践与效果评价分析；长沙民政职业技术学院的曹启挺团队负责大学生村官发展情况调查问卷的设计以及数据分析。此外，中国劳动关系学院的王俊杰博士和中国劳动和社会保障科学研究院的韩巍博士也承担了相应的专题研究任务。佘宇作为课题负责人，除了确定研究整体思路、框架和各部分具体研究内容外，还对各专题报告（及文献综述）进行审阅和修改。

（三）根据研究计划进度和阶段目标，对相关研究成果、文献资料进行全面梳理

多次通过腾讯会议形式，修订完善研究思路框架以及细化访谈提纲和具体内容。采取多种形式，在北京、陕西、湖北等地进行利益相关者典型案例访谈，并撰写分析报告。

（四）进一步厘清大学生村官或者类似项目对于国家人才工作的意义

在研究过程中，注重结合现代治理体系建设谈大学生村官人才（实现国家治理体系和治理能力现代化的重要力量）；结合双循环发展格局谈大学生村官等基层人才政策（建立和完善内循环格局的战略性部署）；结合选人用人与党政干部队伍建设的思想谈深化人才发展机制（做到信念坚、政治强、本领高、作风硬）。此外，还特别强调以"就业毕业生"为轴心探讨地校深度合作。

（五）开展代表性地区实地调研

在江苏省徐州市丰县，一是召开相关部门座谈会，县委组织部、编办、教育局、财政局、人社局等涉及大学生村官工作的部门相关同志以及乡镇干部、有代表性的村干部参加；二是召开在职及期满（离任）的大学生村官代表座谈会。在湖北省恩施州，一是召开鹤峰县相关部门、镇街（村居）干部座谈会，邀请县委组织部、县人社局、团县委等涉及高校毕业生基层培养计划（包括大学生村官计划、选调生、西部计划、三支一扶等）的部门熟悉情况的同志，以及有代表性的镇街干部、村居干部参加；二是召开鹤峰县高校毕业生基层培养计划（包括大学生村官计划、选调生、西部计划、三支一扶等）在职及期满（离任）的大学生代表座谈会；三是召开恩施州相关部门座谈会，邀请州委组织部、州人社局、团州委等涉及高校毕业生基层培养计划（包括大学生村官计划、选调生、西部计划、"三支一扶"等）的部门熟悉情况的同志，以及有毕业生参加上述项目的州内高校（如湖北民族大学等）就业指导中心的同志参加。

二、技术路线实现过程

（一）北京

1. 研究方法

为探讨基层工作经历对高校毕业生成长成才的作用，根据项目要求，课题组于2020年5月设计了一份半结构式的访谈提纲，内容包括：大学生村官的基本情况、大学生村官所需的能力、能力获得的路径、大学生村官经历的作用、政策建议等方面。

2020年6~8月，通过“滚雪球”的方式，兼顾一定程度的目的抽样，共完成北京市周边15名高校毕业生基层人才（包括11名大学生村官、4名选调生）访谈，人均1小时。

2. 研究对象

根据研究目的，在选择访谈对象时兼顾性别、政治面貌、学历、背景、具体职务、任职阶段及离职去向等要素的区分，多维度平衡，力求研究结果客观、有代表性。课题组所抽取的大学生村官任职时间跨度从2013年至今（被访者基本情况见表1）。

由于新冠肺炎疫情，访谈均采取腾讯会议线上的方式展开。访员在征求被访者同意后录音，将录音资料整理成文本资料后进行编码分析。

（二）陕西

1. 调查选点及依据

调查工作在陕西省西安市、宝鸡市、渭南市、榆林市、汉中市和杨凌农业高新示范区（简称杨凌区）展开。选择以上几个地市和示范区，有以下的考虑。

从地理环境和人文民俗看，陕西省大体可以分为三部分：一是以陕北为代表的黄土窑洞文化，具有典型的黄河文化的特质；二是以陕南为代表的巴楚文化，是长江文化的一部分；三是以关中平原为代表的南北融合的文化，是我国农耕时代强势文化的集散地。但其中关中平原的农耕文化随着历史不断发展，也呈现不同特征。因此，本研究按照当前地理历史学的普遍划分依据，将对陕西大学生村官

表 1 被访者的基本情况

编号	性别	生源地	毕业院校	最高学历	最高学历专业	政治面貌	报考动机	服务时间	岗位	借调史（不区分时间长短）	离任后工作情况
大学生村官 1	女	新疆城市	中国青年政治学院	研究生	思政	中共党员	北京户口 + 待遇	2016.07—2019.06	村党支部书记助理	乡镇统计所 / 纪委办 / 人事科	北京市他区公务员
大学生村官 2	男	山东农村	中国农业大学	研究生	农业	中共党员	情怀（学农专业 + 农村生活）	2014.07—2017.06	村主任助理	乡镇组织科	北京市本区所服务镇公务员
大学生村官 3	女	广西农村	中国青年政治学院	研究生	社会工作	中共党员	北京户口	2016.07—2019.06	未明确定为村务或党务	乡镇党建办	国家公务员（北京）
大学生村官 4	女	北京城市	北京邮电大学世纪学院	本科	市场营销	中共党员	未来职业发展，离家近	2016.07—2019.06	村党支部书记助理	乡镇统计所	留任所服务村
大学生村官 5	男	湖南城市	北京体育大学	本科	竞技体育（跆拳道）	群众	北京户口	2016.07—2018.12	村党支部书记助理	乡镇网格办	长沙，自主创业，继承家族企业
大学生村官 6	男	河南农村	北京师范大学	研究生	法学	中共党员	北京户口	2014.07—2017.06	村党支书助理村两委	乡镇档案室	北京市他区公务员
大学生村官 7	女	安徽农村	中国青年政治学院	研究生	思政	中共党员	北京户口 + 工作机会	2016.07—2019.06	村党支部书记助理	乡镇宣传部	北京市他区企业
大学生村官 8	男	北京城市	首都体育学院	本科	教育学	共青团员	从政打算 + 个人理想	2016.07—2018.06	村党支部书记助理	未借调	北京市所服务区公务员
大学生村官 9	女	湖北农村	中国青年政治学院	研究生	社会学	中共党员	北京户口	2015.07—2018.06	村党支部书记助理	乡镇信息科	国家部委类下属事业编

续表

编号	性别	生源地	毕业院校	最高学历	最高学历专业	政治面貌	报考动机	服务时间	岗位	借调史（不区分时间长短）	离任后工作情况
大学生村官 10	女	新疆城市	中国青年政治学院	研究生	法律	中共党员	北京户口+想了解基层	2014.07—2017.06	村党支部书记助理	乡镇党建办	自主创业中（职业生涯规划）
大学生村官 11	女	山东农村	中国政法大学	本科	法学	中共党员	北京户口+独立生活的尝试	2013.07—2016.06	村主任助理	乡镇经济统计暂时借调	考研继续学习深造，现留校
选调生 1	男	安徽农村	中国石油大学	研究生	石油	中共党员	北京户口+工作机会+工作地	2017.07—2020.06	村党支部书记助理	乡镇纪委办	北京市统筹他区公务员
选调生 2	男	安徽农村	中国农业大学	研究生	兽医	中共党员	北京户口	2018.07—2021.06	村党支部书记助理	乡镇政府办	尚未到期，未知
选调生 3	男	山东农村	中国社会科学院	研究生	马克思主义发展史	中共党员	北京户口	2017.07—2020.06	村党支部书记助理	乡镇党办	北京市所服务区委研究室（组织关系、人事档案仍在所服务镇）
选调生 4	女	山东城市	长安大学	研究生	交通运输	中共党员	未来发展+家庭规划	2019.09 至今	北京市某区委办局编制，服务该区某社区	招录委办局专业对口科室	回招录的区委办局继续任公务员

的调研分为五类文化区域，即陕北、陕南（川陕）、关中、东府和西府[①]。本研究力求从政府执政能力、基层社区社会治理能力、高等院校和其他社会力量的参与以及大学生村官的社会融入等层面，在刻画陕西省高校毕业生基层人才培养实践的共性问题与经验的同时，通过文化区域分类，探索不同区域经济文化因素影响下的大学生村官培养实践的差异化问题与经验。

在陕北，选取榆林作为代表的调研点，榆林市位于陕西的最北端，地处中西部结合地带，位于陕甘宁蒙晋五省区交界之处，资源优势明显，经济发展迅速，人文优势独特。榆林市既有全国百强县，也有国家级贫困县，选取榆林市作为大学生村官的调研点，有助于深入了解经济发展差异对大学生村官的影响。并且，课题组中的两名榆林籍成员，熟悉榆林地理人文风貌，也更容易接触到榆林市的大学生村官群体及大学生村官政策发展情况，有利于课题组发现问题和抓取典型。例如，在具体的调研中，榆林市各县对大学生村官的发展和培养考核方式有很大差异。府谷县坚持立足实际，大力创新对大学生村官的培养考核方式，在提拔任用方面有明确的考核标准，成绩优秀者可以直接编入事业编制，并担任乡科级领导干部；定期了解大学生村官的所思所想，及时对其进行有针对性的心理辅导；将大学生村官的培训学习纳入全县干部教育培训规划，拨付专项培训经费，对其进行岗位和拓展培训。国家级贫困县佳县对大学生的选取、培养、考核、流转等以文件的形式确定下来。这些经典案例，既反映了地方政府对于大学生村官的重视程度，也能客观反映大学生村官在多种因素作用下体现出的发展差异性。

在陕南，汉中作为陕南最大的城市，经济相较于陕南其他市发展较快，但市内各县经济发展差异巨大。例如，现有案例反映，汉中市在大学生村官培养中，积极为大学生村官施展才华、成长成才铺路搭台；结合大学生村官的特长、所学专业及个人能力等状况，有计划安排进入“两委”班子的大学生村官参与县区、镇（街道办）中心工作，到信访维稳、项目建设、招商引资、产业园区等岗位锻炼；并合理分工，安排大学生村官全面参与“两委”换届组织、协调联络、人员召集、后勤保障等工作，提升能力素质。汉中市在2015年村“两委”换届中，271名大学生村官成功当选村“两委”职务。全市469名在岗大学生村官中有244

① 徐卫民：《陕西地域文化及其特征》，《长安大学学报（社会科学版）》，2014年3月。

名成功当选为村级“两委”班子正副职，占在职大学生村官总数的52%。同时，对大学生村官实行“四优先”，即教育培训、干部选任、招录国家公务员、提拔晋级等方面优先考虑，激励他们扎根基层、干事创业。西乡县安排大学生村官到拟参选村担任村党组织“第一书记”代理履职，进行3个月适岗锻炼；通过一系列指导帮带使当选的大学生村官遇到困难时有人管、有人帮，很快转变了角色，担负起岗位职责；把推动大学生村官进“两委”班子纳入基层党建考核，不断夯实县、镇、村党组织书记第一责任人职责，来确保大学生村官愿意进、选得上。洋县采取谈心谈话方式，一对一化解大学生村官疑虑，全县57名大学生村官中有47名提交参选申请、41名进入“两委”班子。勉县将43名大学生村官作为补充村“两委”班子成员的重要来源，进行重点培养，21名大学生村官当选村“两委”委员，14名大学生村官担任村“两委”正副职务。

选择宝鸡市作为在西府地区调研点的代表。作为西部大开发承东启西的重要支点和陕、甘、川、宁四省（区）毗邻地区的商贸和物流中心，宝鸡是建设“一带一路”上重要的枢纽，也是陕西第二大城市，交通优势和区位优势明显。在陕西省，宝鸡是最早实行从大学生村官中选拔乡镇领导的城市，积累了丰富的经验。陕西省宝鸡市在乡镇党委换届中，积极探索选拔任用乡镇领导方式，制定方案，明确选拔条件。市委专门下发《关于从优秀村党组织书记和大学生村官中选拔乡镇副职领导干部的通知》，明确公开选拔名额、选拔对象、资格条件、选拔程序。全市共拿出19个乡镇副职岗位，定向从大学生村官和优秀村党组织书记中公开选拔，逐步建立来自基层一线的党政干部培养选拔链，激发了干部干事创业热情[①]。相关政策都对陕西省大学生村官政策的最终制定起到了先行先试的作用。

在东府地区，本研究选择渭南作为调研地。东府是中华古文明与古文化的重要发祥地之一，自然风景资源丰富，历史文化积淀十分深厚。渭南长期作为关中东部的政治、经济、文化中心，当代经济建设和发展方面也在省内名列前茅。近年来，渭南的发展受到省政府和国家的重点关注，其乡镇建设、基层社会治理等方面的人、物力和资源的投入都对乡村振兴起到了关键作用。在这一关键阶段以渭南作为调研点，进一步分析大学生村官培养实践中遇到的问题、积累的经验，

---

① 张炜，林金芳：《陕西省宝鸡市公开选拔大学生村官进乡镇班子》[EB/OL]，大学生村官网，2011-10-14，http：//www.54cunguan.cn/shanxi/guanli/2011/1014/30912.html。

也对整体上分析陕西省大学生村官培养有重要帮助。

除此之外，西安作为陕西省省会城市和省委所在地，是陕西省重点发展的城市，近年来也成为国家“一带一路”建设的焦点城市。其政策发展的整体环境和趋势势必对大学生村官的任职和发展有直接的影响。以西安作为个案研究的取样点，也对在国家新一轮西部大开发背景下，思考大学生村官在中心城市的现代化建设与乡村振兴中的能动性发挥以及主体性融入的问题有重要意义。

杨凌区是所有调研点中最为特殊的一个，在行政上为正厅级事业单位，省政府直属派出机构，具有地市级行政管理权和省级经济管理权，结合杨凌区人口较少等特点，其政策出台、社会治理等方面也都有特殊性。课题组在调研中发现，该地的大学生村官政策在陕西境内体现了先试先行的突出特点。该地的大学生村官任职期间严格禁止借调、已经全部期满转入事业编制现状等都体现了杨凌区灵活行政的重要性。

2. 访谈的人员选择

（1）大学生村官。大学生村官的访谈是本研究的主体。具体来看，本课题将大学生村官的这一主体做了如下分类：一是来陕工作的他省大学生；二是从陕西高校毕业的大学生村官。在两者的横向对比中，了解各省的政策差异，为乡村振兴在人才选择方面提供新的路径选择。在具体访谈中，进一步细化大学生村官这一主体。根据毕业高校可分为双一流大学毕业生和普通大学毕业生，也可分为涉农高校毕业生和非涉农高校毕业生。本研究根据院校和专业的差异来看大学生村官政策施行的效果，以及专业对于大学生在村任职的帮助。

（2）高校的就业指导中心的相关负责人。对高校就业指导中心的相关负责人进行访谈，是尝试进一步了解地方高校对大学生村官相关的政策支持、宣传途径以及后续支撑等内容，进而了解并分析大学毕业生走向大学生村官的其他诱发因素，以及毕业生已有的“学缘关系网络”对于其就业和工作实践的帮助和影响。例如，各省对大学生招聘的过程中对大学生的要求不同，但高校都会联系优秀大学生村官为感兴趣的应届毕业生讲解如何做好大学生村官。这就给大学生提供了就业选择的一种途径及具体工作的经验指导。就业指导是学校教育与社会需求的联系纽带，学校培养一定的人才，而社会的发展也需要一定的人才，两者之间便形成了某种共识。这是个双向选择的过程，这个过程中高校就业指导中心把握招聘的入口，各省在校园招聘季时与学校的就业指导中心联系，经过研究与探讨决定最后是否在该学校开展招聘会。高校就业指导中心在招聘会后如何做好对于大学生就业的后续追踪，这对高校就业指导中心来说也是工作中的一部分。

除此之外，高校的就业指导课是大学教育阶段必不可少的课程。从初期调研中不难发现，大学毕业生对农村生活和涉农工作相关知识的缺乏、认识的缺位等问题直接影响着大学生村官后期的个人发展和作用发挥，因此，在反思大学生村官政策落实和绩效评价的同时，课题组也试图探究如何从高校的课程设计等方面着力，为大学毕业生步入社会扎实基础，从而更好地满足“教育为四个现代化建设服务”的宗旨。

（3）地方行政部门。选聘高校毕业生到农村任职，是党中央做出的一项重大战略决策，对于改善农村基层干部队伍结构、培养新农村建设骨干力量和党政干部后备人才，推进新形势下农村改革发展，夯实党在农村的执政基础具有重大意义。作为大学生村官工作的直接组织者、领导者的乡镇政府，对大学生村官的选拔、任用、培养、考核等，是影响大学生村官服务效能发挥的至关重要一环。在大学生村官服务效能发挥的过程中，各地的乡镇政府总体上起到了对大学生村官的教育、指导、监督、评价作用。因此，本研究对大学生村官的了解主要是以下三个维度：一是地方政府在大学生村官初期的政策方面的扶持和帮扶；二是地方政府对大学生村官的培养和考核方式；三是地方政府对大学生村官的提拔等政策方面的支持。

（4）村委和村民。大学生村官在职期间主要的工作就是与村委和村民之间的互动。了解村委和村民与大学生村官的互动，以及他们对于大学生村官的评价，有助于整体把握大学生村官的实践细节，从而客观评价当前大学生村官政策的地方化实践。

（三）湖北

1. 资料的收集与分析方法

主要运用质性研究的方法展开，具体而言，在资料收集阶段主要采用实地观察和个案访谈的方式收集一手资料。首先，运用实地观察的方法，深入实地进行直观、详细的调查，从而获得更加全面的体验和感受，以了解研究对象的现实情况。其次，为了进一步更深入地明晰被访者对于大学生村官政策的认知、看法和体验，研究大学生村官政策的影响，以结构化问卷为基础，设计了相应的访谈提纲。具体表现为：访谈者根据访谈提纲提问，被访者根据问题回答。后期通过对笔记整理和录音整理，选择具有代表性的案例进行分析，从而更好地回应所研究的问题、补充问卷调查的缺陷。

本研究主要采取深入访谈、实地考察、问卷调查等方法收集资料。其中，访谈又分为座谈会、个别访谈。调研活动分为两个阶段：前期调研时间为 2020 年 6 月至 8 月。6 月，实地考察了湖北省黄石市的大学生村官现状和政策落实情况，访谈当地组织部及相关领导和现任的大学生村官与已离职的大学生村官，重点选取了一些具有典型性的案例进行深度访谈；8 月，在对第一阶段收集到的资料进行梳理之后，通过有针对性回访，补充访谈了几位大学生村官。后期调研时间为 9 月和 10 月。9 月 6 日至 8 日，在江苏省丰县对大学生村官政策的缘起与发展进行调研；10 月 13 日至 15 日，在湖北省恩施州对地方基层人才计划进行调研。

2. 研究个案的选择

鉴于湖北省落实大学生村官政策的情况，在湖北省黄石市，调研主要围绕 2015—2017 年考入的大学生村官进行。在整体发放问卷的同时，也进行了小规模的座谈，并对当中部分大学生村官进行了深度访谈。在深度访谈个案的选择上，重点考量了三点：被访者的任职地区；被访者任期结束后的去向；被访者自身在座谈时的发言。就调查地黄石而言，调研选取了黄石城区西塞山区河口镇凉山村的两名大学生村官、大冶市两名大学生村官和阳新县的两名大学生村官。其中，河口镇离城区较近，大冶市地方财政状况较好，阳新县曾属于贫困县。以期探究不同地域状况对大学生村官的境况影响。调研还深入访谈了市委组织部和区县组织部门的一些干部，以期从组织部门的角度探究大学生村官政策的落实状况和改进途径。

此外，也对恩施州基层人才培养计划进行了深入调研，包括大学生村官、选调生、“三支一扶”计划、“西部计划”等。与地方负责基层人才的政府部门、地方基层人才、地方高校等进行了座谈和深入访谈。

（四）问卷调查

主要变量有受访者的基本情况，受访者大学生村官任职前后的改变，受访者对大学生村官政策各方面的态度等。期望通过调查发现大学生村官政策对基层后备干部培养、农村党组织建设、大学生村官个人发展等三方面的意义。

问卷主要在北京市、江苏省徐州市丰县和陕西省榆林市佳县进行。其中，北京市代表大都会地区郊区农村，江苏省徐州市丰县代表沿海省份的农村，陕西省榆林市佳县代表中西部地区的农村。调查共收到有效问卷 188 份，受访者全部担任过大学生村官工作。

后记

本书是“构建长效机制　促进人才发展——高校毕业生基层人才培养实践与效果评价”课题组的集体成果。鉴于我在2012年曾主持完成“大学生村官政策评估研究”且之后政策有所调整（即“两选并轨”），经过前期与课题委托方——中国科协创新战略研究院反复沟通，本项研究仍以大学生村官计划作为切入点，但将进一步聚焦“大学生基层人才发展素质提升”“服务基层公共服务能力和水平”以及“人才发展的价值观引领和社会氛围的营造”等维度进行效果评估。与此同时，也对“三支一扶”和“西部计划”等其他高校毕业生基层成长项目予以适当梳理和关切。

课题自2020年4月启动以来，历时近8个月。对照项目预期研究计划，执行情况总体较好。4~5月，完成对相关研究成果、文献资料的全面梳理；6月，完善研究思路框架、细化访谈提纲和具体内容；7~9月，对所选取的地区进行实地调研，包括对利益相关方的访谈，在此期间（8月24日），顺利完成中期汇报并根据专家意见进一步完善研究计划和内容；10~11月，完成另一地区实地调研，并撰写完成终期报告，包括总报告1篇、专题报告5篇、背景报告5篇、研究实施情况和技术路线实现过程说明1篇，以及专报3篇。

成果最主要的创新性在于，区别于以往政策实施更加侧重缓解大学生就业的考虑，更加突出“人才”这一主线，围绕“职业化”“专业化”，审视、解析大学生村官培养工作，结合中央有关人才工作的理念、战略提出完善这一政策的思路与措施。并进一步从大学生村官计划拓展到整个高校毕业生基层培养计划。

从学术价值来看，主要体现在两个方面：一是尝试构建大学生村官职业化发展的基本框架，从专业性、社会地位、职业组织、道德规范、职级薪酬等要素出发，探讨这一群体职业发展的基本思路；二是充分挖掘并首先提出大学生村官等基层工作所需能力和素养，以及主要获得路径、适用情况和面临的共同困境，并提出了相关建议；三是以大学生村官等基层人才培养计划为切入点，探讨制定社区工作人员职业化发展的政策措施，试图填补相关制度留白，建立人才培养和使用的制度通道。

从应用价值来看，主要体现在专报方面：一是以人才发展为视角，提出进一步完善高校毕业生基层培养计划的思路和建议；二是着眼于构建人才汇聚和基层发展长效机制，探索大学生村官职业化发展的路径；三是强调做好能力素养培养工作，促进大学生村官成长成才。此外，课题也对农村基层治理中的人才培养、任用和评估机制开展研究，努力为乡村振兴等重大战略提供智力支持；与此同时，在一定程度上拓展了应届大学生就业创业机会和岗位提供新的思路，为新形势下大学生就业难问题的缓解提供部分支持。

成果存在的不足或欠缺主要在于，一是由于大学生村官这一政策在近几年发生了较大变化，多数省份已经停止招聘大学生村官或者将此政策与选调生合并，随着最后一批大学生村官任职期满，很难找到大规模的大学生村官群体；加之受到新冠肺炎疫情影响，外出调研也受到限制。这就使得预期研究计划中拟开展的大学生村官问卷调查的范围和规模都受到影响。二是课题研究是以大学生村官计划实施为例来探讨高校毕业生基层人才培养实践与效果，因此，主要关注的仍然是大学生村官计划本身，虽然文献综述也对“三支一扶”计划和“西部计划”等其他项目进行了演进历程、发展现状及研究进行了梳理，在实地调研时也兼顾了这些基层人才群体的座谈，但由于不同基层人才培养计划之间虽有共通之处、区别也较大，总体来看，对其他基层人才群体的相关研究仍显不足。这些都是课题组后续研究需要不懈努力的方向和动力。因此，本书呈现给各位读者的仍然是阶段性的研究成果，课题组会继续为高校毕业生基层人才培养政策的日臻完善、继续发展尽一份绵薄之力。

最后，谨以本书献给所有关注高校毕业生基层人才培养政策及这一群体的机构及个人。

佘 宇
辛丑春分于北京